DANGDAI CHUANMEI YISHU
FAZHAN YANJIU

当代传媒艺术
发展研究

舒 敏 主编 　　何 流　刘媛媛 副主编

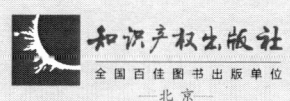

知识产权出版社
全国百佳图书出版单位
—北京—

图书在版编目（CIP）数据

当代传媒艺术发展研究 / 舒敏主编 . -- 北京：知识产权出版社，2021.9
ISBN 978-7-5130-7687-6

Ⅰ . ①当… Ⅱ . ①舒… Ⅲ . ①传播媒介—发展—研究 Ⅳ . ① G206.2

中国版本图书馆 CIP 数据核字（2021）第 172807 号

内容提要

"互联网+"与融媒体语境下，传媒艺术从生产到传播都将发生巨大的变革。本书聚焦当代传媒艺术发展，尤其关注"媒介融合"现象对传媒艺术本体性的影响，探讨传媒艺术在美学观念、创作生态等方面为当代艺术学领域所做的拓展，包括传媒艺术的发展与大众文化的建构、传媒艺术与传媒高等教育的互动等。希冀以本书的出版为契机，促进更多有识之士关注传媒艺术的发展，扩大传媒艺术的影响。

本书适合艺术学、传媒艺术学、广播电视艺术学等专业的高校师生、相关领域研究人员及爱好艺术学、传媒艺术学的读者使用。

责任编辑：李石华　　　　　　　　责任印制：孙婷婷

当代传媒艺术发展研究
DANGDAI CHUANMEI YISHU FAZHAN YANJIU

舒　敏　主　编
何　流　刘媛媛　副主编

出版发行：	知识产权出版社有限责任公司	网　　址：	http://www.ipph.cn	
电　　话：	010-82004826		http://www.laichushu.com	
社　　址：	北京市海淀区气象路50号院	邮　　编：	100081	
责编电话：	010-82000860转8072	责编邮箱：	lishihua@cnipr.com	
发行电话：	010-82000860转8101	发行传真：	010-82000893	
印　　刷：	北京中献拓方科技发展有限公司	经　　销：	各大网上书店、新华书店及相关书店	
开　　本：	787mm×1092mm　1/16	印　　张：	17.5	
版　　次：	2021年9月第1版	印　　次：	2021年9月第1次印刷	
字　　数：	300千字	定　　价：	75.00元	

ISBN 978-7-5130-7687-6

出版权专有　侵权必究
如有印装质量问题，本社负责调换。

序言

一部人类文化发展史，同时也是传播媒介的发展史。当前，新的技术，新的媒介，乃至新的受众群体，都在为研究者提出新的问题。中国传媒大学作为国内传媒人才培养的"黄埔军校"，理所当然要承担起回答时代课题的责任。2020年初冬，我的学生舒敏组织了一场融媒体论坛，来自五湖四海的新生代以敏锐的直觉对新潮话题畅所欲言，会后他们又趁热打铁扩大战果形成这本论文集。

这就形成了这本书的第一个特点：新。话题新，角度新，作者新，基本队伍是各高校的博士生，眼前真是"新光一片"。逐日的人多了"夸父"就不孤单了。展读过来觉得他们在"围点打援"，扣住传媒艺术这个焦点，展开了对新老媒体、新老问题的新的探究，新焦点产生了新的语境，个别老问题也被重新问题化，新的传媒艺术现象更是"自来新"啦。这些"新浪"不可限量。

本书的第二个特点是：广。传媒艺术从品质上属于大众文化，与大众文化建构的关系率先进入视野。传媒艺术的审美属性自是"钻研"的题中应有之意，论者抓住了许多"现象"级问题。媒介融合时代给传媒艺术带来挑战和机遇，如何创新"导夫先路"是重头戏。学校中人对新变局自然有切身感触，教育又是造血机、播种机，是"新浪"生"新浪"的基地，遂成为本书最后一章。

随着互联网及智能终端设备的发展，我们从工业文明跨入了信息智能文明时代，"智本时代"把我们送上了"云端"，"云"已经成了我们的生活方式，我们的传媒艺术要在"云里雾里"训练我们的直觉。你们要从融媒体中练就你们的"圆觉"，因为将有更新的问题在前头，我相信你们这些新锐作者会持续谱写出无愧于时代的新篇章。

是所望焉。

仲呈祥
庚子长夏

前言

全书共分为四章，分别以大众文化建构、审美文化现象、媒介融合时代、高等教育发展为视角切入，多方面、多角度地把握当下传媒艺术发展的整体脉络。

第一章为传媒艺术与大众文化建构。所选文章基本涵盖了传媒艺术的主要类型，有从电视艺术本体出发，以社会语境的时代性变迁为背景，探讨电视艺术审美流变的，如《"电视味儿"的冲淡——传媒艺术视域下电视审美意趣的变迁》；有从近年来颇受关注的热映国产大片切入，探究新时代背景下商业话语与主流意识形态结合的泛主旋律影片的叙事话语与影像建构，如《新主流大片对"大国话语"的影像建构——以〈湄公河行动〉〈战狼2〉〈红海行动〉为例》；也有以近年来热播的都市题材剧切入，同时与同类型韩剧对比，分析大众文化语境下影视剧如何建构教育观念的，如《大众文化语境下的教育社群与悲剧叙事——影视剧建构教育观念的方法探析》；还有结合2020年抗击新型冠状病毒疫情的社会现实，探讨特殊时期全民参与创作传媒艺术新动向的，如《战疫时期传媒艺术的创作形态》；还有论者从相对"小众"的纪录片这一类型切入，同时借助叙事学的理论框架，探讨大众文化与叙事空间之间的互动关系，如《当代纪录片如何讲好中国故事——中华人民共和国成立70年来纪录片的语态变迁与审美前瞻》；此外，也有论者讨论关于媒介融合时代受众心理的变化，如《媒介融合时代影视剧受众心理的变化研究》；同时，亦有论者从传媒艺术与大众文化互动机制出发，探讨当下社会语境下传媒艺术如何作用于大众文化的建构，如《精神提升语境下传媒艺术对大众文化建构的介入》；更有论者独辟蹊径，以近年来兴起的流媒体平台为案例，探究其产业生态演变，如《国内外流媒体平台的产业生态研究——以网飞（Netflix）、"迪士尼+"（Disney+）、哔哩哔哩（Bilibili）为例》。

第二章为传媒艺术与审美文化现象。其中《传统文化在国产动画电影中的现代性表述》结合近年来口碑票房俱佳的几部国产动画电影，探讨其创作中对于中国传统文化因素的现代性转换;《后亚文化视域下"土味文化"的内容表征与社会意义》则以集中于"快手"等短视频App的"土味文化"为典型亚文化文本,分析其实质意义及其与主流文化间的微妙互动;《图景—谵妄：新媒体装置艺术的边界重思》则以当代艺术范畴内相对小众的新媒体装置艺术为案例,分析在新材料、新媒介的运用下,传媒艺术与当代艺术形态的融合及其对审美体验带来的革新;《春节戏曲晚会在传媒语境中的嬗变与启思》则以春节戏曲晚会为文本,探讨时代社会语境的变迁作用于晚会这一极具仪式感的媒介事件所带来的创新与发展;《论电视综艺晚会的崇高美感》则以古典哲学中"崇高"的概念为基础,探讨电视综艺晚会这一当代极具影响力的媒介事件背后所体现出的审美意蕴。

第三章为传媒艺术与媒介融合时代。文章主要涉及《"断裂"抑或"延续"——媒介融合时代的安德烈·巴赞电影本体论》回归经典电影理论时代的安德烈·巴赞电影本体论,对媒介融合时代下电影艺术本体性的"守正出新"进行了细致的梳理与分析;《论媒介融合背景下古琴在当代传媒艺术中的传播》以历史悠久的中国古琴艺术为案例,分析其在媒介融合背景下所生发出的新意蕴;《媒介融合下的传媒艺术"本体化"意识建构研究》亦回归传媒艺术本体,探讨媒介融合语境下传媒艺术在审美创造、审美体验、审美心理等诸多层面的嬗变及其规律特点;《论戏曲艺术在融媒时代的发展与传播策略》则以作为国粹的戏曲艺术为出发点,探讨其如何借助融媒体时代的新媒介、新技术,实现对于年轻受众更有效的传播;《媒介融合背景下个体记录与表达方式的嬗变——以微录（Vlog）为例》《媒介融合背景下国产纪录片的跨界生产》则不约而同地以热播的网络纪录片为文本,探讨纪录片这一相对小众的艺术类型如何实现跨媒介生产、传播;《游戏IP衍生的网络文艺现象解读》则以时下在各大视频网站方兴未艾的互动视频为文本,探讨其游戏与影视结合背后所体现的网络文艺的新趋势、新动态;《融媒体时代电视综艺节目的融合创新研究》从电视综艺节目整体的创作与传播出发,探讨融媒体语境对电视综艺可能带来的积极影响。

第四章为传媒艺术与高等教育发展。作者均来自国内相关传媒类高校教学一线,从层次上看涵盖了211高校、地方普通本科及高职院校,从地域上基本覆盖了东部到西部。具体来看,《新时代影视艺术高等教育困境与人才培养策略浅析》从宏观角度切入分析,展望新时代影视艺术类专业教育人才培养策略的迭代更新;还有从美育教育角度出发,分析当下高校美育教育的困境与策略的,如《"融媒"时代我国高校美育的教学实践研究》;也有从具体到微观层面,以地方高校"传媒学院"的设立与命名（重命名）,分析其专业设置、课程建设背后所体现的国内传媒教育格局的发展及对未来的展望,如《从国内高校"传媒学院"的设立与命名看当下传媒艺术教育的格局》;还有从具体传媒专业课程教学介入的,如《基于融媒体背景下的传媒类高职院校无人机航拍教学研究——以山东传媒职业学院"无人机航拍"课程教学改革为例》等，借助一线教学的实践及中西部地方高校的现实处境来探讨教学过程、教学方法与教学反思。

舒　敏

2021 年 2 月

目录

第一章 传媒艺术与大众文化建构 / 1

"电视味儿"的冲淡
　　——传媒艺术视域下电视审美意趣的变迁　　/ 3
渲染还是止损：当下国产教育题材剧"中产焦虑"话语建构的价值取向
　　——以电视剧《小欢喜》为例　　/ 11
代际观察类综艺的情感叙事策略研究
　　——以《女儿们的男朋友》为例　　/ 19
新主流大片对"大国话语"的影像建构
　　——以《湄公河行动》《战狼2》《红海行动》为例　　/ 28
战疫时期传媒艺术的创作形态　　/ 36
国内外流媒体平台的产业生态研究
　　——以网飞（Netflix）、"迪士尼+"（Disney+）、
　　哔哩哔哩（Bilibili）为例　　/ 44
大众文化语境下的教育社群与悲剧叙事
　　——影视剧建构教育观念的方法探析　　/ 54
媒介融合时代影视剧受众心理的变化研究　　/ 61
精神提升语境下传媒艺术对大众文化建构的介入　　/ 68
当代纪录片如何讲好中国故事
　　——中华人民共和国成立70年来纪录片的语态变迁与审美前瞻　　/ 77

第二章 传媒艺术与审美文化现象 / 87

传统文化在国产动画电影中的现代性表述　　/ 89

后亚文化视域下"土味文化"的内容表征与社会意义　　　　　　　／98
图景—谵妄：新媒体装置艺术的边界重思　　　　　　　　　　／106
春节戏曲晚会在传媒语境中的嬗变与启思　　　　　　　　　　／117
论电视综艺晚会的崇高美感　　　　　　　　　　　　　　　　／125

第三章　传媒艺术与媒介融合时代 / 135

"断裂"抑或"延续"
　　——媒介融合时代的安德烈·巴赞电影本体论　　　　　　／137
论媒介融合背景下古琴在当代传媒艺术中的传播　　　　　　　／147
媒介融合下的传媒艺术"本体化"意识建构研究　　　　　　　／155
论戏曲艺术在融媒时代的发展与传播策略　　　　　　　　　　／162
媒介融合背景下个体记录与表达方式的嬗变
　　——以微录（Vlog）为例　　　　　　　　　　　　　　　／174
媒介融合背景下国产纪录片的跨界生产　　　　　　　　　　　／182
游戏 IP 衍生的网络文艺现象解读　　　　　　　　　　　　　／190
融媒体时代电视综艺节目的融合创新研究　　　　　　　　　　／199
浅析移动终端新型视频应用对戏曲传播的影响　　　　　　　　／210

第四章　传媒艺术与高等教育发展 / 217

新时代影视艺术高等教育困境与人才培养策略浅析　　　　　　／219
从国内高校"传媒学院"的设立与命名看当下传媒艺术教育的格局　／226
基于融媒体背景下的传媒类高职院校无人机航拍教学研究
　　——以山东传媒职业学院"无人机航拍"课程教学改革为例　／240
"融媒"时代我国高校美育的教学实践研究　　　　　　　　　／248
基于课程标准的学校音乐教育价值探究　　　　　　　　　　　／255
新媒体语境下戏剧影视文学专业课程教学改革初探　　　　　　／261

后　记 / 267

第一章 传媒艺术与大众文化建构

"电视味儿"的冲淡
——传媒艺术视域下电视审美意趣的变迁

摘　要：作为传媒艺术中的一个代表形态，电视具有独特的审美意趣，即"电视味儿"。"电视味儿"的内涵包括"赏味""趣味"和"品位"，也就是产生于电视艺术欣赏过程的"赏味"，与电视艺术追求"真实感"的审美"趣味"和观众合家欢式讨论的独特家庭审美场景中的"品位"。电视审美内核与接受场景的变化，导致了电视艺术审美意趣的淡化，即"电视味儿"的冲淡。这既是电视艺术发展的必然趋势，也反证出电视艺术具有其独特的审美意趣。追求电视艺术的独特审美意趣，我们必须把握住电视艺术"真实感"中的"关系真实"和审美场景中的"意义交换"两点，方能应对新媒体环境下电视艺术"电视味儿"冲淡的现象。

关键词：传媒艺术美学；审美意趣；电视味；真实感；审美场景

中国电视艺术经历了 60 多年的发展，成为亿万观众最为接受的传媒艺术形式。无论是覆盖规模、节目体量还是受众数量上，中国电视都可谓是世界奇迹。近年来，随着技术进步和新媒体的发展，新的传媒艺术形式不断涌现，传统大众媒介受到了冲击。电视艺术作为传媒艺术的代表形态，在创作、接受和评价上都与传统的经验模式大不相同。在日常生活中，我们常常听到如此的抱怨，"电视越来越没有以前的'味道'了"。似乎现在很难再有一家人围坐品评电视节目的体验，现在电视节目虽然多了，但却只是拿着遥控器开始一个又一个台的无限循环。观众感慨"电视味儿"越来越淡，甚至有学者发出"电视将死"的哀号。那么，什么是"电视味儿"？它是如何变淡的？"电视味儿"会消失吗？本文试图从传媒艺术美学角度对"电视味儿"冲淡这一话题进行分析研究。

一、"电视味儿"的生成

"电视味儿"是一种通俗的说法，指电视艺术在被接受过程中给观众带来的微妙的审美体验与感受。从美学角度来看，"电视味儿"是对电视艺术在审美过程中给予观众的独特的审美意趣的朴素描述。"电视味儿"的生成包含三个层面，即"赏味""趣味"和"品位"。

（一）"赏味"

"电视味儿"生成于电视艺术观赏之中，是一种审美体验，即"赏味"。尽管电视在日常生活中无处不在，但当欣赏电视艺术内容时，观众就已经进入了一种非日常的审美状态之中。尤其是节目内容较为稀缺的年代，大家齐坐欣赏电视节目，品赏电视艺术之"味道"。"味道"是中国传统文化中的一个独特的概念。"味"作为美学范畴，最早出现在老子对于"美"的论述里："道之出口，淡乎其无味，视之不足见，听之不足闻，用之不足既。"南朝宋画家宗炳提出了"澄怀味象"的理论，这里的"味"即是"体味"，是审美享受和审美愉悦。"电视味儿"无疑是出现在观众与电视艺术产生共鸣的过程中，这个过程即是审美过程。传媒艺术主要以图像为主要形式，通过声画、语言塑造艺术形象。我们之所以能够轻松地区分出（至少在过去能够）哪些艺术作品属于电视艺术，即具有"电视味儿"，这是因为电视艺术审美的方式和审美体验与其他的传媒艺术品类有着本质的区别。正因如此，我们才能够在今天做出"电视味儿"变淡的判断。

（二）"趣味"

"电视味儿"离不开电视艺术之美，即"趣味"。"电视味儿"亦是一种"趣味"。宋代严羽在《沧浪诗话》中总结了诗歌意象所包含的审美情趣，提出"兴趣"的范畴，即"夫诗有别材，非关书也；诗有别趣，非关理也"。电视艺术是传媒艺术的重要组成部分和代表形式，具有独特的审美属性。它以声音图像为语言，建构出一个"真实"的世界，梁启超说，"趣味是活动的源泉，趣味干涸，活动便跟着停止""趣味是生活的原动力，趣味丧掉，生活便成了无意义"[1]。电视艺术具有独特的艺术特征和艺术趣味，"电视味儿"则是对这种艺术趣味的概括。

马丁·海德格尔在《林中路》中对艺术作品本质问题的探讨中提到，作品"置造大地"并"建立一个世界"："建立一个世界和置造大地，乃是作品存在的两个基本特征。"[2] 作品的"大地"即是作品的实现基础，作品的"世界"即是作品所呈现出的审美之境。作为电视艺术作品本身，其艺术特征必然是由其特有的"大地"孕育，并呈现出其建构的世界。"电视艺术，是以电子技术为传播手段，以声画造型为传播方式，运用艺术的审美思维把握和表现客观世界，通过塑造鲜明的荧屏形象，达到以情感人为目的

---

[1] 叶朗. 中国美学史大纲 [M]. 上海：上海人民出版社，1985：579.
[2] 马丁·海德格尔. 林中路 [M]. 孙周兴，译. 北京：商务印书馆，2015：37.

的荧屏艺术形态。"❶ 以此来看，电视艺术的"大地"即是由声画语言建构的艺术形象，其建构的世界即是电视美的世界。电视艺术之美"是人们经由电视这一'具有自然品质的客观现象'，将人们的'符合美的规律'的观念、意识渗透其中的，并从这一'对象世界'里获得人们自我的'肯定性价值'的，从中感受到了'把握现实的自由'的一种特殊的美，一种特殊的客观社会现象"❷。这种美建立在"多重假定的真实"之上，"通过电视的'艺术假定'或'非艺术假定'，所带来的电视观众对直接的'生活真实感'的追求，是电视美与审美的独有的特征。"❸因此，电视艺术的追求是"真实"或者"超真实"的追求，其艺术特征也符合传媒艺术的审美属性。"……对于现实世界的真人或真实自然所摄录到的影像，它是在运动着的时空中被摄录，也在运动着的时空中被播放，因此就显得异常真实。形成了与传统艺术相比远使人信服的真实感，也就是让·波德里亚所说的'超真实'。"❹所以，电视艺术的美学特征可以总结为以"音画语言构成艺术形象"建构"超真实"的审美世界。这即是电视艺术的"趣味"。

（三）"品位"

"电视味儿"离不开电视艺术审美场景。电视艺术属于传媒艺术，传媒艺术由于具有大众参与性、科技性和媒介性的特征而深刻地介入每一个人的日常生活，这种介入并非一种简单的"被观赏"。由于电视媒体对日常生活的深度介入，我们不能将电视艺术的接受过程简单地定位成"观赏"。电视艺术的审美方式以"家庭围观"为主，这种接受方式与传统艺术的"凝视"和电影的"集体凝视"都不同，具有非常强的开放性、休闲性和随意性。同时，电视文本的多义性与观赏角色的多样性结合，为观众的口头意义交换提供了可能性，即在"赏味"的同时，提供了"品评"的空间。因此，我们将其称为"品位"。究其本质，传媒艺术的传播最大限度地普及到每个家庭和每个人生活的各个角落，"它的发达必然引来为数极多的大众的审美趣味"❺。可见，电视艺术作为传媒艺术样态的一种，离不开其审美主体——观众的参与。而观众的这种参与是通过大众媒介的观赏方式——即收看电视来实现的。因此观众的审美过程不是孤立的，而是与电视媒体深度结合的。可以说，对电视媒体的接受，是一种多重元素融合并同时发挥作用的状态，这并非传统艺术中的"凝神观照"，而是一种与日常生活密不可分的"审美场景"。从传统意义上来看，电视长期作为一种家庭媒体出现。约翰·菲斯克指出，"电视基本

---

❶ 高鑫.电视艺术美学［M］.北京：文化艺术出版社，2005.

❷ 胡智锋.电视美学大纲［M］.北京：北京广播学院出版社，2003：12.

❸ 同❶.

❹ 张晶.传媒艺术审美属性［J］.现代传播，2009（1）.

❺ 同❶.

上是一种家庭媒体,看电视是家庭日常生活的一部分"❶。这构成了电视媒体欣赏场景和"品位"体验的独特性。从电视欣赏的时间维度来看,电视节目的观赏具有"约定性"。以栏目化为最主要节目编播方式的电视艺术,其播出时间具有强规定性。在通常情况下,每个节目的播出时间都是固定的,欣赏某个节目的时间点也是固定的。这就无形之中为节目与观众建立了一种约定。

综上所述,"电视味儿"的形成包含了三个元素:一是电视艺术作品;二是电视媒介;三是电视观众。在这三者之中,一方面电视艺术作品与电视传播媒介构成了"超真实"的审美内核,另一方面电视媒介与电视观众共同构成了电视艺术"家庭围观+口头品评"的审美场景。因此,我们将电视艺术审美场景中形成的美学特质和审美意趣称为"电视味儿"。"电视味儿"源自电视艺术审美的"赏味"过程,在电视艺术自身的美学属性——"趣味"和电视审美场景——"品位"过程中共同实现。

二、"电视味儿"的冲淡:电视艺术发展的必然趋势

"电视味儿"的冲淡,是电视媒体发展的必然趋势。这与它内在构成的变化与外在因素的刺激相关。这种必然的变化,是在电视艺术的美学特征及电视艺术审美场景的共同作用下产生的。

(一)"真实"美感的非真实趋势

1. 从"超真实"走向"非真实"

电视对"真实感"的追求是电视美的前提。❷然而,电视艺术这种真实是建立在多重假定的真实之上的,而其假定的真实又能反作用于真实世界之上,左右之后的艺术生产。这样,"多重假定的真实"与现实生活之间就建立起了一种"互文"关系,而电视的艺术创造要不断超越这种"真实",进行"超真实"的创作。春晚小品《昨天、今天、明天》无疑深刻地阐释了这一点。小品中对电视节目《实话实说》的"仿拟",构成了现实生活与电视节目之间的多重"互文"。《实话实说》节目本身属于"假定性"的节目,是基于现实的创作;而小品在此基础上将"节目真实"再度进行了演绎,成为实际上的"超真实",这种"超真实"又反作用于社会之上。其中的经典台词"这辘轳掐了别播",同时打通了小品的"真实"、《实话实说》的"节目真实"和客观世界的"生活真实",让观众获得了"超真实"的审美体验。这句台词也成为小品史上的经典,借助

---

❶ 约翰·菲斯克. 电视文化[M]. 祁阿红, 张鲲, 译. 北京:商务印书馆, 2005:101.
❷ 胡智锋. 电视美学大纲[M]. 北京:北京广播学院出版社, 2003:24.

春晚的广泛传播力在全国流行开来，对现实生活的真实进行了再度建构。电视艺术对"多重假定"真实下"超真实"的审美意趣的追求，必然会导致电视艺术创作进入多重的仿拟，最终远离"真实"。事实上，这种现象已经在电视艺术创作中得到证实，最具代表性的例子就是古装电视剧，如《武媚娘传奇》等无论是在服装造型、场景布置还是表演风格上，都产生了"非真实"的审美体验。演员的语言、神态和动作等都趋于"当代化"或说是基于"当代经验"的"假想化"。对于历史的演绎并非基于严谨的史实，而是基于某些缺乏历史根据的想象和臆想。由此，古装剧的审美趣味渐渐脱离了史实，成了当代人审美喜好的翻版。近年来，随着电视剧现实主义创作理念的张扬，这种倾向得到了缓解，"电视味儿"逐渐回归。

2. 对"奇观化"的追求，使电视艺术背离"真实感"的建构

瓦尔特·本雅明在《机械复制时代的艺术作品》中认为，与传统艺术相比，电影更注重"奇观化"的艺术表达。"电影银幕的画面既不能像一幅画那样，也不能像有些现实事物那样被固定住。观照这些画面的人所要进行的联想活动立即被这些画面的变动打乱了，基于此，就产生了电影的惊颤效果，这种效果像所有的惊颤效果一样也都得由被升华的镇定来把握。"❶ 瓦尔特·本雅明对"惊颤效果"的论述虽然针对的是电影艺术，但是他指出了传媒艺术不同于传统艺术的一个显著审美特征，那就是对于"奇观化"的追求，这对于电视艺术同样适用。所谓奇观，必然是非日常的、非真实的，而对于"奇观化"的追求，必然会使电视艺术的创作远离"真实"，走向"超真实"，最终出现"不真实"的情况。与此同时，"传媒艺术中普遍存在着的娱乐性质，在很大程度上是将官能的快感召回到审美的快感之中……以其超真实图像符号，一方面使人们的情感得到真实的震撼，另一方面也在相当大的程度上满足人们对享乐生活的欲求，并且产生出更多的、更为积极的欲望。"❷ 而欲望和娱乐不可避免地与"消费文化"结合，被不断地放大。因此，我们便不难理解为何会出现"手撕鬼子""裤裆藏雷"这样令人匪夷所思且严重背离常识的电视剧。对于"奇观化"的追求与电视媒体对于观众"注意力"的争夺密不可分，而电视审美场景的变化让观众的"注意力"成为越来越稀缺的资源。而这种"审美场景"的变化，同样是"电视味儿"淡化的原因。

（二）电视艺术"审美场景"的碎裂

电视艺术的欣赏方式不同于传统艺术的"凝神观照"，也不同于电影等其他传媒艺

---

❶ 瓦尔特·本雅明. 迎向灵光消逝的年代：本雅明论艺术［M］. 许绮玲，林志明，译. 桂林：广西师范大学出版社，2008：85.
❷ 张晶. 传媒艺术审美属性［J］. 现代传播，2009（1）.

术"集体凝视"的形式。电视观众不像电影观众那样一直处在一种"受控的凝视"当中，因而"在左右解读主体方面，电视文本的力量不如电影"❶。这种家庭媒体的观看场景具有两个特征。一是意义的多样性。对于不同的家庭成员，作为文化空间的客厅具有不同的意义。这种多义性使得对电视文本的观看生产出多种多样的解读方式，从而形成复杂的社会话语。二是观看行为的不固定性。电视观众的观看处于"瞥视"的状态，观众很难长时间地固定下来去欣赏一个节目。基于这两个特征，电视艺术欣赏的审美场景如蛋壳般脆弱，而这脆弱的"蛋壳"包裹的"蛋黄"即是电视媒体与观众的关系。"以家庭为主"的电视艺术审美场景中，电视媒体的播出形态与观众的关系是其本质，这种本质的核心是意义的交流。这种关系受内部与外部机制的共同控制：电视媒体的播出形态和电视观众的观看习惯共同构成了这种审美场景的内部机制；而媒介技术和社会文化又构成了其外部环境。在内、外两者的交相作用下，电视艺术的审美场景发生了"碎裂"。这样的"碎裂"也必然带来"电视味儿"的冲淡。

1. 电视艺术审美场景内部"分众化"的趋势

对电视媒体来说，其发展必然出现的结果表现为电视内容体量的增大，具体体现为节目的多样、栏目的增多、频道的专业化等，这必将导致观众的分化。以往"家庭围观"场景下，要求电视节目必须符合"老少咸宜"的标准，而节目的多元和分化显然与"老少咸宜"的标准相冲突。对于观众来说，文化上的多义性解读催生了他们不同的节目追求，而电视内容生产能力的提高必然会回应观众的这些需求，"为了让观众喜欢，电视不仅应当激发读者去生产意义与快乐，而且应当为这些意义与快乐提供文本空间，使之表达读者的社会利益"❷。同时，电视机的普及也让全家人不必围坐在一起观看同一台电视机。围坐的场景被打破，于是"分众化"成为电视媒体的"新景观"。如果我们将近几年的"春晚"与最早的"春晚"相比较就不难发现：很多带有流行元素的节目不再适合老年人了，而一些新潮的元素出现也得不到传统中老年观众的认同。打造"老少咸宜"的电视艺术作品变得越来越难，家庭中产生不同意义之间的交流也越来越难——"家庭围观"的内核就此被打破。随着"粉丝"文化等新兴的文化景观的出现，影视内容的受众呈现出进一步细分，这就更为电视创作"合家欢"式的内容带来了难度。

2. 电视艺术审美场景外部"新媒体"的冲击

除了电视媒体与电视观众内部的变化，电视艺术审美场景外部也受到新媒体和新的社会文化的冲击。从中国的电视发展历程来看，电视最早是作为新兴媒体出现的。至今为止，看电视仍是人们日常生活的一部分，形成了独特的"电视文化"。然而，随着通

---

❶ 约翰·菲斯克.电视文化［M］.祁阿红，张鲲，译.北京：商务印书馆，2005：81.

❷ 同❶：117.

信技术的发展与互联网终端的普及，电视的地位受到了严重的冲击。一方面，新媒体让"看电视"不再局限于客厅，甚至不再局限于电视机。另一方面，新媒体提供的便利让观众不再将"看电视"作为唯一可选择的娱乐方式。

新媒体的冲击不但是物质上的，更是文化上的。在"家庭围观"场景下，电视媒体的多义性解读必然引发关于电视内容的口头热议，这种热议先由家庭发起，继而通过"口口相传"激活整个社会。曾几何时，中国人拜年时的第一个话题就是问"昨晚看春晚了没？"但是在互联网场景下，这种交流模式被打破，网络社交平台上的评价代替了口头交流，在网上"吐槽春晚"成为新的民俗。对于网络的关注，让观众观看电视时的"瞥视"更加短暂，家庭成员间的意义交流也就更加缺失。

三、"电视味儿"：必然更新，不会消散

"电视味儿"的淡化是电视艺术发展的必然趋势。但是我们不必因此悲观，更不必因此就武断地做出"电视将死"的判断。"电视味儿"的冲淡，是电视艺术发展的必然。首先，世间万物都处在变化之中，电视当然也不例外，电视媒体的发展导致"电视味儿"的变化是正常的自然规律。其次，"电视味儿"的冲淡并不是"电视味儿"的消亡，而是电视艺术的审美特征在新的社会环境和媒介环境的重重迷雾中变得模糊起来。想要找回"电视味儿"，我们仍需要从"电视味儿"变化的两个变量，即电视艺术美学特征和电视艺术审美场景上找到突破。说到电视美的"真实感"，如果只停留在对现实世界的仿写和描摹上，必然会陷入"超真实"到"非真实"的循环。电视的"真实感"要找的是本质的真实，即时代背景下人与人、人与社会之间关系的真实；而说到电视艺术审美场景，则要注重"家庭围观"场景中最重要的核心，即"意义交流最大化"。同时，把握住了"本质的真实"和审美场景的"意义交流"，就把握住了"电视味儿"。以近年来热播的电视综艺《王牌对王牌》为例。该节目自2016年开播以来，第一期的收视率创下了浙江卫视综艺节目首播的最高纪录。❶2019年，《王牌对王牌》的收视率和微博话题度仍然处于高位。❷《王牌对王牌》巧妙地开创了当红年轻明星与经典"IP"对决的节目形式，拉近了当下真实与经典真实之间的距离。节目中人物再度聚首的真实情感表达，通过演播室"真人秀"的方式放大并传递给观众，让观众从怀旧的时代体验中收获对当下真实的全新感悟。同时，通过"王牌家庭"中的年轻演员与经典电视作品和老艺术家的交流，在充分展示各自才艺的同时，也带来了主流观众与主流价值的"双主流

---

❶ 吴彤.《王牌对王牌》的原创模式探索[J].中国广播电视学刊，2016（8）.
❷ 2019年1月在播综艺栏目网络传播监测数据TOP20[J].当代电视，2019（3）.

对接"。尤其是除了热闹的游戏，节目还设置了嘉宾与"王牌家庭"的访谈环节。在轻松的状态下，围绕影视行业的从业经历，大家真情流露，感人至深。在这里，电视的真实感的审美品格被放大。这种真实感超越了具体的镜头、动作和表情，更加来自"人"的还原——艺人从偶像或明星还原成从事艺术工作的劳动者，他们既不是完美的偶像，也不是供人消遣的"丑星"，而是按照自身行业运行逻辑努力工作和打拼着的人。他们与普通人一样，有着作为人的情感、尊严与理想。这种还原让观众与演员站在了可以对话的层面，从而达成了某种文化意义上的对话。

对于电视观众来说，无论是年轻观众还是上年纪的观众，都能在欣赏节目过程中找到自己所认可的角度切入到节目的审美体验之中，并通过潮流与经典的碰撞展开讨论与对话，增进彼此间的认同。可以说，《王牌对王牌》的成功是充分挖掘电视审美意蕴的必然结果。

总之，"电视味儿"的冲淡恰恰从反面证明了电视艺术具有其独特的审美意趣，我们在进行电视艺术内容生产时必须抓住这一特点。

（作者杨宾系中国传媒大学传媒艺术与文化研究中心 2016 级博士研究生）

渲染还是止损：当下国产教育题材剧"中产焦虑"话语建构的价值取向
——以电视剧《小欢喜》为例

摘　要：近年来，反映新兴中国中产阶层生活方式与社会心态的电视剧成为国产现实题材剧的主流，而"中产焦虑"则越发成为此类剧集叙事的主要面向。这种焦虑话语以其不同的价值取向，对当前电视剧创作及社会心态均产生了不同程度的影响。

关键词：国产剧；中产焦虑；价值取向

近两年，教育题材类电视剧成为市场新宠，也渐次出现了一些所谓的"爆款"，但当我们以理性姿态对这些作品进行复盘时，却发现真正兼顾热度与口碑的佳作依旧寥若晨星，而于2019年暑期档播出的教育题材剧《小欢喜》则是其中值得圈点的上乘之作。该剧播出后一直位居同时段收视高位，豆瓣评分也飙至8.4分，是近年来剧集市场不多的话题、口碑双赢的作品。

《小欢喜》为何能够广受青睐？简单地概括，这部剧坚持了现实主义的创作态度。它以高考为切入口，以三组家庭关系为叙事支点，真实地再现了典型环境下的众生百态，情节结构整齐有序，书写现实却不流于鸡零狗碎，有效地平衡了戏剧性与真实感，同时性格刻画细腻饱满极富张力，戏骨演员的加盟也为角色增色不少，而精神底色更是温暖明亮，"让无力者有力，让悲观者前行"。可以说，众多合力助推了这部剧的广泛发酵。

除此之外，《小欢喜》能够在当下舆论场中引起最大公约数的情绪共振，也在于其号准了亲子教育、中年危机等社会痛点的脉搏，并在此基础上完成了状物传情。由于剧中三组家庭均是大众观念里的中产群体，因此不少人将该剧的热播视为对"中产焦虑"的影像回应。由此，"中产焦虑"这个近年陡然走俏却又暧昧不明的概念，再度浮现在公众视野中。事实上，如果视距拉大，最近几年"号称"以"中产焦虑"为素材母题的电视剧更如汗牛充栋。由此，如何对电视剧中涌现的"中产焦虑"进行概念厘定及如何对之进行价值判断均成为当前电视剧研究中值得梳理的命题。

一、电视剧"中产话语"的形成与"中产焦虑"的浮现

在分析当前电视剧"中产焦虑"问题前,不能不对中国中产群体及电视剧中产话语做出界定。新时期以来,伴随着改革开放释放的经济发展红利,人民生活水平得到了显著提升,在"让一部分人先富起来"的政策召唤及全球化、城市化、工业化等多种社会趋势的合力助推下,中国社会阶层也发生了重构。更多元的社会阶层开始涌现,中国中产阶层的成长成为其中最鲜明的社会景观。

社会学领域从中国中产阶层的测量标准、规模、定义等本体层面进行了大量实证性研究,中国社会科学院在"当代中国社会结构变迁研究"课题中,将中产阶层界定为:"包括拥有一定私人生产资料的自雇者(如个体户)和中、小雇主(如中、小私营企业主)群体。其间的主体是指占有一定的专业知识资本及职业声望资本,以从事脑力劳动为主,主要靠工资及薪金谋生,具有谋取一份较高收入、较好工作环境及条件的职业就业能力,对其劳动、工作对象拥有一定的支配权,具有维持中等生活水平的家庭消费能力及相应的闲暇生活质量,以其具有的专业知识,对社会公共事务形成权威评价,并具有一定社会影响力的社会地位分层群体。"❶

针对中产阶层的本体研究,社会学领域仍旧是聚讼纷纭。但不管中产阶层在当下中国是否成型,中产话语在大众文化中的广泛存在都是几无争议的。从文化研究视角来看,在目前更广泛的中国语境下,中产阶层更像是一个文化概念,是一种由大众文化话语建构出的"想象的共同体"。媒介基于不同的诉求,按照自身的观察与想象,在文本中建构起了中产阶层的主体形象和生活方式,而这种急速扩张的中产话语,也反哺了现实中正在成长的中产阶层的身份认同和文化意识。

而电视剧就是制造中产话语的最大孵化地,影像以其形象直观性和情感召唤力,成为中产群体身份投射和话语建构最为强大的文化形态。近年来,中产形象进一步成为现实题材剧的主体,描绘摩登都市的声色魅影,勾画此间的中产阶层素描,并进一步挖掘中产群体的欲望与焦虑,俨然成为现实题材剧的最大时尚,《中国式离婚》《手机》《岁月》《婚姻保卫战》《奋斗》《北京青年》《浮沉》《中国式关系》《欢乐颂》《大丈夫》《小别离》《我的前半生》《美好生活》《恋爱先生》《都挺好》等剧,建构出一幅中产话语的全景图。而在电视剧中产话语的庞大谱系中,围绕"中产焦虑"大做文章的剧集也次第涌现。在当下转型期,由于发展迅猛致使生活与工作节奏紧张、社会分配不均造成贫富

---

❶ 陆学艺. 当代中国社会流动[M]. 北京:社会科学文献出版社,2004:270.

悬殊、拜金主义下的价值混乱等客观因素，"全民焦虑"近乎成为一种时代症候，英国作家阿兰·德波顿在《身份的焦虑》序言中开宗明义："新的经济自由使数亿中国人过上了富裕的生活。然而，在繁荣的经济大潮中，一个已经困扰西方世界长达数世纪的问题也东渡到了中国：那就是身份的焦虑。"在这种时代氛围中，中产焦虑又成为颇具典型性的社会情绪。

在全球范围内，中产阶层都被认为是各个阶层中焦虑感最强的一个群体。其"不上不下"的现实处境及"可上可下"的未来变数，加之这个阶层对社会地位和优雅生活方式的过度看重，令其在对抗外部风险方面更加脆弱和敏感，由此其不安全感较之其他阶层更甚之。美国作家保罗·福塞尔在《格调：社会等级与生活品位》中如此形容中产阶层："中产阶层总是为自己的品位，以及这些品位究竟对自己有没有好处而忧心忡忡，因此总是将自己与想象中的金钱、权力和品位的拥有者联系起来（过于脆弱的联系），用来克制自己向下沉的自然倾向。"[1] 保罗·福塞尔较为犀利地描述了中产阶层由于对阶层区隔的天然热衷，从而难免生发出的阶层焦虑感，而社会学家赖特·米尔斯则用外界更为熟知的"地位恐慌"一词，传神地书写了这一群体的焦虑感。赖特·米尔斯认为，白领阶层的心理学可以被视为追求声望的心理学，为了追求声望符号，这个阶层向来会投入更大精力，但在现实情况下，职场科层制的存在加剧了同僚间的地位疏离和竞争，使得工作产生了进一步的异化感，同时，为了维护体面，中产阶层需要不停地显示自身支付能力，从而产生自我疏离，另外，声望存在的周期性变化使得地位流动性较强，凡此种种都让白领中产阶层自带"地位恐慌"属性。

赖特·米尔斯指出的这种地位流动造成的声望变数，是很多中产阶层重要的焦虑根源。阶层是一种动态的社会存在，对资源的占有必然越往上层越稀缺，因而对处于社会中间的中产阶层来说，向上层流动的通道显然极为狭窄，难度系数很高，但由于外界不可知因素的增大，中产阶层常常"上流"不成，反被"下流"。日本社会观察家三浦展的著作《下流社会：一个新社会阶层的出现》中就描述了日本中产阶层分崩离析，从"中流化"到"下流化"的过程。

所谓"下流"自然不是传统与"黄色、卑鄙"对应的词汇，而是与"上流"相对的"下流"。在这本书中，三浦展记录了日本社会阶层正在发生的变化，20世纪50—70年代曾是日本经济高速发展的黄金时期，也造就了日本中产阶层的大量涌现，并成为社会的主流群体。但随着20世纪90年代后日本泡沫经济的破灭，个人收入降低、就业困难、贫富差距拉大，越来越多的人成为"下流社会"的一员，用三浦展的话说就是"由'中

---

[1] 保罗·福塞尔. 格调：社会等级与生活品位 [M]. 梁丽真，等译. 北京：世界图书出版公司，2011：46.

流'上升为'上流'的实属凤毛麟角，而由'中流'跌入'下流'的却大有人在。"❶ 需要说明的是，"下流阶层"并非是挣扎在温饱线上的底层，而是处于中产阶层中的下层，他们尽管同样衣食无忧，但却相比真正的中产阶层生活仍然存在差距。无论是发达国家还是发展中国家，中产阶层发展中多少都会面临"下流化"的阶段。"下流社会"的理论也得到了很多中国社会学者的认同，也有社会学者用中产阶层的"逆向流动"来描述这种中产的滑落过程。现实中因担心自身的"下流化"而产生的焦虑情绪迅速得到了电视剧的即时捕捉与影像观照，一批刻画"中产焦虑"话语的电视剧应时而生。

二、生存重压与精神困境：电视剧"中产焦虑"的影像指涉

作为一种心理情绪，焦虑是个体面对威胁或困境时所生发的应激反应，具有内在冲突性。而对影像叙事来说，将角色置于困境中制造戏剧冲突则是剧作家的基本逻辑。由此，焦虑情绪与影像叙事存在某种同源性，在影视作品中，焦虑也成为言说个体生存状态和心灵境遇的底层逻辑。在大量表现中产阶层的影像符码中，"中产焦虑"如同创作素材的富矿，构成了呈现人物丰富性和铺陈叙事驱动力的重要存在。

有论者将都市人的焦虑分为两个层面："一种是现实焦虑，它不仅指的是物质需要，也包括对秩序的需要和意义的需要；另一种是存在性焦虑，它通常没有具体的焦虑对象，源于潜意识中的内心恐惧，被视为现代人无法言语的绝望和内心深处的流浪。"❷ 借鉴这种甄别思路，我们亦可以将"中产焦虑"的影像符号划分为外在的生活重压和内在的精神困境。

首先，外在的生活重压。目前，社会学界形成的相对统一的看法认为，购房、子女教育、医疗和养老是中国中产阶层隐忧与压力的主要源头，而这些元素皆成为中产阶层影像取材的集中领域。创作者在每一个范畴内集中开掘，创作了不少电视剧作品，甚至针对不同维度还形成了相对成熟的细分类型，如表现中产阶层购房压力的电视剧就有《蜗居》《裸婚时代》《蚁族的奋斗》《房奴》，表现子女教育的有《小欢喜》《小别离》《陪读妈妈》《孩奴》，表现养老的有《老有所依》《嘿，老头》《亲爱的她们》《我家的春夏秋冬》等。

以近来表现教育痛点的电视剧为例。这些涉及子女教育的电视剧普遍以衣食无忧的中产家庭为主角，探讨教育理念和方法是叙事落脚点。在这类剧中，主角一般由一对中产阶层夫妻组成，他们婚姻幸福，工作体面，收入可观，常是外人羡慕的家庭，但关于

---

❶ 三浦展.下流社会：一个新社会阶层的出现[M].陆求实，等译.上海：文汇出版社，2007：3.
❷ 李磊.都市剧的现代性叙事焦虑[J].青年记者（中旬），2017（7）.

孩子的教育问题却常常成为整个家庭"杯水风波"的冲突源头。孩子的成绩、升学、教育方式牵动着整个家庭的神经，而在孩子教育理念方面，夫妻二人通常有所分歧，与传统的"严父慈母"不同，此类剧更偏爱"严母慈父"的人物设计，女性在孩子教育上扮演了更强势、严厉和主导的角色，如《小欢喜》中的宋倩、《少年派》中的王胜男、《小别离》中的童文洁与吴佳妮、《陪读妈妈》中的李娜等皆是如此。在这类电视剧中，还常常引入海外教育视角，形成中外教育模式上的对比碰撞，而由孩子教育上显示的观念差异，通常成为夫妻情感关系裂隙产生的诱因，从教育问题折射家庭关系和社会问题。

如《小欢喜》的姊妹篇《小别离》，就是近几年表现中产阶层子女教育"焦虑症"的新源头。剧中主角方圆和童文洁一家是典型的中产家庭，方圆是眼科医生，童文洁是化妆品公司市场经理，女儿朵朵正在读初三，一家生活本来其乐融融，但随着朵朵即将到来的中考开始出现危机。朵朵性格聪明活泼，热爱文学写作，在网络世界中是被推崇的写作者，但她学习成绩一般，这对童文洁来说这是不能容忍的。童文洁从小父母双亡，通过自己的打拼过上了今天的富足生活，因此对她来说"知识改变命运"是不容置疑的人生信条，在她眼里，成绩不好就意味着"进不了重点高中，进不了重点高中就进不了重点大学，进不了重点大学，这辈子就全完了"。她也希望通过良好的教育实现阶层的代际传递。因此，为了提高女儿成绩考上重点高中，她穷尽一切手段，请家教、限制女儿兴趣活动时间，女儿每次考试成绩都成为她异常敏感的焦点，哪怕下降 0.5 分都会引发她的一番咆哮。但她的这种恩威并施不仅没有带来女儿成绩变好，甚至对女儿造成了很大的伤害，也让她变得神经极度脆弱。这部剧就以教育为切入口，展示了中产阶层的不自信，以及不自信背后的焦虑根源，从而折射出阶层流通背景下价值理性的旁落。

其次，内在的精神困境。除了对生活重压的呈现，一些对"中产焦虑"呈现的电视剧也切入到展示人物的精神困境中。焦虑情绪本身也是一种精神危机的表现，不过造成中产焦虑这种精神危机的因素中，很大一部分是源于物质方面的重担，但即使对很多衣食无忧的中产阶层来说，同样会产生前景迷茫、价值错乱、信仰危机等方面的心理困境。

中产阶层的这种精神困境典型地体现于"中年危机"叙事上，文学、影视对此都有大量文本书写。事实上，对于中年危机的渲染和突出也是近年来媒体趋之若鹜的话题，如对中兴程序员坠楼事件的发酵，对摇滚歌手拿着保温杯的调侃，对中年"油腻男"的特征归纳等，无不是将这种精神现象转化为舆论热点。所谓"中年危机"，最早源于美国心理学家埃利奥特·贾克斯在 1965 年的《国际心理学杂志》上发表的《死亡与中年危机》一文，在这篇文章中作者指出，人到中年（40～45 岁），自身开始清醒地认识到死亡的存在与不可回避性,死亡意识把一切生活与追求变得无意义,并激发了一种强烈的内在焦虑与恐慌。"中年人的自我感、生命的信任、价值信息会产生一系列瓦解,为了逃离这种无意义感,人们会以完全不同的价值方式去生活。"❶这个概念也在心理学界得到了很大程度上的认同,将之视为35～59岁的一种源于家庭、工作和个人的危机感,对生命开始缺乏激情,露出疲态,也称之为"灰色中年"。中年危机广泛存在于中年群体中,但相比于尚且为生计奔波的平民和物质盛宴中的财富新贵来说,中年危机在中产阶层中体现得更加明显。在好莱坞电影中,"中年危机"电影已经成为成熟的细分类型,而这些电影如《美国丽人》《杯酒人生》《克莱默夫妇》《冰风暴》《天气预报员》,主体无一表现的不是中产阶层的中年危机状态。

而在国内表现中产阶层的电视剧中,也不乏对于"中年危机"的刻画和书写,典型如《中国式关系》《大丈夫》《美好生活》《岁月》《手机》《人到四十》等。《中国式关系》中的主角马国梁,45岁的国家公务员,副处级干部,原本在体制内游刃有余,事业和家庭似乎顺风顺水,静水微澜,却在人到中年时遭遇妻子出轨而离婚、下属背叛而丢官,被迫从体制内出走。接连挫败,使得这位正处于上升期的中产阶层面临着前所未有的生存危机和精神困境,在马国梁身上浓缩了人到中年各种潜在的"不安全感"和可能出现的焦虑情绪,使得观众极易产生共情。不过,编导者在承认这种中年危机的前提下,并未以得过且过的犬儒主义来应对,而是给正视中年危机提供了思考的视角。在经历了从拥有一切到一无所有的"多重危机"后,马国梁开始重新审视家庭、职场、人际等方方面面的"中国式关系",并且以"嬉皮笑脸地面对人生的难"的态度,更加积极地入世,最终收获了全新的事业和爱情,也找到了人生价值的意义归属。

《美好生活》同样也是对中产阶层中年危机的镜像写照。剧中主角徐天是一个彻头彻尾的"问题中年",一个典型的"失败者",他留美10年,先是经历了创业失败,继而遭遇婚姻创伤,就在他面临着双重打击准备回国的途中,却因为旧疾重发病倒在机场,在生命的危急关头他被换上以身殉职的胡晓光的心脏,得以重获新生,命运从此重启。"人到中年""事业失败""婚姻破裂""身体重创",这些表征着"中产焦虑"的符号修辞在《美好生活》中一股脑地出现,而剧中也试图借用略显老套的"换心梗"对中产阶层的中年危机进行了一次突围,通过主角们对"并不美好"的生活现实的对抗来凸显和寄托着对于"美好生活"的希冀,正如该剧主题曲所唱的:"这个冬天格外冷,他却为我裹上丰盛。"

---

❶ 马或.中国式关系:一个当代"中年危机"样本[J].南京晓庄学院学报,2018(4).

三、渲染还是止损：电视剧"中产焦虑"的价值取向

"中产焦虑"以其社会性与话题性，能够最大化的呼应受众心理，因而越发成为当下很多电视剧的取材来源。但应当警惕的是，"中产焦虑"由此也容易成为流量盛宴中被资本任意操纵和摆布的利器。大众媒介对于个体与社会焦虑情绪有着呈现、纾解的功能，同时由于焦虑情绪具有传染性，媒介对焦虑情绪也有推波助澜的渲染功能，市场导向下的内容生产者在书写"中产焦虑"时极为容易沦为贩卖焦虑和渲染情绪的推手。

例如，当下内容市场中的一些自媒体号就是值得镜鉴的反面教材。曾在自媒体界叱咤一时的"咪蒙"就是煽动大众焦虑情绪的代表，这个曾拥有1300万粉丝拥趸的大号，每篇文章阅读量都超过10万，然而，在超高阅读量背后则是"咪蒙"团队对社会痛点和时代焦虑情绪的精准捕捉和挑拨，"咪蒙"文章的典型特征是言辞犀利、用语刻薄、放大焦虑，在语言快感中迎合大众审丑趣味，其价值观内核常常是负面情绪宣泄和对焦虑的渲染。《人民日报》旗下自媒体"侠客岛"对其点评称："焦虑心态的确存在，一定程度上反映了社会现实，要我们一起努力改变。但更眼前的是，你的焦虑倒成了他人的生意经。这种虚假故事熬出的'毒鸡汤'营销是不是情感欺诈？"由此可见，刻意煽动焦虑情绪的行为已经引起社会的广泛警惕。

在当下电视剧的中产影像表述中，对于中产焦虑的彰显同样存在"止损"与"渲染"并存的现象，值得研究者反思与甄别。客观地说，当前大部分呈现"中产焦虑"的电视剧仍存在贩卖焦虑之嫌，不少剧集纯粹是商业逻辑下的产物，体现出强烈的逐利属性，在这些剧中，诸如婚恋、职场、住房、相亲、医患关系、育儿等时代痛点和焦虑情绪皆成为情节叠床架屋、烈火烹油的猛料，这种情况下，"中产焦虑"只是一种吸引收视的噱头，对于真正的中产阶层痛点的表现则浅尝辄止、浮皮潦草，甚至剧集根本无意对社会问题进行反思，更遑论试图找寻解决思路，常常是在披着现实主义的外衣，实现大量商业元素的倾销。如《陪读妈妈》被普遍反映为"半部佳作"，剧集前半段尚可圈点，探讨了中西教育冲突、原生家庭对子女的影响等重要的社会话题，但剧集后半部却离教育话题越来越远。实际上，评分尚高的《小别离》在剧情后半段同样剑走偏锋，为了迎合市场加入了一些"三角恋"的元素，令主线旁逸斜出。

而《小欢喜》则对电视剧如何表现"中产焦虑"进行了可贵的探索。尽管剧名是"小欢喜"，但很多人将该剧戏称为"大悲咒"，可以说，该剧对子女教育、中年危机等"中产焦虑"情绪进行了大篇幅的毫不回避的书写。该剧以三个家庭的孩子高考为经，而以三个家庭在这一年所经历的悲欢为纬，浓缩了中产阶层的焦虑符码，如主角方圆一家在儿子方一凡和外甥林磊儿进入高三后，先后遭遇了夫妻二人失业、父母被传销组织

骗巨款等重挫，加之租住学区房、方一凡艺考及怀上二胎等变数，皆加重了这个原本疲惫不堪的中产家庭的生活重压。而另外两个家庭尽管物质无忧，但也分别遭遇了宋倩女儿英子患上抑郁症、季区长夫人刘静身患癌症等变故。可以说，《小欢喜》写尽了中产群体人到中年后可能面对的焦虑，但为何触及如此多的个体痛点却不是贩卖焦虑，就在于该剧没有止于生活的一地鸡毛，而是超越了琐屑现实，不仅书写了生活本来的样子，更是展示了生活应有的样子。剧中通过塑造方圆、刘静等相对理想化的人物形象，对于个体面对困境和焦虑时情绪如何疏导与消解提供了很好的解困之道，而方圆与童文洁夫妇、刘静与季胜利夫妇的相处方式也为很多中年夫妻呈现了一种典范。可以说，直面困境但对焦虑情绪即时"止损"而非"渲染"夸大，是《小欢喜》对于"中产焦虑"所确立的价值坐标，它在创作方法上也为很多同类题材的作品提供了一种镜鉴。

通过这部剧，我们对一部表现"中产焦虑"的电视剧是贩卖焦虑还是正面应对焦虑，已经能够形成较为明晰的判断方法，其根本就在于对一系列二元关系的处理：它对焦虑情绪是渲染放大还是积极引导，创作姿态是消费窥视还是悲悯关怀，情节设置上是追求奇观还是情感导向，是悬浮于生活还是探照人性秘史，精神向度是止于一己悲欢还是具有普世性的苦难救赎等。归根结底，是否以现实主义精神为根本标尺，而这也决定着电视剧表现"中产焦虑"所能实现的艺术高度。

（作者戴硕系浙江传媒学院电视艺术学院讲师）

代际观察类综艺的情感叙事策略研究
——以《女儿们的男朋友》为例

摘　要：近年来，随着综艺市场竞争力的增强，我国的综艺节目类型不断丰富。代际观察类综艺以独特的嘉宾构成及对社会热点议题的聚焦，在综艺节目中占比越来越重，并在 2019 年迎来了"井喷"，但层见叠出的同质化现象容易让受众审美疲劳。腾讯视频自制综艺节目《女儿们的男朋友》另辟蹊径，在豆瓣和知乎评分均超过了同期其他同类型节目，获得了较好口碑。本文分析了该节目的情感叙事技巧及表达手法，希望能为代际观察类综艺的创新发展提供新思路。

关键词：观察类综艺；代际关系；情感叙事；情感表达

代际关系指的是两代人之间的人际关系，在家庭层面包含父母与子女、祖父母与孙子女的关系，也包含社会层面老年人与年轻人的关系。传统的家庭伦理和亲情秩序在进入现代社会之后，不可避免地受到了冲击。在快节奏的生活环境中，青年人与长辈在理解情感、处理事物方面的矛盾也随之增多，负面情感需要得到转化与排解，代际观察类综艺节目应运而生。我国早期的《变形记》《少年说》已初具雏形。《我家的熊孩子》于 2016 年在韩国上线。2017 年韩国 E Channel 又推出了《我女儿的男人们》。受韩国影响较深，我国代际观察类综艺节目于 2019 年迎来"井喷"。《我家那闺女》《女儿们的恋爱》《女儿们的男朋友》等代际观察类综艺节目蜂拥而至，争夺市场份额和经济效益。运用情感叙事技巧，实现与受众间的有效互动，成为情感经济营销的重要手段。

一、代际情感类综艺节目的情感化叙事建构

（一）聚焦社会矛盾引发共情心理

现代心理学认为，人的情绪感染的心理需要既有部分潜意识层中生理需要的成分，

又有意识层中理性成分。❶也就是西格蒙德·弗洛伊德所提出的"超我"。❷代际观察类综艺节目内容全面丰富,涵盖生活热点,聚焦代际矛盾。长辈和子女由于成长背景、文化程度等诸多方面的差异,在对待事物时所具有的内心状态、伦理价值观念及行为方式存在差异,甚至会发生矛盾冲突。在节目中集中表现于:第一叙述现场父亲们对第二叙述现场女儿们做法的讨论。节目中经过塑造而展示的事件源于真实,极具代表性。受众会自然地将节目内容与自己和长辈相处的类似经历相关联,并将自身情感投射到节目中去,实现一定程度的自我反观与审视。最终使观众潜藏在内心深处的无意识得到宣泄与升华,从而完成自我认同和建构。

受众在观赏节目时,经过感受性进入阶段,跟随剧情的发展,可以达到"共鸣性高潮"。《女儿们的男朋友》在第二叙述现场展现出明星女儿们的恋爱故事,首先,通过送礼、约会、争吵、运动等生活碎片将都市青年群像映射出来,青年受众会联系自身,与之达到强烈共鸣。其次,节目中父亲嘉宾观看女儿们的生活状态,父亲也常常站在女儿的角度考虑问题,父女之间形成了共鸣的关系。此外,第二现场的明星父亲们和观察团在讨论和碰撞中达成共识,某种程度上也产生了共情的情愫。父辈受众与明星父亲们在年龄上相仿,在第一叙述现场也会对某些话题和观点产生共情。四个层面的共情共同呈现出中国式的亲子关系,促进两代人的相互理解,引发情感共鸣,实现了代际观察类综艺节目的创新。

(二)情感沟通实现"使用与满足"

"使用与满足"研究起源于20世纪40年代,该理论把受众看作有着特定"需求"的个人,把他们的媒介接触活动看作基于特定的需求动机来"使用"媒介,从而使这些需求得到"满足"的过程。❸近年来,我国的离婚率不断升高。国家统计局数据显示,离婚登记对数从1985年的45.79万对增长到2000年的121.29万对再到2015年的384.14万对。❹截至2017年,我国男性的平均初婚年龄达27.31岁,女性的平均初婚年龄达25.60岁。目前中国正处于第四次单身浪潮当中,子女畏惧婚姻,父辈催促婚姻。这使得情感纠纷和家庭矛盾激增,青年人、老年人由此产生的迷惘、困惑,甚至焦虑等心理问题不断加剧。在忙碌的生活中,人们往往因为无法及时沟通或者沟通方式不当而加剧矛盾,他们需要借助其他事物来暂缓负面情绪。

---

❶ 曾耀农.试论电影观众心理[J].社会科学家,1995(6):47-53.
❷ 西格蒙德·弗洛伊德.精神分析引论新讲[M].苏晓离,刘福堂,译.合肥:安徽文艺出版社,1987:86.
❸ 郭庆光.传播学教程[M].北京:中国人民大学出版社,2011:165.
❹ 何林浩.中国持续改善的高等教育性别比与离婚率[J].世界经济文汇,2018(6):70-85.

腾讯自制综艺节目《女儿们的男朋友》在第一叙述现场以父辈的视角来讲述故事，以沟通的方式对女儿的行为做细致分析，为许多相同境遇、性格各异的青年人提供了恋爱蓝本。并以不同类型人物的解读和沟通来阐述观点、化解矛盾。在拓展受众范围的同时让两代人触及彼此的真实心理，通过沟通聚焦代与代之间的矛盾，引发受众的自我反思，化解其现实生活中根深蒂固的偏见和矛盾，达到内心深处的情感满足。受众可以通过节目来感同身受，释放情感，借鉴其关于婚恋、感情问题的解决方式，转化甚至消解日常生活中的压力、问题、矛盾，重新形成受众对事件的认知与判断，或将影响其行为方式。亨利·詹金斯在《融合文化》中更是提出"情感经济"的概念，认为情感会影响受众的观看选择和决策行为。❶

（三）"星素结合模式"激发受众窥探欲

清华大学新闻与传播学院教授尹鸿曾将真人秀拆开解释，指出在真人秀节目中，"真"是特色、"人"是核心、"秀"是手段，这三个因素是相辅相成的。❷ 四位父亲嘉宾都是明星，但他们的女儿知名度普遍不高，特殊的"星素结合模式"迅速拉近了与受众之间的距离，进一步激发窥视欲望。"星素结合模式"将明星与素人各自的长处相融合，既能发挥明星的表现力、影响力与话题性，又能为节目带来素人嘉宾特有的贴近性、真实性与代入感。❸ 西格蒙德·弗洛伊德认为，好奇心和窥视欲是人类的本能，人类普遍对现实生活范围之外的世界和他人的隐私有着强烈的好奇心。❹ 受众在观看节目的过程中可以窥视到第二叙述现场明星子女的恋爱状态，并且实时获得第一叙述现场流量明星和实力演员们的点评和意见，实现自己对于"星二代"私生活、思维方式等窥探的欲望，达到内心的满足。

（四）满足大众娱乐心理

美国社会学家查尔斯·赖特认为，大众传媒有四大功能，娱乐功能是其中重要的一项。随着社会的不断发展，越来越快的生活节奏使得人们的生活压力增加。在高强度的生活、工作、学习压力催化下，在网络和技术的支持下，观看娱乐性较强的综艺节目成为许多人舒缓压力的选择。2019年是代际观察类综艺节目的"井喷"年，受众在节目中看到了各式各样的恋爱故事，也领略到了多样化的观察视角。在腾讯自制节目《女儿们

---

❶ 亨利·詹金斯.融合文化［M］.杜永明，译.北京：商务印书馆，2012：62.
❷ 纪楠.从传播心理学看电视真人秀［J］.青年记者，2007（5）：52-53.
❸ 徐恺欣.中国电视综艺类节目"星素结合模式"探究［J］.新闻研究导刊，2020（11）：82-85.
❹ 关峰，白锐.基于使用与满足理论的慢综艺受众需求研究［J］.新媒体研究，2019，5（17）：98-100.

的男朋友》当中，范丞丞经常以其"00后"的独特思维呈现出幽默的笑点，此外四位"星二代"女儿的恋爱故事大相径庭，展现了不同的趣味生活。受众可以暂时放下自己生活中的顾虑和压力，通过看节目达到注意转移、自我放松的目的。

（五）引导舆论展现人文关怀

"综艺节目不是单纯的载道之器，不是新文化的旁观者和局外人，而是参与新文化创造的主体，因而在承担起创造和传播先进文化的同时，更须以人为本，为人类全面素质的提升和人的本质力量的实现及社会文明的进步而不懈努力，决不可因一时的经济利益而降低对节目文化质量的追求。"❶代际观察类综艺节目也应加强嘉宾的议程设置功能。在满足受众的窥私欲等感官享受之余，用正确的观念和真挚的情感打动他们，弘扬正确的价值观念。《女儿们的男朋友》以"平民化"的角度推进叙述，如已到适婚年龄的秦沛女儿没有任何准备走入婚姻的想法。秦沛表示十分理解女儿，表示结婚与否并不重要，同时呼吁所有的青年受众"千万不要为了要生孩子而结婚"。第二现场观察团的王子文也十分赞成秦沛的想法，她并不认为婚姻就是恋爱最后必须到达的地方。许多受众纷纷在弹幕、评论、微博中表示赞同，认为应当摒弃腐朽的婚恋观念。

二、代际观察类综艺节目情感化叙事技巧

（一）生活化的叙事视角

《女儿们的男朋友》第一现场演播室分为观察团和父亲嘉宾两部分。乐华娱乐公司的"国民弟弟"范丞丞、独立女性演员王子文、颇具个人特色的张大大，以及擅长逻辑推理的陈铭组成观察团。类型丰富的观察团成员会对同一问题提出不同层面的看法。新颖思维、女性角度、幽默解读、理论层面，这使得第四位女儿在第二叙事中的故事得到充分解读，父亲在第一叙事层面所面临的困惑和矛盾也得以讨论和升华。

来自香港地区的黄金配角秦沛性格直率、思想开放。《射雕英雄传》中的郭靖扮演者黄日华善于观察、十分幽默。《重案六组》中饰演警察郑一民的张潮是传统型家长，思考问题相当谨慎。范志毅是四位父亲当中的唯一一位运动员，他对待女儿范斯晶的恋爱态度并不满意。他们在吃火锅的场景中首次亮相，弹幕纷纷表示："都是熟悉的面孔""几位爸爸是小时候超级喜欢的偶像"等。

关于"间离效果"，贝尔托·布莱希特曾这样定义："让观众对于所描绘的事件，有一个分析和批判该事件的立场。"在贝尔托·布莱希特看来，间离的对象是众所周知的

---

❶ 梅内尔.审美价值的本性［M］.刘敏，译.北京：商务印书馆，2001：40.

熟悉事物，间离的方法是人为地使观众与熟知的东西疏远，间离的效果是引人深思，并最终使受众获得全新的认识。❶父亲在第二现场暂时脱离了演员、运动员、明星等社会身份的光环，也暂时放下父亲的角色，仅以一个旁观者的视角与情愫通过影像了解女儿们的恋爱现状，并与观察团一起解读不断出现的社会问题。生活化的观察视角使得秦沛在看到女儿姜丽文和男朋友亲吻时，表示这种行为非常正常。而旁边的"保守派"张潮则表示年轻情侣不应当在父母面前做出这样的举动，认为这是没有教养的表现。开放派和保守派对此纷纷表达意见，在讨论中寻找和谐共存的方式。不同风格的明星父亲需要以旁观者的身份走入素人女儿们迥然不同的生活中，真实的生活呈现和客观的评价判断使得两个叙述现场迅速拉近了与受众间的距离，易引发情感共鸣。

（二）"夹叙夹议"的双重叙事结构

罗兰·巴特认为："人类只要有信息交流，就有叙事的存在，所以可以说关于叙事的研究涉及人类社会生活的各个方面。"❷在代际观察类综艺节目当中，室内演播室将作为旁观者的父亲和恋爱中的女儿们原本的生活分成了两部分。双层叙事结构是小说中常用的技巧，第二叙述者推动剧情发展；第一叙述者对其进行解释和评价。读者可以以全知视角来分析第一叙述者和第二叙述者的关系及全部内容，获得丰富的情感体验。情感在电视综艺节目中的作用越来越大，受众观看综艺节目不仅仅是为了获取信息知识，其情感满足、宣泄也成为电视综艺节目的重要功能。❸

《女儿们的男朋友》演播室里的四位观察员与四位父亲共同担任第一叙述者角色，他们通过观看女儿的恋爱录像，以直观的视角审视、评价四位女儿的爱情，以自己的亲身经历讲述了关于女儿的"故事"。作为第二叙述者的四位女儿则以真人秀的形式出现。第二层叙事走出了演播室，以女儿的不同生活为背景划分为独立的四部分，每位女儿的独立篇章推动着节目进程。第一现场的观察员与父亲的讨论与之呼应，与小说当中"夹叙夹议"的结构有些类似。第一现场的嘉宾通过议论表达观点，对第二叙事现场中欠缺的内容进行解释说明的同时，也通过讨论社会聚焦的热点话题，激荡出相对的最优解，转化受众负面情绪，引导其思考。

1. 悬念衔接两个叙事现场

美国剧作家威·路特在《论悬念》中说："戏剧性故事的讲述者运用更有诱惑力的技巧，从广义讲，他埋下一颗炸弹，这颗炸弹可能是物质的，也可能是感情的，然后把它留

---

❶ 董健.论"间离效果"在电视节目中的存在意义及运用技巧[J].学习与探索，2015（8）：141-144.
❷ 罗兰·巴特.S/Z[M].屠友祥，译.上海人民出版社，2000：55.
❸ 孙振虎，何慧敏.代际观察类综艺节目社会化情感叙事的创新路径[J].中国电视，2019（9）：31-35.

到最后爆炸。就这样，他把戏剧中的能量释放出来，这种能量就是悬念。"❶ 代际观察类综艺节目可以充分运用两个叙事层面，通过蒙太奇将悬念感放大。第一现场中女儿们的恋爱状况不仅将悬念留给了受众，同样留给了父亲们，经过第二叙述现场的转换与发酵，给受众带来了更加满足的体验。《女儿们的男朋友》第二叙述现场一开始便呈现出了女儿张晔子搬离工作室的画面，她的生活遇到了什么样的瓶颈？父亲张潮是否了解女儿近期的生活困境？明星子女的感情生活状况与普通人有何不同……受众带着诸多疑问走入第二叙述现场去寻找答案，并在节目内容中不断揭开谜底，出现或者豁然开朗或者不可思议的自然情绪。这样的节目设定增强了综艺的戏剧效果，也会让受众得到更强烈的满足。

利用悬念也可以自然衔接两个叙事现场。每期节目都会由观察团演绎一段小剧场，如范丞丞和王子文合作演绎了第二叙述现场中某一位女儿与其男朋友的精选对话片段，或是幽默，或是冷漠的对话让父亲们惴惴不安。观察团和父亲们进行推理和猜测之后，第二叙述现场的内容才会被逐渐呈现以揭开谜底。当开始播放第二叙述现场的内容时，节目组会通过空镜、人物背影、虚焦等拍摄手法延长悬念时间，并配以花字增强第一叙事现场和受众的悬念感。在第二叙述现场播放结束时同样会有悬念十足的画面以引出第一叙述现场的讨论。第一期在张晔子的生活片段最后，是男朋友张炜迅为她煎中药的画面。爸爸张潮看到了十分紧张，并表示对女儿的病情一无所知，甚至急切地想要打电话问问女儿身体状况。

2. 冲突推动情节发展

冲突是体现戏剧性最尖锐、最集中的形式，它亦是推动情节发展的主要力量。❷ 双层叙事结构中的冲突在两个叙述现场不断传递，第二现场的冲突时刻牵动着第一现场父亲们的内心，同时引发了受众在观看过程中的紧张感，从而加强了受众的兴趣。华东师范大学的陈虹教授以"人"为参照，将"冲突"划分为人与环境的冲突、人与人的冲突和人物内心的冲突三大类。❸ 长辈与子女在婚恋观念、生活态度、作息习惯等方面的冲突成为其主要呈现。父亲范志毅看到女儿范斯晶因为男朋友玩游戏而生气时，情绪变得比较低迷，频频出现的面部特写显露出他对女儿男朋友的不满。节目组对于矛盾的节奏把握的比较到位，冲突与幽默并存，不断推进节目叙事发展。

创业风险、经济压力、生活伦理等方面的热点问题频频成为节目讨论的热点话题，如"谈恋爱是否一定要结婚""男生约会迟到该不该被原谅"等常常引发第一叙述现场的热议。第一叙述现场观察团与父亲们激烈讨论的思维碰撞可能会带给受众感同身受或

---

❶ 周健，王培铎. 论悬念的焦点 [J]. 大连教育学院学报，2000（2）：28-30.
❷ 邓婷. 论 BBC 纪录片《王朝》的戏剧性叙事策略 [J]. 戏剧之家，2020（6）：72-73.
❸ 韩馥遥. 浅析电视真人秀节目的叙事特征 [D]. 哈尔滨：哈尔滨师范大学，2015.

灵感启发。来自多重角度的不同意见往往会引发激烈的讨论与冲突。面对适婚年龄的女儿，父亲秦沛选择顺其自然，认为结婚不是必需的归宿。而其他几位父亲嘉宾则不同意，表示女儿在适婚年龄应该尽快步入婚姻阶段。第一叙述现场中"开放派"爸爸与"保守派"爸爸的矛盾常常被激化，极速切换的表情特写画面使节目冲突效果更强烈。在节目内冲突发生的过程中，受众会选择自己认为正确的一方，通过弹幕等互动形式支持嘉宾并表达自己对于热点议题的观点，增强用户黏性的同时扩大了节目的传播力度。

三、代际观察类综艺节目的情感表达手法

（一）分屏播放放大"观察"本质

大多数代际观察类综艺节目往往只呈现出某一现场的画面。观众无法及时、清晰地捕捉嘉宾在观看视频时的实时表情甚至语言，观众体验到的"观察感"较弱。偶尔有节目选择使用头像大小的小画面表达第二现场的反应，但通常画面很小且具有延时性，并没有展现出观察类节目的真谛。为了更好地展现观察类节目的双叙事原则，表达第一叙述者对第二叙述者的评价与解释，腾讯自制的《女儿们的男朋友》采用了新颖的分屏功能，屏幕左右分别出现第一现场的外景和第二现场的实时解读画面。通过分屏将嘉宾一起观看、讨论视频的第一叙述现场全部实时展现，充分达到了"观察"的效果。

《女儿们的男朋友》同样开启了分屏播放的新模式，第一种模式：左右两边分别是第一、第二现场的嘉宾。这样的设计可以在关键时刻看到爸爸的微妙反应，十分真实、自然，也真正达到了观察的目的。第二种模式：屏幕左右都是同一现场的嘉宾。如张潮和秦沛在争论"女儿是否可以在长辈面前接吻"的话题时，两人分别出现在分屏画面的左右。比起全景的景别，两个近景的分屏画面不仅可以实现两人同框，而且可以通过近景画面清晰地看到嘉宾的微表情，增强了戏剧效果和受众兴趣。

（二）整合平台资源创新双向互动模式

"参与式文化"一词最早是由美国学者亨利·詹金斯于1992年提出的，用于描述媒介文化中的互动现象。就目前来看，参与式文化继承了大众文化流行性的形式特征、草根文化平民化的主体特征及创意文化崇尚个性的内容特征。❶腾讯视频自制节目《女儿们的男朋友》开启了观察类综艺的互动新形势。观众的反馈可以通过弹幕影响节目的制作与发展方向。此外，腾讯利用平台优势，整合了资源，节目中聚焦的各种热点社会问题都被缩放到腾讯微视，以短视频的方式进行二次传播，受众可以猜测并选择问题答

---

❶ 周荣庭，管华骥．参与式文化：一种全新的媒介文化样式［J］．新闻爱好者，2010（12）：16-17

案,实现深度地双向互动。如在腾讯微视上线的衍生短视频《前任给你发红包怎么办》就是截取了第二期完整版节目中的视频片段——主持人陈铭问道:"前任给你发红包怎么办?"短视频画面静止的同时,出现了三个答案:"收了""拉黑""还是朋友"。观众可以自由选择任意答案。回答完毕后,屏幕会立刻显示出每个选项的点击人数与占比。此外,回答正确即可获得金额不等的现金红包。

腾讯微视冠名节目的同时也获得了平台流量。《女儿们的男朋友》在衍生节目中创新互动方式,建构了新的商业模式。并可以在此基础上进一步形成品牌 IP,不断地挖掘多层次的商业价值,积极运作好产业链中的每一环节。此外,节目利用平台优势拓宽了节目的传播途径,受众能够通过思考和创意来获取福利,暂时脱离现实生活中的身份,在网络虚拟平台中实现自身价值。这增加了受众对于节目的关注度和黏性、拓宽了节目的传播途径、增强了节目的影响力度。

(三)多样化呈现满足不同需求

"传播学之父"威尔伯·施拉姆曾在《传播学概论中》将"使用与满足理论"喻为"自助餐厅"。受众选择接触媒体时,在一定程度上与其特定的"社会因素"如教育、收入、性别、住所及生活中的身份、地位有关。受众的形成是因为他们被不同的内容所吸引,存在着个人偏好的差异性。❶ 在腾讯视频,观众可以根据个人喜好观看《女儿们的男朋友》的不同的节目版本。除了每周二更新的正常版本,还有"花絮资讯""每对恋人的专属版本""特约版"等。"花絮资讯"板块利用了当前短视频能够在社交平台裂变传播的优势,将节目中争论的焦点、嘉宾观察团的情绪点与第一现场的有趣故事等内容制作成一分钟左右的短视频或内容集锦,在腾讯视频及其他社交媒体平台传播,达到了变被动为主动的传播效果。

腾讯视频自制综艺《女儿们的男朋友》为了更好地满足不同受众需求,特推出了"女儿的专属撒糖时刻"专栏将四位女儿的甜蜜爱情故事分别讲述出来。"特约版"是《女儿们的男朋友》为腾讯视频会员们提供的福利版本。比起正常版本,特约版第一叙述现场的讨论话题更加犀利和精练,第二叙述现场的故事细节也更加接近女儿们的真实生活和内心想法,展现了女儿们除恋爱之外的生活,包括与闺密之间的倾心畅谈、个人工作等。全方位、多角度诠释了女儿们的个性特征。

---

❶ 童清艳. 受众研究[M]. 上海:上海交通大学出版社,2013:40-53.

四、代际观察类综艺节目现存问题与未来展望

腾讯视频自制综艺《女儿们的男朋友》在情感叙事及表达中独具特色，但其节目制作模式借鉴于韩国综艺《我女儿的男人们》。首先，在第一叙述现场中，相较于韩国综艺活跃、生动的演播室氛围和扣人心弦的节奏，《女儿们的男朋友》的观察团和嘉宾之间讨论的深度较弱，成员年龄差距较大，台词衔接不紧密，因此看待问题的角度和程度各异。其次，在部分情节中，父亲嘉宾的反应存在不真实现象，如秦沛在看到男朋友给女儿的礼物是炸鸡时表情非常严肃，但没有过多表达，只是表示女儿喜欢就好。相比之下，韩国《我女儿的男人们》节目呈现更加自然真实，具有人情味，爸爸们在节目中哭泣、感动的现象时有发生。第二叙述现场同样存在问题，如黄芷晴在节目中与她男朋友的故事具有强剧情性和设计感，两人的表现十分不自然。从相遇到确认恋爱关系仅仅用了一期节目的时间，不符合常理的情节造成了叙事上的断裂，并且很多手势、台词比较生硬。此外，两个叙述现场的比例失衡，每期节目内容均以第二叙述现场为主，演播室的占比较少。

作为代际观察类综艺节目，《女儿们的男朋友》在形式上做出了大胆的创新，充分利用腾讯平台优势，加强了受众的参与感和互动性，并衍生出丰富的节目版本促进了内容的多样化传播。如今，在观察类节目"井喷"式发展时期，代际观察类综艺节目应当发挥原创精神，制作精良内容，创新传播路径，同时要进一步传承中华民族的优秀传统文化，传递正确的价值观，弘扬文化主旋律。

（作者赵雯玉系中国传媒大学电视学院硕士研究生）

新主流大片对"大国话语"的影像建构
——以《湄公河行动》《战狼2》《红海行动》为例

摘　要：在"大国外交""一带一路"等国家倡议背景下，中国作为全球第二大经济体，经济总量和国际地位不断攀升，与此相伴生的是电影创作通过中国故事和中国价值的呈现，对"大国形象"展开的一系列文化建构。笔者从传统主旋律影片到新主流大片的演进过程着手，以《湄公河行动》《战狼2》《红海行动》三部影片为例，从被定义为"他者"的文化自辩、类型审美的介入与抽离及互文视角下意义的重建三方面分析了中国主流大片在探究人类共同情感、价值公约数、艺术表达及娱乐方式等方面的发展成果，同时为全球化视角下民族情感和表达风格的多样性提供了合理的例证。

关键词：新主流大片；大国形象；影像建构

1895年，卢米埃兄弟第一次在咖啡厅售票放映了后来才被命名为《水浇园丁》的影像，从此，这段仅25分钟的喜剧生活视频成为电影研究的溯源。值得注意的是，这段戏剧化的家庭日常影像在面世之初就附带有文化消费的属性，可见，相比于20世纪60年代以后才开始活跃的电影本体论研究、美学命题讨论和类型史分析，电影的文化语境与影像本身之间的互动关系是天然存在且异常紧密的。无论是电影理论、电影历史还是电影批评，任何一种电影艺术研究方法都不能忽视电影与社会历史的交互作用。一方面，任何一部影片都不可能脱离它所诞生的历史时代而孤立存在❶，只有深刻反映时代风云和社会万象的作品才能具备经典价值；另一方面，随着我国综合国力不断增强，"大国外交""一带一路"等国家倡议不断深入，中国需要通过文化媒介在国际舞台塑造有责任、有实力、有担当的大国形象，而电影产业的日益成熟使之成为上述文化传播的首选介质。

如果说近30年的"主旋律"创作传统对于展现"大国文化"背景下的爱国主义视野具有明显优势的话，那么如何在电影叙事中埋下价值判断的脉络，并在市场化语境中

---

❶ 贾磊磊.电影学的方法与范式［M］.北京：北京时代华文书局，2015：187.

选择合适的美学表达，成为当下新主流大片的时代责任和必然选择。只有如此，才能形成"作品—市场—观众"的内循环，拓展"作品—价值观—世界"的外循环，并在口碑和票房之外集中而饱满地传达当下中国对于自身价值观的自觉和自信，而这对于国际形象的确认和争取，对于长久以来西方电影对东方的符号化解构，都是极其生动、有力的证明。

一、一种建构："他者"文化的自我言说

在路易·阿尔都塞的意识形态理论中，宗教、教育、法律、文化、传播媒介等作为意识形态国家机器，区别于军队、警察、法庭、监狱等强制性国家机器，通过运用淡化的、隐蔽的甚至是象征性的"非强制性手段"将"个体询唤为主体"❶从而发挥其功能。可见，电影作为一种综合视听艺术，在思想传播和价值引导方面具备明显优势。因此，"主旋律"电影作为我国电影创作实践中的重要一极，也成为国家话语、时代精神和主流价值的代言人。

1987 年，"主旋律"在全国故事片厂厂长会议上被首次提出，"突出主旋律，坚持多样化"成为新的创作倡议。而随着商品社会的发展和生活节奏加快，20 世纪 90 年代特别是 21 世纪以来，市场经济迅猛发展，后现代主义文化加速了社会心理结构的转变，电影作为文化产品的消费性日益突出，产品化、游戏化、娱乐化和生活化迅速主导了当代大众文化，出现了以贺岁片为代表的商业电影。在商业因素与主题价值、艺术表现的轮番对阵中，一大部分主旋律电影因其题材限制、宣教强硬、人物扁平、表现手法单一等缺陷曲高和寡，即便不考虑市场表现，其主题设定与价值传播之间的裂隙也难以弥合。

从文化研究角度来看，这固然是亚文化与社会主流文化的一次碰撞和摩擦，但与娱乐性的狂欢、解构和颠覆相伴生的还有新时代世界文化的变迁。中国的崛起不断改变和重构着冷战结束后的世界格局，作为全球第二大经济体，中国不但通过经济、科技、军事等实力的提升获得了国际认可，同时还在寻求与"大国形象"对位的国际角色和实际作为。那么，当中国价值的输出和文化传播成为大国形象"落地"的必由之路，传达中华民族精神内涵，呈现中国故事、中国精神、中国气派，也就成为中国电影作为文化传播载体和世界性艺术语言的重要转型方向。

但是，在文化传播和输出之前仍然有一个屏障亟须破解，就是如何摆脱东方（中国）形象"被定义"的历史。正如爱德华·W.萨义德所发现的：在西方人看来，"东方是非理性的，堕落的，幼稚的，不正常的，而欧洲则是理性的，贞洁的，成熟的，正常

---

❶ 李恒基，杨远婴. 外国电影理论文选[M]. 上海：上海文艺出版社，1995.

的。"❶ 在世界电影特别是好莱坞影片中，西方中心主义惯于把东方（中国）定义为古老神秘、落后蒙昧的"他者"和"弱者"，东方（中国）常常以被拯救的形象出现在世界文化传播的视野之中，这不仅体现了西方的殖民主义思想，世界格局博弈中的综合实力与意识形态同时角力也可窥见一斑。因此，以影像建构新时代"大国形象"首先就是要通过真实可感的中国故事和中国形象解除世界范围内对中华民族文化内涵的模糊与曲解。从意识形态研究来看，这固然是国家权力话语的言说，然而东西方"二元化"对立的历史及其"对抗"的内核，已不是全球化语境下的文化发展趋势。1978年成书的《东方学》尚在冷战时期，但那时的爱德华·W. 萨义德就坚持肯定了文化差异的现实意义，并指出了差异应该超越"二元对抗"，不应成为对立和隔阂的代名词，而应该成为交流和理解的起点。"他们无法表述自己，他们必须被别人表述"——这个"他者"和"弱者"的坐标交汇处，对于日新月异、迅猛发展的中国而言，是一个必须澄清的历史误会。

一方面，传统主旋律电影逐渐拉开了与大众进行价值和情感交流的差距；另一方面，新时代国际文化格局对国家形象、国家话语的呼唤日益强烈，在这样的历史文化前提下，处于政治、资本和艺术三方博弈中的中国电影，试图通过价值求同、类型叙事、延展视听等途径对主旋律电影创作进行改写，而《湄公河行动》（2016年）、《战狼2》（2017年）、《红海行动》（2018年）在票房、口碑和艺术表现上取得的出色成绩也实现了国家对电影创作的思想要求，即"用当代中国的影像和故事表现崇高价值、国家万象。"❷ 三部电影均改编自真实事件，《湄公河行动》取材于2011年10月震惊中外的"湄公河惨案"，中国商船在湄公河金三角流域遇袭后，不仅13名中国船员全部遇难，还被境外贩毒势力栽赃；《战狼2》讲述了退伍军人冷锋重回非洲叛乱现场将华侨顺利护送回国的故事；《红海行动》则通过中国海军陆战队"蛟龙突击队"临危受命，前往非洲解救中国人质的惊险过程，戏剧化地再现了2015年3月中国海军停靠也门港口亚丁湾保护中国公民安全撤离的"也门撤侨"事件。

20世纪30年代，当贝尔托·布莱希特和乔治·卢卡契进行关于现实主义的辩论时，现实主义与社会真实的贴合程度成为核心主题，而乔治·卢卡契的"以塑造典型人物描绘社会全部"的创作理念得到了更多的支持和实践。从创作层面看，贝尔托·布莱希特对于创新表述方式的狂热追求及对审美距离的培育，使得他所倡导的"以现代主义和自反性"的形式来揭露社会当中的因果网络充满了难度和陷阱。这样一来，乔治·卢卡契的"外在的"现实主义逐渐发展和固定下来，成为"主旋律"的基本创作理念和方法，

---

❶ 爱德华·W. 萨义德. 东方学 [M]. 王宇根，译. 北京：生活·读书·新知三联书店，2007：49.
❷ 黄坤明. 深入学习贯彻习近平文艺思想 努力建设电影强国 [EB/OL]. (2018-04-12) [2018-12-12]. http://www.xinhuanet.com/2018-04/13/c_1122680252.html.

在我国电影创作中直接表现为：取材于现实生活的真人真事，或根据多个真人真事创编故事，并把"颂扬爱国主义、集体主义和社会主义"的时代精神，体现主流意识形态的价值观念，能够激发人民奋发图强、开拓进取作为鲜明的创作目标。

在这样的主旋律和现实主义传统下，聚焦世界公共政治领域中的现实仍然是言说大国形象的首选。基于客观事实塑造处于真实事件中的中国政府、中国军队、中国警察形象，一定程度上是电影为保证传播效果与类型、娱乐、特技等市场因素进行博弈的结果，但从其接受美学意义上考量，在时政新闻热点对观众形成话题吸引的同时，其背后的意识形态意义则是通过艺术呈现形成"大国崛起"的"非虚构"力量，从而避免了对国家形象进行自我言说过程中陷入虚幻的自我想象。

二、一个案例："类型"审美的介入与抽离

作为第一部进入全球票房前100名的非好莱坞电影，《战狼2》以56.8亿元人民币的票房成为一部现象级电影。《红海行动》和《湄公河行动》的市场表现同样不俗，这意味着中国主旋律电影走上了从满足政治诉求转向贴合市场逻辑的突围之路。当然，在前文提到的三部电影之前，国产电影已经开始尝试打破主旋律与商业片的界限，《太行山上》（2005年）、《云水谣》（2006年）、《集结号》（2007年）、《唐山大地震》（2010年）等影片都一定程度地实现了票房口碑的双赢，这不仅是电影产业内部的资本链条需要市场回报的明显信号，也体现出电影作为文化产品所附带的弘扬主流文化、建构主流价值观的社会功能被深度唤起。

张慧瑜在研究主流大片对革命历史的改写问题时，曾对20世纪八九十年代的主旋律电影叙事策略做过梳理："第一种是80年代初期伤痕书写和反思文学中呈现'宏大叙述'……（如谢晋的'反思三部曲'等）；第二种是用人性化、日常化的方式讲述领袖故事……[如《开国大典》（1989年）]；第三种是90年代初期以《焦裕禄》（1990年）、《蒋筑英》（1992年）、《孔繁森》（1995年）等为代表的英雄劳模片，采取英雄人物苦情戏化的叙述策略……"[1]然而，无论是历史伤痕的反思、革命历史题材的日常化还是现实社会中典型模范人物的苦情叙述，都已经无法容纳和解释2010年以后主旋律电影的价值定位、情感诉求和叙事策略，因此可以说《湄公河行动》《战狼2》《红海行动》并不是作为主旋律影片与商业片结合的新的阶段成果，它们表现出的典型特征是"主旋律"与"类型化"的融合，并在融合的过程中重新校准主流价值观与大众化、娱乐性的平衡。显而易见，三部电影在题材范畴和人物塑造上都进行了充分的类型化设定。

---

[1] 张慧瑜.历史魅影——中国电影文化研究.[M].北京：中国电影出版社，2015：85-86

这里的"类型"不是以理论、历史和视觉风格为基础，旨在得到一个近似影片的集合体的"分类"意义上的"类型"，而是基于产业策略的类型概念。保尔·华森在《类型研究导论》中就指出，"类型能够平衡或调节电影产生的欲望、期待和快感"❶，而电影工业又需要提前售卖观影期待并通过这种认知保证或者补偿金融投资，"类型"成为影片工业化生产中降低经济风险、组装流行要素的"模式"的代称，而类型片携带的关于情节、人物、视听等层面的奇观化表达恰恰是好莱坞电影在"大制片厂"制全盛时期就逐渐形成的样本，也难怪有论者诟病《战狼2》中冷锋的塑造有"西方超级英雄"之嫌。❷

在类型的意义上，三部影片在题材和人物塑造上都是极其典型的。《湄公河行动》作为一部"国际破案片"本身就具有行业化特点和类型化基础，林孝贤的创作实践和影像风格也给市场和观众带来了基于"警匪"二元对抗机制的观影期待，作品以"讨回公道"和金三角抓获毒贩为明线，以主人公方新武的感情创伤（女友因吸毒而死）为暗线，为故事的铺排埋下了充足的情节点，赌场救人、商场谈判、公路追凶、山林激战、快艇追击等视听场面在快速剪辑中展现出了激烈劲爆、惊心动魄的正邪较量。《战狼2》和《红海行动》则是把"异国撤侨"作为叙述主题，表现了在战火纷飞的非洲，中国军人不惧当地武装叛乱和政变，坚定地营救华侨和当地无辜百姓，并成功阻止恐怖分子惊天阴谋的壮举。尽管作品中关涉到的是跨国追凶、异国撤侨等真实的国际事件，但其中包含的内在冲突所预设的观影快感和由新闻热点引发的认知期待，构成了"类型"的坚实底座。

在"类型"的统筹下，作品在人物塑造上也体现出与以往"主旋律"电影中"高大全"形象截然不同的对正面人物的新设定，国家形象和正义力量走下神坛，以人物性格中的瑕疵作为交换条件，凭借社会真实和逻辑真实改变了传统主旋律影片主题先行带来的"只见精神不见人"❸的空洞宣教和扁平描绘，并以此提升了电影传播过程中的认同度和好评。当优秀的"战狼"成员冷锋看到牺牲战友家遭遇强拆时，无法按捺男儿血性，冲动之下痛打乡痞导致受处分退役；方新武用酷刑逼供线人，为替女友报仇射杀毒贩，都是没有按照上级指示而擅自进行的行动；《红海行动》中，李懂初次作战的紧张胆怯，庄羽不自信的临阵慌乱，石头喜欢"吃糖"的细节，都是对传统主旋律影片"英雄塑造法"的"去符号化"，观众也在电影一步步打破"脸谱化"刻板印象的过程中产生了强烈的代入感，在观影快感得到满足的同时，与电影的主题和价值观产生了强烈的思想共

---

❶ 陈犀禾，徐红，等.当代西方电影理论精选［M］.北京：中国电影出版社，2012：57.

❷ 包磊.从《红海行动》看主旋律电影向艺术本体的回归［J］.艺术广角，2019（2）.

❸ 宋维才.大国意志、主流价值与商业精神——电影《湄公河行动》对主旋律电影创作的启示［J］.当代电影，2017（2）.

鸣和心理认同。除此之外，大量的视觉奇观以集中的影像方式插入到情节推进和快速变换的场面中，冷锋水下一人勇斗四海盗、单臂挂车激烈枪战、鏖战欧洲雇佣兵徒手搏击拳拳到肉；"蛟龙突击队"在残破的建筑、呼啸的子弹和战场的残肢断臂中勇敢面对火力全开的轻重武器等，都增加了类型电影的视听效果。

以这三部电影为代表的中国新主流大片从传统的主旋律电影走来，但并没有以"好莱坞式"影片模式为终点目标。《战狼2》中没有军人身份、已经进入安全地带、完全可以驶离叛乱之地的冷锋，在中方军队无命令不得武力支援的情况下，仍然做出了重回硝烟、救回华资工厂受困同胞的坚定选择。当一个"好莱坞式"的"超级英雄"带着拯救世界的风发意气出现时，影片也设置了多处"中国化"情节来规避"好莱坞式"类型电影的套路陷阱和娱乐特征，从海军舰长得到上级命令眼含热泪进行武力支援，到冷锋驾车驶过交战区时以臂为杆高喊"We are Chinese"，再到片尾护照的缓缓推进，"无论你在海外遇到了怎样的危险，请你记住，你的背后有一个强大的祖国"……尽管用影视符码进行直接抒情稍显机械和僵硬，但无论是冷锋还是方新武，为"超级英雄"营造中国背景、让主角既展示个人英雄魅力又不囿于"个人英雄主义"牢笼的意图清晰可见，中国主流大片的创作在"世界元素＋中国特点"的尝试中，遵循娱乐性和商业性法则，获得了塑造孤胆英雄的逻辑合法性，同时也紧扣中国主流文化价值的诠释和传达，完成"展现大国形象，承担大国使命"的具体讲述，而这种尝试中对于"类型"的介入与抽离，都是中国主旋律电影过渡到主流大片的必然路径。

三、一次对话：互文意义的时代影像症候

法国符号学家、女权主义批评家朱丽娅·克里斯蒂娃第一次提出"互文性"概念时，以"任何文本都是对其他文本的转化"❶突出了文本之间的关联性。与此同时，文本之间除转化关系之外的意义也因"互文性"的提出被再次关注和研究，当"任何文本都要以其他文本作为存在的前提和延伸媒介，文本与文本之间彼此互喻，互相阐发，且互为对方之意义无限繁衍的场域"❷时，"互文性"所指称的就是"文本与文本之间'相互参照、彼此牵连'、你中有我、我中有你的开放系统的表意功能"❸。那么，与主旋律电影一脉相承的新主流大片在逐渐进入世界文化视野的过程中又是如何借助文本之间的"参照"和"牵连"，找到属于中国精神的国际表达呢？

---

❶ 陈定家.文之舞——网络文学与互文性研究［M］.北京：社会科学文献出版社，2014：64.
❷ 同❶.
❸ 同❶：65.

事实上，当我们以这样的视角观察中国电影特别是新主流大片的审美特征和市场经验时就会发现，对电影本身而言，其发展历史就是一部不断更换其互文文本的历史，而正是这些不断变化、构成互文关系的文本之间的持续对话和碰撞，在确认和更新着电影所附带的价值意义。从《建国大业》跳出传统主旋律电影保守的宣传说教，借助明星集束效应为爱国主义的讲述找到大众化面孔，到《集结号》通过营造阵亡战士为国捐躯的悲壮来表彰或抚慰他们失去身份的付出，进而把"铭记屈辱"与"铭记历史"并列；从《卧虎藏龙》《英雄》以奇观化的中国功夫为切口打开北美市场再塑东方神韵、中国风格，到《湄公河行动》《战狼2》《红海行动》放眼国际立足于命运共同体、立意于人类共同情感的价值框架，这些对于国家形象的影像言说也形成了一个轨迹，即电影与历史文本和世界话语之间不断参照和对话的演进轨迹：我们既在对话中发现了中国电影在塑造国际形象中的文化误读和表达局限，也在互文中摸索到了民族精神与国际叙述之间的平衡区域。换句话说，中国主旋律电影的文化内涵，对内要跳出"歌颂—反思"的两极化历史观，对外要警惕"功夫"等中国元素的标签化，而内外两方面的文本经验也证明主流电影已经超越西方与东方的简单对峙，进入了互融共生的新阶段。当一个更广阔同时也更复杂的互文语境已经产生，无论是价值建构、美学表达还是市场运作，"大国形象"的塑造都不可能在自循环中完成，而体现对话性的首要特征就是影像叙述在时态语态上的转变。

显然，新主流大片在现实题材创作上表现出了更大的自信。一方面，现实题材创作面临着敏感话题的审查压力，造成了以都市情感和家庭伦理为主要内容、以日常生活细节为艺术追求的"轻"现实大行其道；另一方面，世界范围内各国实力和影响力不断增长，"国家形象"成为文化建构和文化输出的核心语汇，无论是着眼于个体生活的"小悲欢""小时代"还是沉溺于历史讲述的"老家族""老故事"，对于当下中国形象和社会全貌的展示显然已经非常吃力，"回头看"和"向下看"的创作惯性也正在被"向前看"的思维所替代，"真现实""大时代"既是新主流电影在叙述时态上的转向，也是社会心理结构发生变化的一种表征，而这种表征至少有三种意味：一是电影对于表达国家话语的叙事视角从国内转向国际；二是电影的价值观已经从适用于国人的传统主旋律过渡为适用于国际的价值公约数；三是在叙述策略上不再迷恋对国家历史的再现或重写，而是极力克服对现实的轻化和窄化，完成国际文化语境中对历史和英雄的同时代记录。

《战狼2》的亮点在于冷锋面对雇佣军首领"老爹"污蔑中国时，用拳头的胜利回答对方"那是以前！"冷锋热血能打的硬汉气质与美国女医生瑞秋的温柔善良，实质上是对东西方话语姿态的倒置，并在倒置中开启了"大国形象"的宣讲。尽管冷锋"一打到底"的拯救人设难逃对好莱坞英雄模式的挪揄，但中国保护本国公民、维护世界和平的意愿仍然非常明确。《湄公河行动》的故事冲突起于蒙冤而死的13位船员，"当国民安全受威胁时,国家不会坐视不理",公安部部长铿锵有力的表态成为隐藏于电影故事层面下的隐形叙事动力,除了中国政府查清真相、讨回清白的决心和能力,强烈的个体生命意识也凸显于惊心动魄的跨境抓捕中:个人服从集体、个体融入国家的传统叙事更新为生命由国家保护、冤屈由国家洗刷的新叙事,国家对个人生命价值和尊严的重视超过了以往任何一个时代。

当然,对话的结果不仅是"求同",更有保持自身精神特质的"存异"。如果说价值的公约数是进入国际视野的入场券,那么彰显国家风格和民族情感的认同则是体现全球化视角下影像表达多样性的必要条件。《红海行动》从蛟龙突击队接到任务解救人质到举全队之力营救邓梅,再到夺取恐怖分子手中制造脏弹的原料"黄饼",层层递进的情节,协同作战的结构,塑造了勇者无惧、强者无敌的蛟龙突击队,歌颂了中国军队乃至中华民族最深厚、最强大的精神——集体主义精神。杨锐的果决、顾顺的桀骜、张天德的天真、徐宏的刚毅、佟莉的英气、李懂的成长、陆琛的机敏、庄羽的壮烈……八名队员外形相似却性格各异、神态各具,又协同作战、隐入集体,将他们与《战狼2》中的"独狼"冷锋相对照,互文语境的作用格外明显:影片不再"由简单的将单打独斗式的个人英雄主义当作当代海军的精神制高点,而是将由国家担当的崇高集体主义塑造成中国海军最强大的精神来源",个人英雄已经实现了向集体、国家形象转换的创作自觉。

可见,中国新主流电影在国产传统主旋律电影、商业电影及好莱坞电影的文本影响中下对于认同主流文化的民族心理的把握愈加精确,也为"大国形象"的塑造夯实了精神根基。因此,《湄公河行动》《战狼2》《红海行动》以国家实力特别是中国军队实力的"国际路演"完成了大国话语的影像讲述,也在顺应民族文化自信的社会心理趋势中实现了叙事视角的转向。同时,三部电影对于表达国家话语的创作觉醒,也将反作用于其他的电影文本,并可能在较长一个阶段内影响电影的创作实践。

(作者王文静系石家庄市文艺评论家协会副主席)

战疫时期传媒艺术的创作形态

摘 要：本文以我国为应对公共卫生突发事件新型冠状病毒肺炎在全国范围打响的战疫为背景，分析了全民全程参与战疫期间的传媒艺术作品创作，从传媒艺术自身特性出发，阐述了传媒艺术所展现的创作形态，重新审视了传媒艺术在当代的社会功能和影响，思考了传媒艺术的本质特性和创作形态所承载的战疫精神。

关键词：传媒艺术；战疫；创作形态；特性

2020年春节，一场自湖北席卷全国的新型冠状病毒肺炎疫情将14亿中国人共同的传统节日记忆按下暂停键，随之而来长达数十天的个人居家防护成为每个中国人在庚子年做的第一件事。新型冠状病毒肺炎疫情牵动着亿万中国人民的心弦，战疫前线的事件通过广播电视和互联网传播到千家万户，被全国人民了解和记忆，同时成为传媒艺术创作的源泉。

这场与每个人生命息息相关的战疫，激活了中华民族千年传承的集体记忆之力量，激发了身处疫情中的艺术家甚至普通人的个人创造力，出现了众多以战疫为背景创作的传媒艺术作品，利用互联网作为创作和传播手段进行全民参与式的艺术创新和创作，构成了当下传媒艺术特殊的生命形态。传媒艺术利用自身特性优势，源源不断地为前线工作人员、患者及广大人民群众提供着精神力量、战斗信心和情感抚慰。

一、战疫中的传媒艺术创作

传媒艺术指自摄影术诞生以来，借助工业革命之后的科技进步、大众传媒发展和现代社会环境变化，在艺术创作、传播与接受中具有鲜明的科技性、媒介性和大众参与性的艺术形式与品类，主要包括摄影艺术、电影艺术、广播电视艺术、新媒体艺术等艺术形式，同时也包括一些经现代传媒改造了的传统艺术形式。战疫时期，传媒艺术作品层出不穷，它们不仅是生活在这片华夏大地上的一个个生命个体的鼓舞呐喊，而且凝聚着中华民族千年历史的集体血脉情感。

随着疫情的发展，人人居家防疫，但隔离病毒不隔离爱，通过广播电视、互联网等途径，每个人的精神都实时参与到了战疫之中。传媒艺术在此期间表现出了巨大活力，众多艺术家和个人纷纷进行创作，为身处疫情中心的感染患者、医护人员和普通民众加油鼓劲。仅在 2020 年 1 月 23 日武汉宣布封城后的一个月时间内，通过各大网络视频平台、社交媒体等途径发布的传媒艺术作品层出不穷，冲击着全国乃至全世界网络用户的心灵。

各类网络视频平台、社交媒体、自媒体和组织及各级广播电视机构等传播媒体都参与到战疫中，专门开通了与疫情相关的分区和专栏。例如，哔哩哔哩开设的"抗击疫情"频道，腾讯视频、优酷视频、爱奇艺推出的"战疫情"分区等。由此，大量以"武汉加油""中国加油"、共同战疫、颂扬最美逆行者"白衣天使"和一线工作人员为主题的公益歌曲 MV、纪实视频短片、自制短视频、摄影照片等形式的作品被创作和传播开来。其中，公益歌曲 MV 类，如《平凡天使》《坚信爱会赢》《因为有你在身旁》《你安好 我无恙》《献给武汉》《逆行》《2020，武汉加油》《为了谁》《我相信》《武汉不流泪》《挺住武汉》《天佑武汉》《武汉力量》《武汉我们手牵手》《别慌，武汉》《武汉我们手牵手》《总会有春光》《站起来》等数百部作品，其创作速度之快、数量之大、情感之深，令人动容；纪实视频短片类，如催泪短片《武汉·别来无恙！》、治愈航拍《疫情结束之夏》、记录战疫一线故事的《武汉：我的战疫日记》、航拍武汉疫情防控阻击战的《武汉 24 小时》等记录疫情发生现场的视频作品；自制短视频类作品则以个人录制的 15～30 秒短视频为主，内容主要包括全国人民对武汉的祝福和对生活的记录等，这些作品既有纪实性，也有个人创作的趣味性，多见于抖音、快手、西瓜视频等短视频平台；此外，还有大量的摄影作品，通过静态的画面记录着封城期间的武汉生活和战疫故事。传媒艺术利用自身灵活多样的创作形式，经由身处疫情阻击战之中的创作者结合现实需求的创新，在内容上不仅体现了全民族共同的情感寄托，而且许多创作者为了更好地参与到抗击疫情的战斗中，创新创作与新型冠状病毒肺炎疫情相关的科普类视频，为宣传疫情知识、稳定民心、普及预防常识等起到了重要作用。

这些创作，既有艺术家、歌手、演员等专业力量的倾力参与，又有来自武汉战疫前方普通民众的写实记录，更有来自全国、全世界的关心疫情发展的人士的爱心传递。这些内容，既有对武汉这座城市的加油鼓励，也有对一线人员的感恩和致敬，还有对亿万中国人疫情期间居家平实生活的自娱和记录。来自战疫期间的真实人物和真实案例的创作和内容成为战疫时期疫情发展的弦外之音，记录下中国人民与疫情作战的精神和气魄，凝聚着亿万人民共同战疫的决心和勇气。共情源自每个人的体验和参与，共生来自每个人为之付出的辛苦和等待。家门紧闭，心门敞开，传媒艺术有效地为战疫打开了共情共生的通道，成为联结千家万户居家防疫的精神缆索。

战疫期间的传媒艺术创作主体呈现出大众参与、全民创作的特征，创作方式主要借由互联网平台和数字影像技术，如手机拍摄剪辑上传等，实现了即时创作、快速播出、实时反馈的模式。当下媒介融合的发展为战疫作品的推广提供了更加丰富的传播机会，网络热播的各类音乐、视频等优秀作品被广播电视转播，扩大了战疫作品的传播广度，受众覆盖面更加广泛。战疫时期作为一种特殊的社会背景，为传媒艺术的发展注入了新生力量，让我们认识到在突发事件到来时，传媒艺术这种新兴艺术族群蕴含的巨大内在力量。当重新审视本次疫情和2003年非典疫情期间的艺术创作时，我们会发现，传媒艺术带来的创新无疑增加了艺术内容的丰富程度，带来了更加积极的社会精神文化氛围。而经历了本次疫情洗礼，传媒艺术也将更加清晰地找准自身发展方向，在发挥特性优势的基础上，为未来的创新发展奠定基础。

二、传媒艺术的创作形态与特性分析

战疫时期传媒艺术作品能够在短时间内迅速创作广泛推出，艺术家和创作者能够展现出潜在的个人创造力，离不开人民面对国家和民族巨大灾难时被激发的个体灵性，更离不开传媒艺术本质特性中蕴含的生命力量。传媒艺术依靠其自身特性筑起生命围墙，虽阻隔不了病毒，但拒绝了歧视、修正了谣言。

传媒艺术通过自身的特性优势加入到全民战疫的战场之中，这一过程使我们更清晰地认识到传媒艺术和传统艺术在整体上的区别和差异。虽然现有理论已经通过艺术族群区分了两者，但通过分析战疫时期传媒艺术表现出的与传统艺术相区别的特征，可以为两种艺术形态在技术层面的本体差异和艺术性的实现手段做出进一步的认识。传统艺术中，创作者的技术和创造是构成艺术本体的根本要素，其中艺术性表达也需依赖于其创作的介质，而且其传播过程只有当受众与艺术作品面对面接触感知时才能实现。而传媒艺术的本质超越了传统创作者在艺术创作中的局限性，也即在传媒艺术中，传统的艺术创作技术不足以满足艺术实现的可能，传媒艺术本体形态的建构及其内在艺术性的实现不再单纯依赖创作者的技术，而是将艺术性的艺术本体置于传媒语境之下。这种本质上的差异也是战疫时期传统艺术集体失声的原因。

疫情的特殊性在于其传染性，传统艺术形式缺乏传播技术上的加持，这就将传统艺术的艺术性功能圈定在一定的传播范围和特殊的传播场域。如果进行往常文工团慰问式的面对面的歌曲、舞蹈表演等，在客观上显然是不可能的，即便是因疫情有感而发创作了书法和绘画作品，甚至写下饱含真情的文学作品，战疫中的人们依旧如同耳聋目盲，无法接受来自远方人们的善意。故此，疫情放大了传媒艺术的本质特性，在实现艺术的可能上，传媒艺术是当代艺术发展的必然选择。一幅绘画作品未必只有挂在高级画廊时才将其本体的艺术性发挥出来，一首声乐作品也未必只有在口耳相传的音乐大厅里才表现出艺术中的审美精神。其中，新媒体的发展为传统艺术提供了新的思路，如《清明上河图》从博物馆走向大屏幕，实现了静态画卷的动态演绎，得益于传媒技术的应用，传统画作的内核被赋予了全新的观赏体验。

本次疫情期间的传媒艺术恰好诠释了艺术性和传媒性的区分与和解，重构了艺术本体在当下的个性特征，为传媒艺术对艺术实现自身本体性意义的可能提出了打破惯常思维的新思路。从传媒艺术的特性看疫情时期的艺术创作，科技性是一切发展的可能，互联网打破了战疫时期居家防疫带来的人群分离，即便家家户户不再面对面交流，人群社交暂停搁置，但是网络上的共情从未停止；媒介性联结起每个受众的心，破除了传播边界，媒介及其承载的信息成为战疫时期人们与艺术的连接点，通过媒介建立的联系是无边界的；大众参与性则体现出了传媒艺术的人民基础，每个人都能够通过传媒艺术传播自己的创作，这为人们提供了抒发个人情感的通道，直达人性之中最珍贵的共同情感，即对生命的尊重和渴望。

（一）科技性：一切可能之始

传媒艺术的开端源自科技带来的可能，摄影术的发明为图像带来新的意义，真实地还原艺术创作对象，成为近代以来传媒艺术在发展中与传统艺术逐渐区别的重要特点之一，而这种特点只能由科技成就。科技没有改变艺术本身在表达和功能上的特质，而是赋予艺术全新的意涵，用一种直观现实的审美体验，重建了新的艺术风格，这就是传媒艺术的风格和趣味。如果说历经几千年历史发展的传统艺术已经沉淀完成其本身的创作经验和创作模式，那么相对而言，传媒艺术无疑是稚嫩的。一方面，现有科技的诞生如同人类婴儿般幼小，这就代表着一切可能的艺术创作仍具有可塑性，是有待养成；另一方面，科技本身也处于成长期，未来的发展方向和所能达到的技术水平尚不可知，但通过回溯百年来科技发展的历史，仍可以做出较为理性的预测，科技发展是势不可挡的。因此，在两个处于飞速成长期的对象相互融合时，必然产生更加新颖的特性和影响。这即是传媒艺术在自身发展之外的在当下和未来的无限可能。这种可能就是伴随着传媒艺术生命诞生的艺术特性、科技性。

在当下的战疫时期，传媒艺术的科技性特质有了具体化的表现，它给予了全国乃至全世界人民参与到抗击新型冠状病毒肺炎疫情的战斗中的武器，那就是通过科技手段进行艺术创作，以传媒艺术内蕴的精神抗击肺炎，助力武汉，为中国加油。在众多传媒艺术作品中，2020年2月2日发布的公益歌曲MV《平凡天使》是为声援防疫的音乐创作，作品主旨在于致敬那些不求回报、不为赞颂，却在艰难前行路上创造温暖的一线工作人员。作品画面运用已发布的疫情一线的视频画面，进行了具有艺术性的二次创作，配合演唱者的声乐录音，妥善地平衡了视频内容的真实性和审美性。这部公益歌曲 MV 的制作依靠最新的录音、拍摄和数字剪辑技术，并通过网络实现广泛传播。公益歌曲 MV 中的音乐没有因为电波的转换而失去其内在的艺术性，反而在科技的支持下实现了音乐作品的新生，打破了高雅音乐在华丽音乐厅中的仪式感，反而将艺术的情感诉求通过科技手段最大化地表现出来，配上与之相关的影像画面，一幅幅真实的战疫前线感人至深的图景配合融入创作者浓浓情感的音乐旋律，使受众在进行艺术欣赏时，从看似冰冷的科技性成果中获得了极大的具有温度的情感体验，超越了单纯音乐作品能够产生的艺术力量。在 2020 年 2 月 5 日新华社推出的原创公益歌曲 MV《挺住，武汉！》中，多位文艺界人士在祖国各地参与了视频的录制和创作，科技使之成为可能，智能手机的录音录像功能即可快捷保存使用者创作的影像和音乐，互联网打破地域限制，为多人合作的艺术创作牵线搭桥。在这部时长近 5 分钟的歌曲 MV 中，每句歌词由一位艺术家演唱，其所处位置、背景各不相同，整部作品由每位艺术家自行录制上传后剪辑制作的。正因身处各地的艺术家掌握了视频录制、音乐录制的技术手段和互联网传播手段，才使多地共同创作、统一推出成为可能。除此之外，还有如《挺住武汉》《天佑武汉》《武汉力量》等大量地方组织和个人创作的公益歌曲 MV 在各大网络视频平台上传播、转发，借由互联网作为传播手段的传媒艺术作品获得无限"复制"，在屏与屏之间建构起虚拟的为武汉加油的舞台，从而获得网络受众的审美接受和反馈信息。

由此可见，战疫时期的传媒艺术最大限度地利用科技性获得自身的可能，即在创作、传播、审美过程中实现自身对艺术创作的参与。作为传媒艺术的首要本质特性，由科技性所定义的传媒艺术是始于创作的，这成为传媒艺术与传统艺术的本质区别。而在当下战疫时期，科技型带来的这种区别成为传媒艺术生命形态中具有初始意义和可能性成行的因素。

（二）媒介性：万众一心之脉

传媒艺术的媒介性源自大众传媒的参与对其带来的创作和传播的深刻影响。传媒艺术的科技性为其带来了生命之始，那么媒介性即其成长的可能。大众传媒依托科技背景，实则与传媒艺术的科技性特征密不可分，而真正区分两者的并不在于科技性和媒介性本身的技术文化等形式内容，而在于两者在传媒艺术的成长历程中发挥的具体作用。"由于传媒艺术与大众传媒互相依附，从而致使大众传媒强大的信息传播和社会动员等能力与特质，也自然地赋予了传媒艺术，使传媒艺术在信息传播和社会动员方面，不论是规模还是强度，都是传统艺术所无法比拟的。"媒介性如同传媒艺术联结万众一心的脉络，艺术与媒介共生，媒介利用其强大的信息传播能力将艺术作品推向四散在各处的大众，再通过内在的社会动员功能把大众精神连接并拉回艺术现场和社会现实。

在本次疫情中，传媒艺术的媒介性既表现在参与战疫的作品数量之多、传播之广，也表现在这些作品产生的社会影响之大及其带来的全民族的精神凝聚和情感关怀之中。在此，媒介性也是传媒艺术实现自身艺术功能的脉络，它连接着艺术本体和审美受众，以其自身的特质传播影响着接受者，并由他们的精神集聚带来对社会整体的深入影响。传媒艺术的社会干预功能通过媒介性进行建构，体现在极端"个性化"的满足、广域"社会化"的体察、永恒"精神化"的引领三个层面，可见其干预的责任重大。因此，对"媒介性"这一特性提出的意义，不仅是将传媒艺术与传播媒介黏合共生的关系阐明，而且在更深层次上对这种新型艺术族群的未来发展做出了判断，即传媒艺术将参与社会形态的共建。

自武汉封城以来的战疫期间，纪实类视频短片成为受到全国民众关注的最为焦点的内容。在个人纪实影像"封城日记"中，武汉人记录着自己的生活、饮食、起居、购物，甚至是住院治疗的情况，这种直观的影像呈现，将受众拉近武汉的生活，为其带来一种同呼吸共命运的生命体验，在个体层面满足着人们对武汉的关怀。中央广播电视总台纪录片频道从 2020 年 2 月 3 日起推出了《武汉：我的战疫日记》，该纪录片素材来源于一线医护人员和志愿者，讲述真实的战疫故事。这些视频内容不仅在央视播出，也通过互联网得到广泛的传播。一方面，这些内容影响着广大受众对武汉疫情一线情况的关注，如医护人员和医疗资源紧缺、普通患者就医困难等；另一方面，这些关注促进了社会整体的重视，督促着政府治理的节奏，为帮助武汉疫情的救治起到了积极作用。此外，还有诸如《疫情结束之夏》《武汉·别来无恙！》等作品，将人们的视野拉向充满希望的不远的将来，通过传媒艺术作品为其建构出了"想象的共同体"，在万众一心的战疫之后，将是成功复苏的武汉，这是亿万中国人的向往和寄托，也是民族精神的指引和希冀。

传媒艺术的媒介性如同根根脉络将万众引向一心，在通过大众传媒参与社会干预的同时，为艺术接受者筑起共同的家园。虽然在艺术精神上，媒介性似乎不参与艺术创作，但传媒艺术的特点恰恰就是，其创作只有在被受众接受后才获得完成。这给了媒介性发挥自身功能的空间，也将其赋予了传媒艺术本身，使其在生命形态上拥有了更加宽广多样的脉络联结。

（三）大众参与性：生命活力之源

艺术传播的过程只有走到受众才能完结，传统艺术因其创作目的的主观性，创作动机往往来自创作者自身的情感宣泄或个性表达，这使其在获取受众、完成传播的过程中充满困难，因此传统艺术往往表现出小众化的特点。但对于传媒艺术来说，有科技性和传媒性作为铺垫，其创作在发生之时就被打上了以传播为目的的标签，传媒艺术只有完成艺术传播的过程才能称为完整。由此可见，传媒艺术是大众化的，具有大众参与性。

战疫期间，传媒艺术的大众参与性体现在每一个关注疫情发展的普通人身上，从社交媒体到视频平台，没有孤零零的视频或音乐，在每个为武汉加油、为中国加油的作品下面，都是受众的点赞、评论、转发。而大众对疫情的关注帮助创作者筛选了创作对象和创作内容，在此过程中大众简洁地参与着传媒艺术的创作，并通过对作品的选择推动着传媒艺术的创新方向。与此同时，通过抖音、快手等短视频平台获得主动权的大众进入新媒体，成为传媒艺术创作的直接参与者。手机成为大众的另一双眼睛，帮助进行摄影摄像等创作，手机也是大众在传媒艺术创作中的大脑，视频编辑软件将获取的素材处理拼接，最后通过移动互联网播出上线，进入其他受众的视线内。在战疫期间出现了大量诸如此类的短视频作品，虽然制作简单，但蕴含着巨大的情感力量，并在传媒艺术具体的创作上带来了多样的表现视角、内容选择和价值取向。大众参与带来的影响反作用于传媒艺术的创作，为更多人提供了参与的可能性。大众参与的创作创新正是支持传媒艺术生命形态的活力之源，正是有了大众的参与，才能将艺术创作和接受两端充盈，才能使传媒艺术科技性和媒介性附着于艺术传播过程中，产生源源不竭的生命力。

战疫不缺英雄，也不缺站在英雄背后的支持者，每个人都能够通过移动互联网进入抗击新型冠状病毒肺炎的第一线，参与到这个由每个个体组成的集体抗击疫情的队伍中。传媒艺术的大众参与性代表着民意民声，视频网站哔哩哔哩中出现了许多带有个人态度的视频，作为国内青少年流量的承载者，哔哩哔哩的视频内容更加具有趣味性，各种创新化的内容形式和二次创作成为促进优质自媒体资源前进的动力。大众参与之所以称为大众，不仅在于艺术生产和传播过程中参与的人数巨大，而且在于大众涉及各个年龄层、各类群体、各种职业等。如果说哔哩哔哩代表着网络世界中的年轻受众，那么新兴的短视频平台的覆盖面则更广、更大，这从其用户和创作内容的庞杂中可见一斑。

三、结语

战疫时期，传媒艺术作品不仅对前线的工作人员有着巨大的鼓舞作用，而且为14亿中国人找到了情感宣泄的出口。在如此压抑的时刻，至少我们能够将这份集体记忆共同铭记，每个人都不是孤独的、绝望的，个体生命的背后，是背靠背、心贴心的集体生命凝结。传媒艺术依靠具有的自身特性，即科技性、媒介性、大众参与性，在战疫时期表现出的生命形态，不仅是对艺术本身的生命价值概括，也是对每一个参与艺术创作、传播和接受的个体的生命力量的聚合表现。传媒艺术激活了当代中国再次前进的后发力量，推动着自我意识的觉醒，为每一个公民在国家集体中找到了作为个体的存在意义。本次疫情更新了我们对传媒艺术本质和特性的认识，传媒艺术属于人民和社会，更属于时代和未来，它在艺术创作、审美接受和艺术功能上都充满了空前的生命力量和人文关怀，必将承载起文化发展的使命持续前进。

（作者张亦舒系中国传媒大学艺术研究院博士研究生）

国内外流媒体平台的产业生态研究
——以网飞（Netflix）、"迪士尼+"（Disney+）、哔哩哔哩（Bilibili）为例

摘 要：21 世纪初期，由技术引发的传媒业变革给流媒体视频平台带来了机遇和挑战，传统的流媒体平台已经发展成熟，而新的流媒体平台正在崛起。网飞从下游的渠道商变为原创内容生产商，迪士尼以其丰富的 IP 储备来满足用户的不同需求，哔哩哔哩通过 UP 主❶黏合用户，不断开拓动画、纪录片等领域。大数据、算法等技术已经深刻地介入并影响了流媒体平台的生产和消费，平台通过算法向用户推送个性化的视频。更重要的是，流媒体平台的用户不再是单纯的信息接受者，而是成为具有一定权力的"生产者"。

关键词：流媒体平台；原创自制；算法；推荐；用户

流媒体视频平台依靠视频点播服务（Subscription-VoD 或 SVoD）向订阅的会员收取会费，为其提供个性化的服务，会员可以无限制地访问其内容库，平台上的视频内容可以传输到电视、电脑、手机等连接设备。据斯塔题斯塔（Statista）数据统计网站❷显示，2020 年，视频流媒体（Streaming Media）领域的收入为 258.94 亿美元，收入年增长率为 4.1%，到 2024 年，视频流媒体领域市场规模将达到 304.1 亿美元，用户普及率将达到 16.9%。截至目前，每用户平均收入（ARPU）为 22.92 美元。从全球范围来看，约一半的收入来自美国（2020 年为 119.5 亿美元）。在中国，流媒体视频平台同样处于快速发展时期，几乎一半的互联网用户每天都会观看在线视频。据第 44 次《中国互联网络发展状况统计报告》❸显示，截至 2019 年 6 月，我国网络视频用户规模达 7.59 亿人，较 2018 年年底增长 3391 万人，占网民整体的 88.8%，长视频用户规模为 6.39 亿人，短

---

❶ UP 主是 Upload 的简称，是从日本流传过来的网络用语，指在视频网站、资源网站等地上传视频、音频或其他资源的人，即投稿人。在我国，UP 主常指在弹幕视频网站中的投稿人。

❷ 斯塔题斯塔（Statista）是德国的在线统计门户网站，它以英文、法文、德文和西班牙文提供由市场和舆论研究机构收集的数据及来自经济部门的数据和官方统计数据。官网网址为 www.statista.com。

❸ 中国互联网络信息中心（CNNIC）. 第 44 次《中国互联网络发展状况统计报告》[EB/OL].（2019-08-30）[2020-03-29].http: //www.cac.gov.cn/2019-08/30/c_1124938750.html.

视频用户规模为 6.48 亿人。可以看出，流媒体视频平台的视频流服务的增长尚有发展空间。本文将以网飞、"迪士尼+"、哔哩哔哩为例，分析流媒体平台如何在传媒时代的浪潮中转型布局。

一、流媒体平台的时代背景：挑战与机遇并存

在人工智能、数字技术、网络信息技术、现代通信技术和 5G 技术不断发展的背景下，由技术引发的传媒业变革给流媒体视频平台带来了机遇和挑战。大 IP、大制作的电影较容易进入院线，而小制作的艺术电影和独立电影则较难进入主流影院的视阈，因此，越来越多的小众影片将流媒体平台作为发布的第一选择。为了争取更多的内容、资本和用户，传统媒体与流媒体平台在生产、传播和消费三大环节之间展开了日趋激烈的竞争。

近年来，实时视频流传输已成为一种全球经济和社会现象，传统的流媒体平台（如网飞、优兔生活、康卡斯特等）已经成熟，新的流媒体平台正在崛起。2019 年 11 月 1 日，苹果公司推出 Apple TV+ 流媒体服务，12 天之后，传统媒体业大亨迪士尼面向全球推出"迪士尼+"流媒体服务，向流媒体先驱平台发出挑战。同时，谷歌等商业巨头也意图进军流媒体市场，用户面临着更加丰富多样的选择。在国内，则是腾讯、爱奇艺、优酷三家视频平台三足鼎立，以及后起之秀哔哩哔哩逐步壮大，流媒体视频平台的竞争前所未有的激烈。"如果说传统媒体之间的竞争是基于差异化的平行的竞争，那么，平台之间的竞争则是基于双边市场规模化的替代性竞争。"❶

激烈的竞争同时带来了流媒体平台的发展机遇。第一，越来越多的用户倾向于使用流媒体服务（而不是传统的有线电视）和视频点播（而不是直播观看）。这对传统电视节目（剧集）的安排、收视率、广告和有线电视订阅产生了破坏性的影响。据莱希特曼研究小组发现，美国近四分之三的家庭都订阅了流媒体服务，69% 的家庭同时向多个流媒体平台付费，而四年前，在美国只有 52% 的家庭订阅了流媒体服务，38% 的家庭订阅了不止一项。❷ 第二，在线视频观看已成为用户的一种常态。在家观看传统电视节目的人逐渐减少，越来越多的人不再遵守传统周播和季播❸的内容编排时间表，而采取刷剧模式（Binge Watch）。网飞将整季的内容一次性放出，供会员自由选择观看的进程。第三，伴随互联网而生的"Z 世代"❹习惯了数字技术的电视观看风格，特别是以订阅数字

---

❶ 黄升民，谷虹. 数字媒体时代的平台建构与竞争［J］. 现代传播，2009（5）.
❷ STEELE C.Majority of US Homes Have a Video Streaming Service［EB/OL］.（2019-09-04）［2020-03-29］.https://www.pcmag.com/news/majority-of-us-homes-have-a-video-streaming-service.
❸ 周播和季播是美国电视网的剧集播出形式，以年为单位，每周播出一集，以边拍边播的方式为主。
❹ Z 世代是指 1995 年以后出生的人，又称网络世代，是在互联网世代出生的年轻人。

技术为主的流媒体视频点播。在家通过网络视频观影看剧已经成为年轻一代的新习惯。第四，用户在流媒体平台中形成了新的观看视频的习惯，如小众用户可以找到自己喜欢的"长尾产品"❶、观看视频过程中的无广告观看体验及播放结束时的剧集无缝连接。

尤其是在 2020 年年初疫情全球化的趋势下，电影院停业，久居家里的消费者必然会将更多的金钱与时间投入流媒体平台，如原本计划上院线的电影《囧妈》只能投放西瓜视频。这些因素的影响，在一定程度上也会改变流媒体视频领域的产业格局。

二、流媒体平台的生产模式：原创生产与优质内容的结合

在移动互联时代，流媒体视频平台的用户付费习惯逐渐培养起来，用户对高品质的内容有着更加强烈的需求，要求高质量的会员服务。流媒体平台的高品质内容发展成为留住用户的最重要因素，获取用户很难，失去用户却很简单，这也是流媒体增加对原创内容投入、高品质内容把关的原因之一。

（一）网飞：原创内容生产与全球化策略

网飞一直在开发自己的原创内容以增强其在市场上的实力。网飞原是一家线下 DVD 零售与租赁公司，后转型成为在线视频流媒体服务公司，通过收取会员会费的形式向用户提供纪录片、电影、电视剧等在线资源，成为流媒体领域的霸主。然而，网飞在产业链中仍属于下游的渠道分销商，并不掌握实质的内容资源，没有与上游的内容生产商相抗衡的议价能力，只能高价购买影视剧集，时常面临内容提供商的终止合作或者漫天要价。网飞不仅受到传统电影业的抵制，更遭遇了迪士尼计划从网飞的平台逐步撤回所有电影的授权，还面临付费用户的增长速度减缓。

内容服务是流媒体平台安身立命的根本所在。为了从下游的渠道商转为上游的内容制造商，网飞开始进行第二次转型。从长远来看，原创内容比授权内容的经济效益更好，需要支付的版税更少，避免了合同到期后引发竞价大战。2012 年，网飞开始涉足原创内容领域，推出了首部 8 集的自制剧《莉莉海默》(*Lilyhammer*)。2013 年，网飞出品的政治题材电视剧《纸牌屋》(*House of Cards*)，为其奠定了流媒体的霸主地位。网飞出品的《罗马》(*Roma*) 获得第 91 届奥斯卡最佳摄影、最佳外语片和最佳导演三项大奖。2019 年，网飞播出了《王冠》《怪奇物语》等王牌作品。在 2020 年第一季度，网飞推出了"吸血鬼"题材的《德古拉》(与 BBC 合作)、青春剧《性爱自修室》(第二

---

❶ 长尾产品是指那些原本不受重视的销量小但种类多的产品或服务由于总量巨大，累积起来的总收益超过主流产品的现象。

季）、《纸牌屋》（第四季）等原创剧集。可以看出，网飞的自制内容可以面向多样化的市场需求，实现"头部"与"长尾"的全面覆盖。

面对本土用户的天花板瓶颈，网飞不断拓展其全球化布局，从海外市场寻求用户增长，采取全球化和本土化相结合的战略。网飞开拓亚洲市场是从连续引进亚洲多个国家的影视节目开始的。在中国，网飞购买了《流浪地球》《动物世界》《风味原产地·潮汕》《白夜追凶》《甄嬛传》《天盛长歌》《琅琊榜》等影视内容的版权；在韩国，购买了大量韩剧的版权，如《秘密森林》《花游记》《机智的监狱生活》《坏家伙们：邪恶之都》等；在印度，网飞购买了《巴霍巴利王》的版权；在日本，网飞购买了《死亡笔记》《钢之炼金术师》《火影忍者》《进击的巨人》等影视剧版权。在面向全球受众时，网飞注重与播放地的本土化结合，作品的题材、制作团体都来自当地，符合了当地用户的喜好。

（二）"迪士尼+"：丰富的IP资源持续输出内容

迪士尼是第一家正式进入流媒体领域的媒体巨头，目前有葫芦（Hulu）、体育频道ESPN和"迪士尼+"三个流媒体平台。迪士尼以其丰富的IP储备向全球观众持续输出内容，通过主题乐园和周边产品进行全产业化运营。

迪士尼储备了丰富的IP资源，有米老鼠、唐老鸭、高飞、小熊维尼等原创IP，有白雪公主、仙蒂公主、爱丽儿公主和花木兰等从世界范围内的童话故事、神话传说中挖掘的IP。除此之外，迪士尼收购了皮克斯影业（2006年）、漫威漫画（2009年）、卢卡斯影业（2012年）、福克斯公司（2019年），将钢铁侠、蜘蛛侠、雷神、美国队长、绿巨人浩克、X战警、阿凡达、神奇四侠、《赛车总动员》《机器人总动员》《冰雪奇缘》等IP收入囊中，向用户持续不断地输出内容。迪士尼将投放在网飞的版权收回之后，用户只能通过"迪士尼+"来观看这些经典内容。"迪士尼+"一上线就为用户带来超过500部电影、7500集电视剧集，以及10部专为平台定制的全新原创电影、剧集等，涵盖迪士尼、皮克斯、漫威、卢卡斯影业、国家地理、迪士尼频道和华特迪士尼电视。❶ "迪士尼+"提供了数百（甚至数千）部电影的平台上，包括动画片《小美人鱼》《阿拉丁》《美女与野兽》，以及《海底总动员》《玩具总动员4》等皮克斯的最爱。

长久以来，迪士尼一直在使用"保险柜"（Vault）策略，每隔一段时间，迪士尼就把一些经典影片放入"保险柜"封存入库，停止这些电影的线下发行，一段时间后再开放市场，消费者不得不等它们"解禁"后才能买到碟片。《狮子王》《美女与野兽》《阿拉丁》《灰姑娘》《小美人鱼2》等备受用户喜爱的影片都曾被放在"保险柜"里。

---

❶ 弧面.Disney+付费订户突破5000万，海外流媒体之争进入白热化［EB/OL］.（2020-04-09）［2020-10-10］.https://baijiahao.baidu.com/s?id=1663180956356911194&wfr=spider&for=pc.

"迪士尼+"上线后，被封存的作品都将在线开放给订阅用户。为保证自家流媒体平台的"独家性"，迪士尼撤回了在网飞的线上作品。想重新观看自己喜欢的迪士尼电影，粉丝们将不得不购买"迪士尼+"的流媒体服务。

（三）哔哩哔哩：围绕UP主的生态创作

美国《连线》杂志的主编克里斯·安德森曾提出"长尾理论"（the Long Tail Effect），他认为，"如果把足够多的非热门产品组合到一起，实际上就可以形成一个堪与热门市场相匹敌的大市场。"❶网络的出现为小众的需求创造了条件，多个小众的需求集合起来可以与大众的需求匹敌。因此，小众群体的差异化、个性化服务是在线视频领域的增长点。在国外，有针对不同群体服务的流媒体平台，"有专门播放黑人影视的Urban Movie Channel，为恐怖片影迷服务的Shudder，针对体育的ESPN+，专注于展示各国皇室生活的True Royalty"❷。在国内，哔哩哔哩作为国内发展较好的流媒体平台，早期是ACG（动画、漫画、游戏）内容创作与分享的视频网站，涵盖7000多个兴趣圈层的多元文化社区，针对不同的受众群体提供了个性化和差异化的服务。哔哩哔哩对内容进行垂直细分，有番剧、国创、放映厅、纪录片、漫画、专栏、直播、课堂、动画、音乐、舞蹈、游戏、科技、数码、生活、鬼畜、时尚、广告、娱乐等33个分区，在每个领域进行深挖，通过差异化的服务提升用户的黏性。

哔哩哔哩视频流量大多来源于专业用户创作视频（Professional User Generated Video，PUGV），PUGV的核心是UP主，"由UP主创作的高质量视频贡献了平台整体89%的播放量"❸，这些UP主呈现了丰富的内容——游戏、唱见、舞见、手办、绘画、声优、同人创作等。哔哩哔哩2019年的财报显示，在2019年第四季度，哔哩哔哩月活UP主100万，投稿量280万，日均视频播放量7.1亿次，月均互动数24亿次。❹

针对不同层次的UP主，哔哩哔哩采取了不同的产品激励策略和运营策略。针对较低层次的UP主，提供专门的培训体系，开展线上线下的培训活动。在线上，开创哔哩哔哩创作学院，对新人进行培训，开设官方的培训课程，培训UP主如何选用适合自己的设备、如何通过审查及如何做好账号的维护等内容。同时，开展多种线下活动，如

---

❶ 陈力丹，霍仟.互联网传播中的长尾理论与小众传播[J].西南民族大学学报（人文社会科学版），2013（4）.

❷ 安福双.Netflix之外的流媒体蓝海：体育、动漫等垂直细分新趋势[EB/OL].（2019-07-30）[2020-03-29].https://new.qq.com/omn/20190730/20190730A0TA5E00.html.

❸ 赵京文.Bilibili：与"Z世代"共同成长[EB/OL].（2019-06-28）[2020-03-29].https://mp.weixin.qq.com/s/6ZeKyqGsdV2-N7gEJtK1aA.

❹ 董思睿.B站发布2019年Q4及全年财报：月活跃用户1.3亿[EB/OL].（2020-03-19）[2020-03-29].http://game.people.com.cn/n1/2020/0319/c40130-31639671.html.

"UP主学园交流日",在不同的城市提供学习交流机会,维护和UP主之间的联系。哔哩哔哩开展"新星计划"活动,通过激励生产高质量内容来提升UP主的层级。对较高层次的UP主,提供官方补贴,打造"高能联盟"品牌,与高层次的UP主建立深度联系。除此之外,哔哩哔哩实施UP主激励运营策略,于2018年举办首届"Bilibili Power Up"年度UP主颁奖,表彰在当年具有出色表现的UP主,提升UP主的群体荣誉感,打造行业影响力。除了UP主,哔哩哔哩的创作者还有专业的内容创作机构。

近年来,哔哩哔哩开始进军动画、纪录片等领域,不断提升自己在原创视听内容方面的制播能力,从产业下游的引入版权转变为上游领域的开发合作,深度参与产品制作。在动画领域,哔哩哔哩投资日本动画《洲崎西》(2013年),参与到日本动画制作与合作开发中。同时,哔哩哔哩与晋江文学城进行深度的动漫、游戏化战略合作,开发国产二次元IP,联合绘梦动画成立新的动画公司。在纪录片领域,哔哩哔哩投资制作了《人生一串》《我在故宫修文物》《寻找手艺》等备受用户喜爱的纪录片。哔哩哔哩规模化地参与到纪录片的产业链中,对优质的纪录片提供资金扶持,提供全流量支持,为纪录片积累和运营粉丝。

三、流媒体平台的技术逻辑:大数据基础上的个性化算法推荐

大数据、算法等技术已经深刻地介入并影响了流媒体平台的生产和消费。在传统的媒体中,影视内容的生产依赖于创作者(导演及其团队),而在大数据和算法的影响下,影视内容的生产逐渐以消费者的喜好作为主导因素。流媒体平台可以收集用户在平台上的观看、搜索、评价等一系列行为,这些行为经过大数据技术处理后被收归到一个数据库。流媒体平台可以根据平台上的数据摹绘用户画像,掌握用户的信息偏好、行为偏好,对用户的数据信息进行分析。平台以此为基准直接指导影视内容的生产,包括剧本的选题、导演的选择、演员的选定,向用户推送个性化的信息。

2000年,网飞使用在线个人影片推荐系统Cinematch。Cinematch算法将电影本身的排名、客户的评级、租借的电影及电影当前的排名、所有网飞用户的综合评级等因素作为参考,每秒可以做出数千条推荐。该系统将用户在视频点播中的行为(如评分、播放、快进、时间、地点、终端等)储存在数据库中,指示网飞的服务器处理数据库中的信息,针对用户的观看历史和收视习惯对用户进行评级、提供个性化建议,以确定用户可能会喜欢的电影和剧集,从而极大地提升了市场推广的效率。Cinematch算法具有较长的历史,并且在预测用户想要的电影方面非常成功。根据网飞的说法,在0.5的星级范围内,这些预测有75%的准确率,而在使用了Cinematch算法推荐的网飞用户中,有一半的用户给了他们五星好评。

网飞在 2006 年发起了一项竞赛，寻找可以击败 Cinematch 的算法，这项名为"Netflix 奖"的竞赛向第一人或团队承诺提供 100 万美元的奖励，以达到提高根据用户个人喜好推荐电影的准确性目标，使网飞的推荐引擎具有行业领先性。在日常生活中，向朋友推荐影片，需要考虑这部电影给自己带来的感受、自己的审美品位和被推荐人的审美品位。而网飞是通过算法和大数据进行推荐，将用户的观看和评级历史与有类似观看行为和历史的人进行匹配，利用这些相似的资料来预测用户可能会喜欢哪些电影。以《星球大战：绝地归来》为例，算法的推荐过程大致如下。第一，系统在 Cinematch 数据库中搜索对同一部电影进行过评级的人。第二，确定其中哪些人还对第二部电影（如《黑客帝国》）进行了评级。第三，计算喜欢《星球大战：绝地归来》的人也喜欢《黑客帝国》的可能性。第四，继续上述过程，以建立许多不同电影的用户评级之间的相关模式。因此，网飞可以从更多维度去了解用户的使用行为，如用户使用什么设备观看视频、用户大致在每天的哪个时间段看视频、用户观看视频的频率如何、哪些视频已经推荐给了用户但并未被播放等。❶

算法系统是网飞赖以生存的根本，使网飞转型成为以技术为核心的互联网公司。网飞新一代推荐系统由多种算法组成，这些算法的大部分内容都集中在网飞的会员主页上。个性化视频排名算法（Personalized Video Ranker，PVR）是网飞算法系统最核心的部分之一，该算法通过类型、时间等因子对视频（或子集）的整个目录进行排序，以个性化的方式为每个用户编辑个人资料，因此每个用户看到的影片及排序都是不同的。通过同一部电影针对不同用户的标签挖掘，网飞得以为每一位用户获取更多可能感兴趣的内容，这也成为其留住用户的重要原因之一。前 N 名视频排名算法（Top-N Video Ranker）仅限于对每个推荐序列的头部数据排序，从所有类型目录中找出用户最可能选择的影片。现在趋势排序算法（Trending Now Ranker）对用户近期（从几分钟到几天）的视频观看趋势进行侦测，是对用户观看行为的有效因子进行推测。继续观看算法（Continue Watching Ranker）是另一个重要的视频排名算法，即根据用户的续播和续集观看习惯，如距离上次观看的时间、在视频的哪个位置停止了播放、使用了哪些设备观看等进行推荐。视像相似度算法（Video Video Similarity）是通过计算两个视频的相似度及用户的观看历史进行推荐。❷ 网飞的推荐算法利用不断发展进步的人工智能技术，将用户与他们可能感兴趣的内容相匹配，演进出了一种充分个性化且针对相关性与多样性进行优化的算法。

---

❶ CARLOS A, et al. The Netflix Recommender System: Algorithms, Business Value and Innovation [J]. ACM Transactions on Management Information Systems, 2015（9）.

❷ 同❶.

2017年，网飞开始使用点赞评分系统（Thumbs System）代替原来的星级评分系统，用户通过"拇指向上"（Thumbs Up）或"拇指向下"（Thumbs Down）来评价电视节目和电影。该系统提供了一种内置方式，仅根据观看历史记录推荐用户喜欢的内容。网飞将"点赞评分系统"与"百分率匹配系统"（Percent Match System）配合使用，改善了原来用户评价的模糊性，降低了用户的评价反馈门槛，增加了评价视频的用户人数，使系统推荐更为高效。

《纸牌屋》就是根据用户的喜好，依据算法推荐设计出的电视剧。网飞的数据分析发现，用户更喜欢一次连看几集而不是一集一集地观看视频，因此在《纸牌屋》上线时选择将13集电视剧同步上线，颠覆了美剧传统的周播、季播的播出机制，形成刷剧模式的观看趋势。流媒体平台上，用户可以一次性长时间地快速连续观看电视节目/剧集，不需要定时定点地守在电视机前，可以和节目（剧集）快速地建立联系。网飞发现喜欢英国广播公司BBC的《纸牌屋》、导演大卫·芬奇和演员凯文·史派西的用户之间存在着重合，潜在因子算法（Latent Factor）预测大卫·芬奇和凯文·史派西如果在《纸牌屋》中再次合作，会赢得庞大的目标受众群体。网飞利用色彩数据化和数据可视化技术对色彩进行分析，精准地选择了黑、红、白为《纸牌屋》的封面色彩，适应用户的喜好。"2013年2月，《纸牌屋》第一季正式上线后，网飞公司的用户数增加了300万，达到2920万"。❶ 流媒体依据大数据建立起的智能推荐系统，可以更加有效和精准地满足用户的需求。

四、流媒体平台的用户思维：建构社区平台，增加情感连接

在平台之争中，用户是平台赖以生存的基础，流媒体平台的用户不再是单纯的信息接受者，而是成为具有一定权力的"生产者"。根据大数据的挖掘和分析，流媒体平台能够了解到用户画像、用户特征及用户的观看习惯、观看喜好，进而指导流媒体平台的创作和生产。

哔哩哔哩的目标群体为"Z世代"，他们是伴随互联网技术、社交媒体平台成长起来的年轻群体，乐于通过内容消费和社交分享的方式影响他人。这一群体规模巨大，据统计，中国"Z世代"人数已高达3.28亿。❷ 依靠在不同领域的垂直深耕，哔哩哔哩获取了喜欢不同内容的深度粉丝和粉丝社群，内容从最早的动漫扩展到音乐、科技、游

---

❶ 李冰，郄婧琳. 大数据、流媒体与视频内容生产新策略——美剧《纸牌屋》的启示［J］. 出版广角，2015（3）.

❷ 赵京文. Bilibili：与"Z世代"共同成长［EB/OL］.（2019-06-28）［2020-03-29］. https://mp.weixin.qq.com/s/6ZeKyqGsdV2-N7gEJtK1aA.

戏、时尚、生活等不同类型。2019年第四季度，哔哩哔哩月均活跃用户再创新高，达1.3亿，同比增长40%；移动端月均活跃用户同比增长46%，达1.16亿，实现了自2018年上市以来的最高增幅。❶

哔哩哔哩的用户同时也是内容的生产者，他们从不同的文本中进行选取，通过重新剪辑原始素材、自己压缩配音、制作字幕或者原创表演、解说游戏等方式将文本内容转换为新的内容，为网站提供源源不断的视频资源。正如亨利·詹金斯所言，"粉丝们与他们所消费的媒介文本之间有着积极互动的关系，而不是被动、简单地接受。粉丝不仅仅是流行文本的观众，还是参与建构并流传文本意义的积极参与者，他们大量阅读和重新解读文本内容，并且从中挖掘出独特的含义与解释，在此基础上进行二次创作"。❷

优酷、腾讯、爱奇艺等在线视频平台追求头部内容和爆款内容，抖音、快手等短视频平台追求流量，相比而言，哔哩哔哩有着不同的生产模式，即围绕UP主形成的社区生态根基。社区的特征之一是用户的流入与流出都有壁垒，哔哩哔哩的正式会员相较普通会员在弹幕、评论及投稿方面享有特权，要成为正式会员可以通过邀请码和答题两种形式，其中答题形式要求必须在100道关于二次元的题中答对60道（2小时以内），这些题型包括动漫、影视、游戏、弹幕等不同的领域。会员进入门槛的存在，确保了在哔哩哔哩发声的人确实发自内心想要融入社区来表达自我，提高了互动内容的质量，促进了会员互动的积极性。而基于互联网的弹幕是只有哔哩哔哩的会员才可以发送的，游客则不能发表自己的见解和评论。弹幕建构出一种奇妙的共时性的关系，形成了虚拟社区观看氛围，带来了用户之间的互动和交流。为了更好地维护平台，哔哩哔哩有严格的"小黑屋处罚条例"，对色情、人身攻击、低俗、血腥暴力等不规范行为进行封停，可以较为有效地维护社区的调性，提升用户荣誉感和参与度，"哔哩哔哩从一个单向的视频播放平台，变成了双向的情感连接平台"。❸

流媒体平台的视频内容消费时长不断增加，用户不仅可以创作视频内容，而且在线视频已成为网民的社交方式之一。流媒体服务对电视节目（剧集）的制作决策、发行协议和促销策略都产生了广泛影响。

可以看出，流媒体平台的激战的实质是内容、渠道、技术的比拼。在新兴技术和庞

---

❶ 董思睿.B站发布2019年Q4及全年财报：月活跃用户1.3亿［EB/OL］.（2020-03-19）［2020-03-29］.http://game.people.com.cn/n1/2020/0319/c40130-31639671.html.

❷ 亨利·詹金斯.文本盗猎者：电视粉丝与参与式文化［M］.郑熙青,译.北京：北京大学出版社，2016：17-23.

❸ 赵京文.Bilibili：与"Z世代"共同成长［EB/OL］.（2019-06-28）［2020-03-29］.https://mp.weixin.qq.com/s/6ZeKyqGsdV2-N7gEJtK1aA.

大的消费者群体的冲击下,流媒体服务为消费者提供了更大的灵活性。未来几年将是流媒体平台争夺用户的激烈时期,流媒体平台将进入一个视频、音频、数据服务深度整合的新时代。

流媒体平台如何利用大数据进一步改善用户体验,需要不断地学习和借鉴,更要注重技术逻辑所带来的问题,如算法推荐带来的技术偏差、平台把关的缺位。中国的流媒体平台要依靠中国优秀的传统文化,走出属于自己的流媒体之路,讲好中国的流媒体故事。

(作者王晓璐系山西师范大学戏剧与影视学院讲师)

大众文化语境下的教育社群与悲剧叙事
——影视剧建构教育观念的方法探析

摘　要：教育题材影视剧因其广泛的受众和多样的传播途径，在表现现实教育问题、传播教育观念上起到了积极的作用。影视剧通过打造背景以"社区"为主的叙事空间来容纳以阶层为纽带的各具代表性的"教育者"群像，通过社群集体多样性的碰撞来建构新观念；在严肃议题中注入悲剧意识，细分处于不同教育环节上的个体在悲剧的发展中所扮演的角色，发挥悲剧的警示作用，并最终指向明朗的现实出口。

关键词：中韩影视剧；教育观念；叙事空间；社会阶层；悲剧意识

影视剧作为一种叙事性艺术，在日益创新的制作科技和不断扩展的媒介平台加持下，更能够与受众形成良好的交互，将数量庞大的受众参与转化成潜移默化的意识观念输出。2019年暑期播出的教育题材电视剧《小欢喜》就因其真实还原的现实主义风格引起了观众强烈的共鸣和讨论。该剧表现了居住在北京某小区的三户家庭，在面临高考的一年里家长与学生之间的碰撞，以中产阶层视角探讨高考家庭现状与家庭教育方法。无独有偶，在《小欢喜》之前，韩国有线电视台JTBC播出的剧集《天空之城》同样是以居住在"天空之城"社区的几户韩国精英阶层家庭为核心展开，也同样是通过表现高考前的众生相来直指韩国社会对高考的重视逐渐走向极端的社会问题。中韩两国的教育观念都根源于传统儒家伦理，而在当下大火的影视剧中所展现的教育现实更是具备诸多相似性，但两国虽文化亲近，社会情况却非完全相同，具体到剧中某一对教育观念建构起作用的因素又会有所差别，因而下文将两部剧的同类要素并列提出并在差别上加以对比，以期对教育社群和悲剧叙事两个主要对象做更全面的探究。

一、教育题材叙事的新主体——教育社群

在大众文化盛行的当下，各类社群越来越成为媒介艺术生产与接受环节不可或缺的助力。社群在外延上关系到两个因素，一是在地理方位上能够形成聚集的空间，二是集中的

内部之间具备某种紧密的相互关系。在教育领域，家庭教育是家庭与社会相连的一环，既是孩子学校教育的辅助，又是人生教育的主要阵地。教育在个体家庭空间展现出独特性，同时又在具有共同属性特征的家庭群体中展现出共通性，以这种特性和共性作为讨论教育问题的切入点，两部剧中都选择了社区这一相对集中的叙事环境；在集中的叙事环境中又以阶层立场为根据来区别不同家长的教育方式和教育观念，塑造各具代表性的教育者群像。

（一）身份认同基础上的人情合作

《天空之城》是一部聚焦当下韩国社会高考问题的电视剧，问题的核心是教育补习环节中存在的教育资源分配不公，以及极端重视成绩导致的心理教育缺失。故事发生在一个名为"天空之城"的社区，韩国的富者数量众多，想要居住在"天空之城"，除了要求财力，还需要有社会名望，形成这样的居住氛围有利于达成一致的培养子女的教育方法，方便教育中的相互协作。"天空之城"的社区形态在韩国社会是有迹可循的，韩国社会呈现两极化特征尤其体现在居住空间上，对公寓住宅的占有既是身份、财力的象征也是对教育、职业形成区分的依据。有研究对韩国各地区一流大学升学率进行调查，发现合格率最高的城市是首尔，而在同一城市中顶尖大学合格率所展现的地区性差异与相应的地区房产价格是成正比的。❶ 居住在昂贵住宅里的社会精英通过培养孩子进入一流大学来延续家族优越的社会身份，这一循环正是"天空之城"得以形成规模和系统操作的社会根源，也揭示了其中的众多家庭所处的奋斗阶段和所要达成的目标，即在拥有相对集中的优质教育资源的情况下，父母协助孩子完成向"精英"的蜕变。这一社区的主要功能是服务于教育，因而常见的韩国社区"邻里会"组织由交流解决邻里问题变成交换教育资源、探讨成功经验的教育狂热者的聚集地，所有家长目标一致地以成绩最好的孩子的母亲马首是瞻，又各怀心思地企图通过各种关系得到最好的资源独享。社区合作的基础是家庭在阶层属性和奋斗目标上的一致性，因而当转学生一家作为新住户搬到"天空之城"后，医生父亲和儿童文学作家母亲在对待孩子教育方法上与"天空之城"原来居民的巨大差异，成为打破合作的突破口。

"天空之城"的国产形态与"学区房"这一概念相近，但又要加以区分。中国人口众多，即便是在同一地区、同一个城市中，教育资源的竞争也是十分激烈的，因而在中小学教育中会出现学区这一概念。各地要根据适龄学生人数、学校分布、所在社区、学校规模、交通状况等因素，按照确保公平和就近入学原则，并从当地实际出发，为每所义务教育阶段学校科学划定服务片区范围。《小欢喜》中的小区常年被应届考生家庭占据，在每一年高考结束后甚至会出现大量住户搬离，半个小区换租户的场面，同时又有新一届考生家庭入住，完成一届届的高考接力。主角几个家庭是这里的新住户。两部电视剧都从大社

---

❶ 金文朝.韩国社会的两极化[M].张海东,孙骁,译.北京：北京社会文献出版社，2014：71.

区环境切入,《天空之城》新搬来的住户住进原是上一届学生金榜题名之后发生悲剧的一家,而《小欢喜》中季家人慕名住进考上清华的学霸家里却发现墙上写着奇怪的信。悬疑和悲剧的色彩从一开始的环境交代中就埋好伏笔。不同的是,天空之城是一处秘密集结的社区,这里的人以职业、财力等社会关系作为联结,对于所有能够掌握的珍稀教育资源只在内部互通有无,既不外传甚至内部还有所保留,相互之间有所猜忌和攀比。复杂的社群关系是后面戏剧性情节产生的依托,在这一点上国产剧《小欢喜》的现实主义特征就明朗许多。以同一目的聚集在一块的几个家庭由熟悉的同学、朋友关系加上一层邻里关系,为叙事提供集中而统一的空间,尤其是剧中选取的中产阶层家庭视角在叙事上十分贴近电视受众。剧中忽略了很多影视剧中常见的对于不同社会阶层的细节展现,如校园题材中会出现的贫富对比问题,减少了制造多余戏剧冲突的细节,使叙事在一个稳定的环境中进行,有益于紧紧围绕探讨教育的主题。同样,在国产剧的社区环境叙事中也重点展现了属性特征相近的群体在教育上的沟通协作,如方家由于方圆失业、文洁工作出现状况,二人无暇顾及方一凡时,或者刘静患病住院瞒着孩子们一个人承受辛苦时,包括季家利用自己的资源找到几位十分有经验的老教师给孩子补习时,对于父母的时间、精力、人脉等资源,在这个合作环境中是互相提供和付出的。这是一种十分中国式的社区关系,即使面对严峻的高考备战状态,家庭之间的相处也是以人情为纽带的。

(二)阶层固化背景下的应试教育

在对高考的重视方面,韩国较中国有过之而无不及。这种重视首先体现在考试制度上,韩国现行的高考制度在不断改革中考虑各方因素,如平衡学校招生和学生考学的供需关系及社会的就业需求等,形成以大学修学能力考试为主要依据,通过大学自主面试来选拔学生的考试制度。中国的高考改革也一直在进行,更注重综合和平衡素质教育与职业教育。除了制度,韩国人对教育资源问题也十分敏感。20世纪末影响亚洲的金融风暴对韩国社会阶层进行了重塑,社会两极化严重,造成了经济引发的社会、文化出现极端差距,教育资源严重向富人倾斜,昂贵的私人教育费用换来孩子更好的成绩与升学机会、工作机会,教育成为阶层代际间传递的有效助力,富人的孩子成长为下一代富人,底层社会依旧在无学可上、待业失业中挣扎。巨大的社会阶层差异造成的文化、意识层面的差异也在教育中凸显出来。

两部剧中对主要对象家庭进行了社会阶层上的统一,《天空之城》中的精英阶层,几家父亲都是有名望的医生或教授,医学世家传统使首尔大学医学院成为所有父母对子女的唯一期待。祖辈对于家门名望的传承、父辈站在自己的高度上对孩子提出更高要求、再辅以貌合神离的邻里间相互攀比,形成了一个无坚不摧的压力的巨网,笼罩着每一个生活在天空之城的孩子。在天空之城众多家庭中,因为在父母一代已经拥有了相对优越的社会地位和财富,因而对待子女的教育是以财富的传承和名望的延续为目的的。新韦伯主义社会分层理论家安东尼·吉登斯曾提出,社会流动是阶级关系形成结构化的主要机制,流动机会的分布影响着人的流动可能,将人送到不同的社会位置上。❶ 社会学家常说有两种不同的流动机制,一种是开放型,一种是封闭型。流动的封闭性越强,越能够产生出更具一致性的阶层内部成员。在《天空之城》中,父母、子女之间的代际流动和以相似社会地位、生活经验为纽带的社区居民之间形成了相对封闭的流动环境,代际流动的直接高效和社群环境的优质资源聚集与排他性,都直接导出"封闭性可以很容易地再生产出与父辈更相似的一代人"的固有结论。

《天空之城》中的父母对子女的教育具有强烈的目的性并辅以极端的控制行为。女主角郭美香为女儿重金寻得最有保障的私教老师,即使知道前邻居家的悲剧出自金老师极端的教学方法,依旧不顾后果地让女儿跟随金老师学习。女主角女儿同班的慧娜发现金老师成功的私教背后是与学校私联,违法泄露试题,金老师杀慧娜灭口后女主角知情却三缄其口,任凭无辜的转学生被陷害入狱,希望保住金老师助女儿顺利考上首尔大学。戏剧性的情节将女主角因为迫切追求成绩而一步步走向疯狂和犯罪的深渊的过程,以及其间的心态变化展现出来。与母亲的极端化过程一致,女儿也从单纯的好胜心强、不甘落于人后,逐渐走向精神控制下的极端心态。剧中慧娜这一单亲贫困家庭的优等生形象是造成戏剧冲突的一个关键,成绩优秀却在不公平的竞争中失利使她想要揭穿谎言,最后在敌我力量悬殊的博弈中成为牺牲品。

韩国社会有"勺子阶级"的说法,含着银勺子出生的孩子即出生在富贵家庭的孩子。韩国人以各种"勺子"对人的出生情况进行划分,而"勺子阶级"最大的特点之一就是其代际间相互传递的阶层身份。❷ 依托于财富和资源,精英家庭可以为孩子提供更直接有效的私人教育。韩国的私教补习是十分常态化的,高昂的补习费用成为富裕家庭和贫困家庭学生在为高考做进一步努力道路上的分叉口,也造成了财富差异下贫困家庭考生想要靠学习进行阶层流动的难度增加,阶层固化严重,一再激化着社会矛盾。

《小欢喜》将叙事背景设定于中产阶层家庭,在剧集开播一段时间后,剧中的社会阶层问题引起了观众的热烈讨论,官方的定位立场与观众的认知有些偏差,如季杨杨爸爸是区长,将社会职位平行移动到韩国电视剧中理应是表现为上流社会家庭背景。而在《小欢喜》的设定中,季胜利在工作上行事端正作风正派,既没有官威也不重物质生活,刚搬到小区时嘱托妻子挑选一个小户型供一家三口居住便可。除了季家,宋倩一家久居这个社区,以租赁学区房和给学生补课为主要收入来源。京城房价之高在观众心中成为

---

❶ 李强.社会分层十讲[M].北京:社会科学文献出版社,2011:100.
❷ 薛阳达.韩国的"勺子阶级"[J].金融博览(财富),2017(12).

一杆衡量宋倩家经济水平的标尺,坐拥数套学区房房产的宋倩还有给高三考生辅导的绝对高口碑教学水平,普遍中等收入水平的收视观众群会认为宋倩一家的收入是远高于大部分家庭的。但是结合剧中所表现的两个家庭状况而言,编剧并没有把重点放在北京市重点学区、北京市房价、公职家庭收入等细节上做推敲,相反,其弱化了外在社会环境、经济因素,以主角家庭的生活习惯、价值观念来界定阶层,在逻辑上和观众接受上也是讲得通的,并且使设定服务于现实主义的叙事而非过于戏剧化的情节表现。中产阶层在中国是一个仍处于不断形成过程中的阶层。在现代社会的发展中,中产更多体现为消费社会建构的相对具有群体性经济特征的一群人,就如《小欢喜》中的几个家庭,有一定的经济能力,能给孩子提供相对有保障的物质生活,有余力进行教育上的补充。中产家庭的教育观念也有着许多共性特征,中产是当下中国教育焦虑的主体人群,他们自身接受过良好的教育并且有稳定的工作和收入,因而保证下一代在自己的基础上进行阶层向上流动的意愿更加强烈,表现为对教育资源的追逐和过度的成绩狂热。剧中性格最突出的家长宋倩对女儿的教育展现出极端的控制和干预行为,她给英子设立独立封闭的学习空间,这一举动与《天空之城》中郭美香为了给女儿提供可以高度集中的学习环境的举动如出一辙。封闭空间既是孩子行动的束缚,也是意识的禁锢,这样的空间在两部剧中有多次展现。宋倩把自己认为对女儿学习有益的事情无条件地强加在女儿身上,直至自己一切与女儿意愿背道而驰的付出成为压垮女儿心理防线的最后一根稻草,最终使自己沦为一个无助又无解的悲悯母亲。

二、教育题材叙事的新特征——悲剧意识

教育题材影视作品以表现当今教育的现实并试图给出有益的引导为目的,在叙事上本身就具有一定的严肃性,因而在作品中以预设的、前瞻的视角注入悲剧意识,在叙事上作为故事矛盾的爆发点、观众情绪的突破口,在其作品意义建构上也能最大限度地发挥警醒作用,达到对教育观念扭转甚至重塑的效果。同时,不同的作品中都试图给出一些积极的可能性,为社会、家长、学生、校方几方面的焦虑情绪找到出口。

(一)悲剧的警示作用

悲剧是两部剧中给出的最直接的矛盾出口,通过重压之下的牺牲与爆发来求得对于极端教育行为的警示。《天空之城》中包括两处悲剧,一是金老师利用学生英才的恨意来报复家长造成的家庭破裂,二是无依无靠的学生慧娜在与非法教育资源占有者的周旋中不幸牺牲。金老师是悲剧的操纵者,他利用父母的欲望与野心使他们一步步走入自己设计的圈套。被名校和成绩蒙住了双眼的家长是悲剧的助力,两方协作,把在巨大压力下苦苦挣

扎的青少年推向了深渊。两重悲剧中，英才的悲剧是父母与子女在有关高考的尖锐对抗中长久存在的祸根，慧娜的悲剧是以牺牲唤起社会反思与觉醒的诱因。同样的双重悲剧叙事在《小欢喜》也是如此表现出来。季家前任住户家的学生丁一考上了清华大学，但违背自己意愿选择父母要求的专业一直使他压抑和苦闷，终于精神崩溃从楼顶跳下。丁一的事情给这个共同处于备考状态的社区带来不小震撼，父母们有了进行自我反省的意识，宋倩也认为不能对英子过于严苛，于是在日常生活上开始收敛强势的做派，主动考虑英子的喜好和感受。此时精神状态已经出现问题的英子在丁一事件的刺激下情绪愈加难以自控，一方面与母亲在专业和学校选择上产生巨大分歧，另一方面接受母亲无微不至的付出形成了心理压力，矛盾一朝爆发出来，英子患上重度抑郁并且行为也走向极端。在《小欢喜》的两重悲剧中，丁一象征着在家长与子女有关高考的对峙中长久难以调和的意志冲突，英子是当下时间里重蹈覆辙的第二次牺牲品，承载着新的警钟效用。两部剧中的悲剧角色共性非常明显，优秀、懂事、被父母寄予无限希望的孩子，这一主体直接将电视剧关于高考问题的主要矛盾定位在了家长的"重压"而非学生个体学习能力的差异等其他矛盾上。《小欢喜》中宋倩这一角色兼容了《天空之城》中老师和家长两个层面的学生的压力来源，既作为向孩子施加压力的"英子的母亲"，也作为辅导过无数备战高考的青少年之一的"丁一的老师"，两个角色下的宋倩都沉浸在自以为最正确的价值观里，将自己的要求和期待强加到孩子身上。直到丁一出事，宋倩拿着丁一考上清华后自己与丁一一家人的合影，看到丁一自始至终没有笑容的面孔，才幡然明白"原来一直以来开心的只有我们"，施压者的觉醒至此才慢慢展开，电视剧对教育中矛盾如何解决的指向也清晰起来。

（二）明朗的现实出口

如果说悲剧在解决教育矛盾的叙事中是必要之举，那么多元的高考出路则是电视剧中给出的缓解现实焦虑的积极可能性。作为"高考"这一社会事件的主体，学生形象在两部剧中展现出相对多样的形态。其中《小欢喜》在对学生主体的展现上也贴近电视剧的现实主义风格，"学霸""学渣""叛逆少年""乖乖女"等类型在成绩和性格上给出了相对具有代表性的现实关照。方一凡所代表的成绩普通但精神状态良好的青少年形象是探讨高考教育问题的一种出口，即在高三的压力状态下依然可以进行自主选择，无论是对于现阶段的学习方式还是下一个阶段的专业方向，方一凡父母在尽力引导孩子提高成绩和追求他们所期待的志愿走向无果之后，也认可了方一凡基于现实考量、具有可行性的艺考的选择。可见，在高考生与父母的双方较量中并没有绝对的胜负之分，在教育这个需要考察个体差异的领域，依据孩子自身的特质和意愿，多元的道路选择应该是现阶段指导家长和考生应对高考的有效手段。

自20世纪八九十年代开始，随着国内文化娱乐产业的兴起，艺考成为很多青少年面临高考的一种新选择,一是受到明星光鲜形象和高收入职业特性的吸引,二是艺考对于文化课要求相对较低,于是在 21 世纪初国内短暂地出现了"艺考热"的现象。"艺考热"随着艺考政策不断变更,文化课要求提高而录取率一再降低等限制,已经逐渐呈现出冷却状态。冷却的根源是广大考生和家长从对新事物的狂热回归理性,而现阶段正可以延续这种理性的思考作为道路选择的一种参考。《天空之城》中并没有提及艺考,因为艺考这一概念在两国有所差别,我国高中生有学习文化课的普通高中生和艺术生之分,学生可以选择加强自己的艺术特长来走上专业艺术道路,但也要在学校接受文化课教育。韩国的高中则是直接在学校性质上做了区分,除了普通教授文化课的高中,还有"特目高"和"特性化高中"等细分,"特目高"包含外国语学校、体育学校及艺术高中等,"特性化高中"包含商业高中、工业高中、农业高中甚至观光、美容等十分具体的更接近我国专科院校性质的高中分类。所以韩国的艺术类考生是专门在艺高进行学习的,如知名的首尔公演艺术高中设立表演艺术科、实用音乐科、实用舞蹈科等专业课程,而在韩国发达的偶像产业带动下,学校培养了大量在高中就读期间就从事演艺工作的青少年偶像。"特目高"或"特性化高中"给青少年提供了提早学习社会生活技能的机会,也在一定程度上分散了韩国高考的压力,使高考不再是想要进入社会获得体面工作和生活的唯一出路。

三、结语

以上对教育题材影视作品在解读教育方式、传达教育观念的叙事中划出两个讨论范畴。一是从集体社群的角度切入,旨在把教育问题产生的原因扩展到社会层面,教育不是关乎一家一户的事,它既与远源的历史文化相承接,又紧密联系着社会生活的当下,制度的、经济的尤其是文化的变革和发展都会在教育事业中体现出来。电视剧对教育的社会环境的表现既要具有代表性,能够在广度上辐射到大多数社会成员,又应该能够对要讨论的主要问题精准突出,并通过有效的视角深入进去,实现对行为心理的纵深探索。二是人物承载着最主要的叙事功能,按照对情节发展的重要程度,不同角色被赋予具有不同象征意义的人物特征,对于人物塑造的主要落脚点便是其所承载的象征意义。在探讨教育问题时,教师、父母所传达的社会的、家庭的种种观念,学生在性格、能力上体现出的个体差异,都需要能够起到更广泛意义上的象征作用,从而将群体性社会问题的探讨真正深入到群体当中。

(作者温彩云系东北师范大学传媒科学学院东北亚影视文化研究中心副教授、作者许昌荣系东北师范大学传媒科学学院硕士研究生)

媒介融合时代影视剧受众心理的变化研究

摘　要：媒介融合时代，影视剧的生产和接受环节都发生了巨大的变化。在这个视频资源井喷、信息数量爆炸的时代，消费主义大行其道，追星之风甚嚣尘上，社会焦虑愈发严重，因此对影视剧受众心理的分析需要立足于当下复杂的媒介样态，通过与传统媒体环境对比等方式讨论当前影视剧受众的审美心理，从媒介形式和审美主体的角度探讨受众观看影视剧心理需求上的转变，同时对受众心理变化对于当下影视剧审美和创作的影响进行总结和反思。

关键词：媒介融合时代；影视剧；受众心理

21 世纪以来，科技的发展将许多新形式、新工具带入了大众的日常生活，由此也影响了人们观看影视剧的方式。在 2007 年左右，以土豆网为代表的视频网站如雨后春笋般迅速成长起来，改变了电视机一枝独秀的传统格局。发展到今天，三大视频网站巨头爱奇艺、优酷、腾讯已成鼎立之势，活跃用户均达到了 5 亿左右。除此之外，市场上还活跃着大量短小风趣的短视频作品。毫无疑问，我们已经进入了一个视频资源井喷的时代，传统的观看格局已然被打破。面对这样的变革，媒介融合时代影视剧受众的观看状态和接受心理也必然产生了许多不同程度的变化。

一、审美互动与社交表达的观剧新特征

随着网络在人们的生活中占据越来越重要的位置，新媒体平台已经成为大众发布和获取信息的主要工具，这必然会对影视剧的传播渠道和评价方式造成影响。与早期范围小、速度慢、效果差的邻里传播不同，如今影视剧的传播更多依赖于网络平台，网络影响了用户对于影视剧的选择和评价，"网络影响力"甚至已经成为判断一部电视剧好坏的重要指标。所谓"网络影响力"，指的是网民在各种网络平台发布与自己观看的影视剧相关的信息、点击相关评论所造成的网络影响，从而达到扩大该剧的知名度，吸引他人广泛关注的效果。

因此，当代受众无论是在选择影视剧之前还是在观看影视剧的过程中，甚至完成观

影过程之后,都会在很大程度上受到网络的影响,并迫切地需要在网络平台上抒发自己的情感、表达个人的解读。这些需求催生了许多新产品,如前些年开始流行的弹幕、近来影响力越来越大的豆瓣评分、微博出现的超级话题及各个平台层出不穷的"电视剧势力榜"等。此外,与以往单一的观看方式和刻板的口碑传播不同,现在可供观众选择的观看渠道更多、观看场景更复杂、观看形式更多样,审美感受力和表达的诉求也在逐渐增强,更容易对于剧中的某些情节、细节产生新奇的想法和脑洞,希望能够即时通过弹幕评论表达出来,并且实时搜索网络上与自己相同或相似的见解,获得想要的更多共鸣,或者借由他人分享的信息加深对自己感兴趣内容的了解。这些新的审美需求极具互动性,呈现出一种社交式的观影模式。

二、技术因素:媒介存在形式的演变

电视剧自诞生伊始就与电影这一艺术形式存在巨大的差异性。相比于电影快节奏、高密度的叙事手法和信息呈现,电视剧显得相对轻松自如一些。不过分追求晦涩难懂的艺术情操,着重塑造更多适宜人们日常观看的场景和故事;不要求全神贯注的封闭式观影,观众即使三心二意依然能够把握住完整的情感表达。智能终端的诞生和进步满足了人们随时随地、轻松随性的观看诉求,新媒体语境下更加开放自由的观看环境与影视剧的日常性和大众性相契合。二者前所未有地融合在一起,彻底颠覆了传统的媒介景观。

在过去,传统媒体的权威形象鲜少受到质疑和挑战,它的存在形式是完全的"我说你听",观众处于被动接受的位置,只能通过写信、打电话等形式反馈自己的意见,效率过低、渠道太少。此外,由于当时电视剧的播放平台较少、产业规模也较小,无论是数量上还是类型上,都无法充分锻炼观众对于电视剧这一艺术形式的熟悉程度和审美能力,导致观众主动发声的意愿不够强烈。而在媒介生态格局多元化融合的今天,各种媒介混合共存,受众拥有了前所未有的观看渠道和表达方式,他们可以随时随地选择任何自己喜欢的内容进行多种形式的播放,完全打破了过去电视剧观看固定时间、固定地点、线性播放的局限性。观看场景的多元化、观看形式的多样化,以及影视剧产业的蓬勃发展都提升了观众对于这种艺术形式的熟悉程度,提高了受众的审美能力和评判标准,催生了强烈的表达诉求。而形式多样的新媒体渠道恰恰为这种新的诉求提供了广泛而丰富的空间,使得受众的观点越来越专业、越来越聚合,甚至反向对影视剧的发展产生助推作用。如弹幕,虽然其中充斥着无聊的调侃逗乐和过度的情感宣泄,但也能够真实地体现出观众即时的观影感受,从而实现影视剧创作团体与受众思想的直接交流和碰撞,能够推动对影视剧内容、制作等各个层面深度思考、反省改善,帮助影视剧创作者制作出更加精美优秀、贴合大众情感需求的优秀作品。

2020年2月6日，国家广电总局发布了2019年全国《国产电视剧发行许可证》颁发统计情况，全年全国共生产电视剧254部。以2019年大火的现实题材电视剧《都挺好》和古装题材电视剧《知否知否应是绿肥红瘦》等为代表，大批收视火爆的影视剧作品均是采取了"台网联动"、多平台同步播出的做法，尽最大可能吸引住全部的潜在受众，让无论是使用传统电视还是新型移动端设备的观众，都能够实现随时随地、随心所欲、个性化的观看需求。同时，通过实时弹幕或是微博话题等功能，观众可以发表看法、浏览信息，满足求知、调侃、自我表达等多种多样的心理需求。

在新媒体蓬勃发展、混合共生的当下，单向和交互传播并存，这既能满足观众自由随性的审美需求，也为他们意见的表达提供了广阔的空间。当影视剧的媒介存在形式发生了转变，受众对于影视剧的欣赏态度和接受心理必然会随之产生变化。

三、心理因素：受众审美偏好的转变

早期的电视观众生活在较为刻板的社会环境中，审美素养不高，审美诉求较为单一。受限于匮乏的娱乐资源，能够进行电视审美活动已经是十分难得的事情，难以产生可以达到审美层面的批评和鉴赏。随着新媒体时代的来临，媒介的种类越来越丰富，形式越来越复杂，影视剧的内容和蕴含的文化越来越有深度，创制能力日益增强，受众群体的构成和审美经验也越来越丰富，审美心态得到了解放，审美水平得到了提高。

一直以来，受众对于任何艺术形式的欣赏都会受到自身存在的客观差异性的影响，如性别、年龄、职业、成长环境等，而每个人的心理结构本身也存在着巨大的不同。在新媒体爆发的时代背景下，受众保留了一部分自身既有的审美心理，但也会受到一些其他因素的影响，如影视剧新的制播模式、新的体量结构、新的感官体验，以及每个人媒介接触层面和使用习惯的不同。受众个体的心理差异再加上当下媒介大环境的引导，使得媒介融合时代受众的审美心理呈现出更加多层次、多角度、复杂化、个性化的特点。

由于媒介环境的变化，当下受众群体的审美心理除了对传统媒介语境的延续，还包含由新媒体改造的部分。网络等新媒体的非中心化、互动化、社群化等特点对受众的审美心理产生了极大影响，影视剧观众的审美偏好更为明显地表现出后现代式的转变，消费文化愈演愈烈，速食主义和碎片化审美大行其道，人们陷入了对自我价值的怀疑和盲目追逐之中。这些新的特征不仅体现在电视剧观众的审美选择上，也表现在近年来以明星生活为卖点的真人秀节目层出不穷，以抖音、快手为代表的快餐文化大受追捧等现象上。

（一）消费时代的速食主义

当人们的生活被大量的信息铺满，就不免要有选择性地根据信息的价值安排自己的时间。因此，在消费语境中，如何诱导观众的注意力是获取经济效益的核心要素。影视剧的宣传发行活动花样百出，不仅在视频网站和传统媒体平台投入大量的物料宣传，微博、豆瓣等舆论战场更是一片混战，明星怀孕、分手、不和、出轨……各种猛料层出不穷，无论是正面形象还是负面消息，一切都是为了吸引观众的眼球。这场"注意力经济"的战斗打得如火如荼，不知何时才能回归以剧作本身的品质和口碑定胜负的公平局面和良好态势。

在这样的娱乐环境中，受众对影视剧的接受心理也受到了极大的影响，一些人不注重电视剧的文本内核，忽略潜藏其中的文化价值和精神引领，而是更在乎观看的"爽感"。选择剧目时不看内容，只关心是否追上了时下热点。今天的观众已经不会像过去一样，专注地坐在客厅中面对着电视机这种单一的媒体形式，一集一集地等待着播出，而是拿出手机、电脑、平板电脑，多屏齐下，采用二倍速观看、跳跃式观看，甚至只看微博热搜榜上精彩集锦的内容，获取自己需要的信息。为了适应当下社会的快节奏，克服自我内心的焦虑，审美的仪式感和延续性被打破。如何用最短的时间获取最多的信息和快感，成为当代影视剧观众普遍的诉求。

（二）过度娱乐的追星心理

追星心理一直存在于人类社会当中，历史上从不缺乏超级巨星的存在，但由于彼时条件不足或是社会风气等原因，人们只能给偶像送花、写信，或者到现场问候。而今天，新媒体平台的发展为追星活动提供了绝佳的发展机会，粉丝社群的活动越来越丰富，追星手段越来越多，社会影响越来越大，门槛却越来越低，出现了许多令人"叹为观止"的新现象。比如，粉丝自发"炒CP"。再比如，现在的网络上可以轻而易举地掀起一场两家粉丝的骂战。

类似的事情在媒介融合背景下的粉丝社群中真实地发生着，而且体量巨大、不胜枚举。这些看似荒诞实则有迹可循的现象更是印证了现在的粉丝过度娱乐的心理。技术的进步使如今的粉丝更加低龄化，缺乏理智，却充满激情。他们团结在一起，斗志昂扬，坚持不懈地向全世界"安利"他们的偶像，不允许任何反对的声音出现。他们更多地把明星在剧中的完美形象代入现实生活，为他们贴上标签，开始混淆自己与偶像之间的关系，这无疑是需要警惕的。也许是媒介融合的时代成就了这样的粉丝，又或许是更加强烈、真挚的粉丝成就了这个时代。

(三) 社会角色的自我认同

技术的飞速发展也不可避免地带来了社会的高速运转，生活于其中的我们必然承受更大的压力，每一个人都承担了很多的社会责任，扮演着许多角色。家庭矛盾、情感困局、工作难题、自我怀疑，一座座大山压得我们不得片刻喘息。而影视剧则是政治、经济、社会等领域的变迁在文化层面的集中反映，其表现的内容是对时代生活的真实演绎，正好关照了观众此时此刻生活中的苦涩，能够带给受众很强的共鸣和精神抚慰。大山胜美认为，电视剧的独特性在于"它是洞察和揭示我们人类自己最好的戏剧媒介体"[1]。观看影视剧时，观众会将电视剧中的情节代入自己的生活，以寻求内心的安宁或者情绪发泄的出口。近年来大火的一些现实主义题材剧，如《欢乐颂》《都挺好》《我的前半生》《小欢喜》等，剧中人物经历的故事也真实地发生在观众的生活里。全职太太的忧虑、被闺密挖墙脚的无奈、有关社会阶级固化的争论又或是对于重男轻女的思考，一系列具有真实度和冲击感的价值观讨论借助影视剧这一载体的演绎潜入受众的内心，观众在看剧的同时也是在寻找自身投射，体会自己的人生，并由此领悟出一些道理，认可自己的价值，保持继续前行的动力。

除了以上探讨的三种较为典型突出的心理转变，当下影视剧受众的审美心理还包括娱乐消遣、想象满足、感官猎奇、怀旧从众等，它们彼此交织，互相作用，共同影响着观众对于影视剧的选择和接受。实质上，电视剧受众审美心理的变迁也是对于电视剧文化形态的重塑。文本与受众的关系本就是相互的，我们应该坚持在习近平新时代中国特色社会主义文艺思想的引领下，继续创作优秀的影视作品，塑造健康向上的价值观和人生态度。

四、媒介融合时代的审美与创作

(一) 受众审美心理的危机与选择

在这个被媒介包裹的世界，围绕人们的信息越来越多，促使受众越来越快地处理每条信息，大多数时候都只是浅尝辄止。我们对媒介的依赖性很强，对信息接收的频率很高，一刻不刷出新信息就会觉得无所事事，但接受的深度却很浅，也缺乏足够的耐心。我们自动缩减了用于消化和理解的时间，把一切精力都留给接触新的内容。这样的审美习惯也在用户进行影视剧观看的过程中发挥着作用，只求浅层娱乐和故事梗概，抛弃艺术审美和情感体悟。这样无脑速食的观剧心态也影响了内容的生产者，使他们敢于情节

---

[1] 大山胜美，丛林春. 电视是镜子还是窗口——关于电视剧的日常性 [J]. 当代电视，1987（1）：16-18.

拖沓、内容"注水"，因为他们知道用户会加速甚至跳过观看，一些细小的观感差异没有人会注意到，这也是为什么近年来国产剧鲜少有故事与质感都上乘的精品出现。人们的审美阈值在不断升高，剧作质量却停滞不前甚至倒退，长此以往，只会导向更为严重的空虚和无聊。

此外，新媒体的诞生和发展为影视剧的受众群体提供了一个公共性的自由开放的言论平台，不同于以往的滞后评论，只要观众愿意发声，即可通过简便易行的方式在新媒体的各个渠道上发表看法。而丰富多彩的影视剧内容生产和多种多样的观看方式，更是将观众捧到了主人翁的位置，任其选择。但在当下的娱乐消费文化大环境中，用户看似实现了身份和权力的反转，掌握了话语权，但实际上还是一个被动接受的角色，在某种程度上甚至成为媒介的奴隶。无论是审美标准还是观看选择，都在很大程度上受到了媒体的控制和干预，只不过选择的范围更广、发出声音的方式更多样，实现了受众心理层面自我意识的满足。

因此，媒介融合时代的观众更应该时刻保持警醒，不能因面前眼花缭乱的信息失去方向，要坚守自己的审美标准，提高自己的艺术修养。信息便捷的时代发言也要真情实感、掷地有声，文艺富足的生活观剧也要坚持原则、保证质量。只有这样，才不至于被信息的洪流裹挟，才能在红尘俗世中坚守自己的立身之本。

（二）内容为王的影视剧创作导向

无论何种艺术形式，想要靠博眼球的技巧获得观众的认可都不是长久之道。流量明星助力收视高峰的捷径现在已经走不通了，可以向以往的电视剧团队学习，通过精妙的设计、细致的刻画和动人的情节等内容文本层面的优点来吸引观众，而不是使用过度市场化的运作手段来强行获得受众的关注。任何作品都一定要回归真善美的要求，只有在艺术表达、情感传递等方面精益求精，才能够成为为人称道的优秀作品。

作为电视剧创作者，如何在新的媒介条件下把握商业、文化和受众心理的多方平衡，如何均衡用于剧作质量和宣发活动的精力和资本，也确实是亟须思考的问题。

五、结语

德国哲学家黑格尔说过："存在即是合理。"虽然新媒体的浪潮来势汹汹，社交信息狂轰滥炸，文艺作品鱼龙混杂，审美修养参差不齐，观影目的层出不穷，但是我们也不必因此而缩手缩脚，这只是社会文化发展和进步的普遍规律。影视剧的审美活动从根本上来说，还是离不开受众，只有时刻关注影视剧受众的心理变化，围绕用户需求打造作品，才能迎来影视剧产业良好健康的发展。我们要对人民的文艺修养有信心，对受众的审美培养有耐心，对作品的质量把控有恒心。目前来看，以大明星为噱头的作品已经能够被观众辨别且淘汰，市场对于"注水"、抄袭、粗制滥造等不正之风也是坚决零容忍的态度，这一切都在敦促着影视文化产业制作更加精良的作品。大浪淘沙后，留下的必是黄金。

面对观众日益提高的观剧素养，影视剧受众的心理会更加复杂多样，对"美"的定义将越来越广泛，对放纵消费、治愈焦虑的需求会越来越强烈，对作品中反映的社会现实和人生道理的评判标准也会随之提高。创作者需要加大内容垂直细分的力度，着手于纵向深挖而非横向拉长，创作心理也要与时俱进、百花齐放，实现用影视艺术抚慰多彩人生的终极目标。

（作者姜雪系中国传媒大学艺术研究院硕士研究生）

精神提升语境下传媒艺术对大众文化建构的介入

摘　要：依存于现代工业社会产生、与市场经济发展相适应的大众文化，其市民文化的"俗"文化特征与生俱来。部分大众传媒因对受众与市场的迎合、对"时尚"的追逐而呈现的传播内容过度娱乐化、低俗化、窥秘化倾向，迷乱公众视线，拉低大众精神生活水准，削弱文化的精神提升和美的建构作用，害莫大焉。传媒艺术秉持人民视角，坚守大众情怀，坚持用文化精品温暖人心，照亮生活，激励人生，其作品方能为大众所喜闻乐见，深入千家万户，占领舆论主阵地，成为传播先进文化、建构中华民族精神大厦的生力军，从而为中华文化的繁荣兴盛、中华民族的伟大复兴提供强大精神力量。

关键词：传媒艺术；大众文化；精神产品；文化消费

如今，人们对美好生活的期待日益从物质的满足走向精神的渴求。这既给传媒艺术带来更广阔的需求和发展空间，同时也提出了更高的要求。如何更好地挖掘有传播价值的现实存在，为精神产品市场注入新的活力，如何坚定文化自信，提升表现力，讲好中国故事，如何进一步承载时代精神、展现中国风貌，提升中华文化影响力，是传媒艺术健康发展不容回避的现实问题。

好的传媒艺术作品能够不断提升读者的人文情怀和审美情趣，满足人们对美好生活的向往与追求。来自人民群众，植根于平凡世界，"烟火气"十足的作品，贴近性强，易让读者获得"以梦为马"，驰骋在广阔现实空间的灵魂自由，在对现实梦想的艺术化繁衍中，表露出百姓朴素的价值观，显现鲜明的时代印记，成为时代的淳朴记录。因为触到了时代痛痒，交集了时代精神，更易受到大众喜爱，从而具备更强的传播价值，显现更强烈的社会担当。有些传媒艺术作品之所以赢得广泛赞誉，与其对真人真事的现实提纯与艺术表现、对百姓生活痛点的准确把握密切相关。无论是反映当代人的生存状态和心理渴求，还是针对社会问题提出反思，无不是在时代镜头的快速更迭中选取富有较为深刻意蕴的截图。对准当下，既寻找到审美层面的"当下感"，又扛得起社会担当的传媒艺术作品，才有望成为"现象级"作品。

文化既是凝聚人心的精神纽带，更是关系民生的幸福指标。创造出更多有筋骨、有道德、有温度、接地气的文化精品，适应并满足人民群众对美好生活的新期待，让文化如静水潜流，实实在在地发生于人与人、心与心之间，用真切的体会、现实的表达，带来真正的理解和交流，潜移默化、润物无声，那深烙心底、久久难忘的感受，无疑更具持久影响力。饱含感情、能够引发广泛共鸣的文化的力量是超乎想象的，正如一位作家对标志着团圆的春节文化的判断："由故土、血缘、乡情汇集而成的巨大磁场，遍布大地山川每个城市和村庄。让这磁场产生效力与魅力的，既是感情的力量也是文化的力量。"❶ 春节文化不仅把亲情浓浓的家人联系在一起，更把无穷的远方、无数的人们联系在一起，成为一个共同的纽带。流传久远的春节习俗并没有因时代发展而褪色，恰恰因其绵延久远而独具文化魅力。

好的文化产品是人们热情的流露、生活的自白，具有摄魂制魄的力量，能够唤醒我们隐藏在心底的意识，与内心某种情感高度契合。自带亲和力，对受众人群没有陌生感和疏离感的文化产品，成于现实生活的深入。无论是风雨坎坷还是甜蜜欢乐，生活的剧本已然写好，没有人可以事先偷看来改换剧情。同样，茁壮的文化成长也不是一种漫无边际的流淌，必然孕育成熟于肥沃的现实土壤。让我们更加深入地关注现实，进行更具文化含量的表达，凝心聚力，助力中华民族伟大复兴。

一、打好"地基"，把握历史脉动和个体生命需求

在一个气象万千的时代，如何在丰富、驳杂和深广的现实生活中倾听、理解时代旋律的多声部，并在精神产品的创作和生产过程中更好回应百姓心声、时代关切，体现着精神产品生产者的内在功力。传媒艺术工作者作为精神产品的生产者，不仅要有窥一斑而知全豹的洞察力，更要有高扬主旋律、传播正能量、咬定青山不放松的超强定力。打好精神"地基"，显得尤为重要。

"精神是一个民族赖以长久生存的灵魂，唯有精神上达到一定的高度，这个民族才能在历史的洪流中屹立不倒、奋勇向前。"在抗击新型冠状病毒肺炎疫情的战斗中，中国精神汇聚成抗疫的硬核力量。中华民族在经受考验时迸发出的强大的精神力量——英勇顽强的内生动力，团结协作的巨大合力，援手相助的聚合引力，激励着中国，也鼓舞着世界。一些传媒艺术工作者把准舆论导向，下沉抗击疫情、生产发展一线，深入挖掘各行各业的先进典型和感人事迹，捕捉最具表现力和感染力的典型人物和典型事件，以

---

❶ 王石川.春节，让我们的文化青春不老[N].人民日报，2019-02-11（005）.

有思想、有温度、接地气的好作品鼓舞人心，增强群众防疫情、促发展的信心和决心，出色履行了传媒艺术工作者的职责。

唱响主旋律、弘扬正能量，始终是精神产品生产者的重要使命。普通百姓构成了社会的主体，他们的故事是更广泛、更典型、更有代表性的"中国故事"，只有走进他们的生活，体验他们的喜怒哀乐，才能触摸到时代变化的脉搏。这就要求传媒艺术工作者更为自觉地走出"自我"，关注他人、关注时代、关注世界，尤其要关注普通百姓，关注他们的日常生活，感受他们的喜怒哀乐，在精神产品的制作和传播过程中聚焦人民的实践、人民的生活，展现出社会历史高度，做到为人民抒写、为人民抒情、为人民抒怀。面向人民、服务人民、赢得人民，才会有更为广阔的发展空间。

归根结底，"人最终关切的是自己的存在及其意义"。生活就像奔腾不息的大江大河，主流与支脉并存，有浪涛澎湃，也有死水微澜，唯有到中流击水，方能体味人生的意义和价值，传媒艺术的市场价值亦然。人民群众的生存环境和生存状态及他们的命运遭际，往往与时代、历史的变迁息息相关，深入实际，深入生活，了解人民群众的经历、命运和生活变迁，才能把握历史发展的脉搏。面向群众、扎根生活、坚守梦想、追寻光荣，让自己的生命与更远的远方、更多的人相连，个体生命的丰富和拓展，传媒艺术的繁荣和发展，便都有了坚实的精神"地基"。

"面对生活之树，我们既要像小鸟一样在每个枝丫上跳跃鸣叫，也要像雄鹰一样从高空翱翔俯视。"❶气象万千的生活景象里，充满着感人肺腑的故事，洋溢着激昂跳动的乐章，展现出色彩斑斓的画面。那里面，有国家的蓬勃发展、家庭的酸甜苦辣、百姓的欢乐忧伤。有筋骨、有道德、有温度的作品能够在幽微处发现美善，在阴影中看取光明，弘扬正能量，温暖人、鼓舞人、启迪人，引导人提升思想认识、文化修养、审美水准、道德水平，激励人永葆积极向上的乐观心态和进取精神，在黑暗面前不气馁、在困难面前不低头，用理性、正义、善良之光照亮生活。

不懈拥抱时代、观察现实、体验生活，以博大的胸怀、深邃的目光、真诚的感情、艺术的灵感去捕捉、提炼生活蕴含的真善美，给人以审美的享受、思想的启迪、心灵的震撼，做到胸中有大义、心里有人民、肩头有责任、笔下有乾坤，方能用专注的态度、敬业的精神、踏实的努力创作出有骨气、有个性、有神采的高质量、高品位的传媒艺术精品，让人们增添生活的底气、灌注活泼的生气，看到美好、看到希望、看到梦想就在前方。

人们匆忙的脚步和希冀的眼神里，寄予着对知识和美、理解与认同、美好心灵与幸

---

❶ 习近平.在中国文联十大、中国作协九大开幕式上的讲话［EB/OL］.（2016-11-30）［2020-10-10］.http://www.xinhuanet.com//politics/2016-11/30/c_1120025319.html.

福生活的向往。那些反映人民生产生活的伟大实践，反映人民喜怒哀乐的真情实感，让人们从身边的人和事中体会到人间真情和真谛，感受到世间大爱和大道的作品，以其视野广度、精神力度、思想深度，聚焦人性之善、艺术之根、生活之源，让受众得以啜饮经过人生烈火蒸馏过的甘露，赋予人强健的禀赋和达观的心性，照耀尘世生命的阳光，带来心灵的快乐自足。

口耳相传的好作品里，有思想的穿透力、审美的洞察力、形式的创造力融合而成的心灵的映照，有时代社会生活和精神的写照。20世纪80年代初，中国中央电视台在艰苦条件下历经打磨拍摄成功的电视剧《西游记》，播出时的收视率惊人，普通人喜欢其中的正义勇敢、善良真诚、乐观向上、自信执着，学者恋其深含的学术韵味，智者体味其生活哲理。30多年来，这部传奇作品影响了一代又一代人，到现在仍是我国重播率最高的电视剧之一。内蕴深厚、富有民族特色的大众文化的魅力就是如此强大。

二、坚定自信，聚焦百姓生活和时代发展

坚定文化自信、把握时代脉搏、聆听时代声音，坚持与时代同步伐、以人民为中心、以精品奉献人民、用明德引领风尚。启迪思想、陶冶情操、温润心灵，以文化人、以文育人、以文培元。❶ 习近平总书记的重要讲话精神，是传媒艺术工作者不懈进取的根本遵循。

时间是最好的评论者，了不起的作品必须有着跨越时代的生命力。进一步培树群众视角，在接地气、聚人气、有生气上着力，采用大众语言，更好地反映群众生活，表达群众观点。用富含创造力的恰切表达，与受众的现实需要、喜好相衔接，避免自说自话式一己悲欢的呈现。护目镜遮不住的坚毅眼神，口罩勒出深深压痕的脸庞，社区内外紧张忙碌的身影，城市里不分昼夜奔忙的志愿者……在抗击新型冠状病毒肺炎疫情的战斗中，一个个感人瞬间经由传媒路径传布深远，震撼人心。在全国上下团结一致抗击新型冠状病毒肺炎的特殊时期，那些饱含深情，体现心心相通、命运与共的生动故事无疑更能吸引受众注意力。令人心动的表现内容和形式，不但能够促成传媒艺术与受众之间的即时紧密互动，更能成就传媒艺术的长远发展。

文化消费是扩大内需的重要途径，对提高群众文化素养、艺术品位乃至幸福指数都大有裨益。大众传媒作为群众文化消费产品的供给方，在坚持正确导向、做好主流舆论宣传和舆情引导等工作之外，自觉延伸工作手臂，为民惠民，为人民群众提供更多接地

---

❶ 习近平. 坚定文化自信把握时代脉搏聆听时代声音 坚持以精品奉献人民用明德引领风尚 [N]. 人民日报，2019-03-05（001）.

气、聚人气、丰富多彩的精神文化产品，是其社会功用的彰显。传媒艺术工作者不断适应文化消费市场出现的多元化、个性化趋势，以文化惠民补足消费短板，提升百姓获得感和幸福感，在美丽中国建设进程中发挥着越来越重要的作用。

引导居民增加文化消费，对提升居民生活质量、提高居民文化素质、促进经济发展意义重大。文化消费的核心是内容消费，文化生产和文化供给的主要任务就是提供有价值的内容。因而，文化惠民的核心是要提供更多群众喜闻乐见的优秀产品。时代的媒介环境为广大受众链接起精彩的想象世界，以及更丰富、更有娱乐感的文化消费需求。文化消费需求的"倒逼"，促使文化产业及相关产业加快发展，推动创意至上的文化创作与生产的发展繁荣。

在时下精神文化消费的大环境下，要释放更大的文化消费空间，只有提供更精准的公共文化服务，为扩大文化消费创造条件。当前，公共文化服务供给在一定程度上还存在着"供需错位"，必须在供给侧发力，找准群众文化需求，不断提高公共文化服务供需的匹配程度。文化企业从内容生产到产品营销的积极探索，使网络文化消费呈现出增长之势，为文化供给的丰富性提供了范例。最典型的是新型冠状病毒肺炎疫情发生以来，许多文化场馆被按下了暂停键，一些文化形态疫中寻机，实现了从"线下"到"线上"的升级蜕变。

文化的消费需求也要靠供给创新来发掘，靠独具文化特色的产品来激活，靠文化精品来"笼络"消费者。高质量的文化惠民要寻找到审美层面的"当下感"，就需要换一种眼光审视本土文化的传承发展，把文化市场的繁荣昌盛与感受生命冷暖、触摸生命悲欢、传达生命诉求紧密结合。对传媒艺术而言，有产品的"精耕细作"才有发展的行稳致远。

时代永远是最好的教科书和活教材。现实的丰富、精彩、复杂为文化供给提供了无限可能。拥抱时代才能获得最新鲜的素材，碰撞出最闪亮的火花。只有立足中华文化，讲好中国故事，积极弘扬社会主义核心价值观，传播正能量，才能不断打造出"丰富生活、温暖人心、感动人性"的优秀作品，让居民的生活质量随着文化消费比重的上升而提高，在惠民生的同时，进一步增强人民群众的文化自信。

走进实践深处，抒写人民、描绘人民、歌唱人民，才能"为时代画像、为时代立传、为时代明德"。脚下沾泥土，作品见真情，传播才有力量。"世之奇伟、瑰怪、非常之观，常在于险远，而人之所罕至焉，故非有志者不能至也。"在传媒艺术作品的创作及传播过程中，不保持一股子气，凝聚一股子劲，狠下心来下苦功夫，走进实践深处，齐心协力，攻坚克难，何来生动、简明、优美的表达，又何来对受众的感染力和吸引力？功夫下得不够，传播力和引导力就会打折扣。无论面对什么样的素材，"胸中有大义，心里有人民，肩头有责任，笔下有乾坤"，才能做到守正创新，得到大众认可。

三、守正出新,平衡创新表达与主流价值传播

2019年火爆暑期的国产动画电影《哪吒之魔童降世》,立足于不同凡俗的创意和内容生产,深入开掘传统叙事资源,以网络叙事的俗文化趣味,结构哪吒面对"天命"的不屈抗争。"我命由我,不由天"的个性表述与行动、哪吒和敖丙反传统的互信互助、父母对哪吒严厉又温暖的呵护、太乙真人的喜剧性表现交相辉映,有笑点、有泪点、有燃点,不断助推观众的观影情绪走向高潮。由此带来的逾50亿元票房收入❶,使其成为全球单一市场票房最高的动画电影,证明了国产动画也有很多人看,并非只是低龄儿童专利的事实。这一打破年龄局限和偏见的动画电影观影热潮,有力证明了国产动画完全有能力发展得更好,创新之炉熔炼出的大众文化精品也会广受欢迎。

用文化软实力打造发展硬支撑,提高中华文化竞争力,助力实现中华民族伟大复兴,需要传媒艺术工作者身入心入,讲好中国故事,专注于"人"而又不拘囿于"人",潜移默化地打通人生经历、时空生态、建设发展的互联通道,在思想和审美上展现出更加广阔的视野与格局,不断满足人民日益增长的美好生活需要。

顺应人民群众精神文化生活新期待,全面繁荣文化事业和文化产业,推动文化高质量发展,主流舆论与文化服务并重,传统手段与现代技术交融的传媒艺术不可缺席。党的十九届五中全会对文化事业和文化产业的繁荣发展提出了新要求,创造了新空间,紧扣满足人民日益增长的美好生活需要这个根本目的,涵养文化自信的充沛底气、增强再创辉煌的从容自觉,在传媒艺术领域更加关注文化维度、激活文化元素、做足文化文章、用好文化力量,为实现中华民族伟大复兴中国梦贡献力量,是传媒艺术建功新时代的必然选择。

在一个以创新求变为发展尺度的时代,全面繁荣传媒艺术市场,提升公共文化服务水平,增强人民群众文化获得感,勤于学习,"走心""用情"是根本。只有沉入生活的底层,感同身受地理解奋斗的崇高、发展的艰辛、成果的辉煌和时代的伟大,从人民中间汲取营养、激发灵感,关注百姓冷暖、反映人间苦乐,用现实的厚度、生活的温度感染人、鼓舞人,才能为人民群众提供更加充实、更为丰富、更高质量的精神文化生活产品。

最是精神动人心。推动高质量发展,文化是重要支点。加强文化建设,为我们攻坚克难、砥砺前行提供坚强的思想保证、强大的精神力量、丰润的道德滋养。坚持守土有

---

❶ 新浪科技.《哪吒之魔童降世》票房补录后破50亿[EB/OL].(2019-12-28)[2020-04-19].https://tech.sina.com.cn/roll/2019-12-28/doc-iihnzhfz8876023.shtml

责、守住初心,让传媒艺术能够更好地唱响主旋律、传播正能量。擦亮"中国制作"品牌,彰显传媒艺术品牌魅力,尤需坚持守正创新,用心、用情、用功锻造优秀作品,用走入基层的深、融入生活的真、进入人心的诚为人民抒怀、为时代立传,实现中国特色的创新表达、融合传播。

5G 时代,未来已来。谁能把握机遇、应对挑战,化"变量"为"增量",谁就能在历史大势中勇立潮头。传媒艺术工作者要以人民对美好生活的向往作为奋斗目标,通过融合发展提升传播力和引导力,发挥网络传播互动、体验、分享的优势,更好地凝聚社会共识,强信心、聚民心、暖人心、筑同心。要对中华文化与历史始终心怀温情与敬意,获取传承创新、向前发展、面向未来更强大的内在力量。

"我们一路走来,身边满是期盼的目光。"传媒艺术的发展史是优秀作品层出不穷、整体生态不断优化的历史,也是凝心聚力、引领风尚、培根铸魂的历史。用广阔的生活图景、充沛的创作激情、鲜活的视听语境、优美动听的旋律、生动感人的形象来讲好中国故事,繁荣大众文化,激励、鼓舞人民群众团结奋斗,为实现中华民族伟大复兴的中国梦不懈奋斗,应是传媒艺术工作者永远的追求。

四、不忘初心,筑牢崇高信仰和传媒艺术担当

生活的根扎得深,艺术之树才能繁茂。"只有扑下身子,才能挖出金子。"基于深厚生活积累的"情动于中",更易获得人民群众的共鸣。人物传记电影《李保国》选取我国知名林业专家、河北农业大学教授李保国 35 年如一日扎根太行山,以科技绿山富民的动人事迹,用电影艺术的表现手段呈现了一位扶贫攻坚战中的"太行新愚公"形象。影片中形象鲜明、"又犟又直又暖"的李保国教授,坚信"一代人有一代人的担当",坚持"我要跑好我这一棒",干事创业有"活着干,死了算"的坚定。他教育学生"别光想着爬多高,要想着根扎多深",带领学生身体力行,把实验室建在田野里,把论文写在大地上,让技术长在泥土里、生产线上,像是太行山上昂然挺立的一棵树,让自己的根系深深扎入大地母亲的怀抱,风吹不倒,雷打不动,苍劲稳健。其心系群众、扎实苦干、奋发作为、无私奉献的高尚精神,凸显了新时期共产党人的楷模、知识分子的优秀代表形象,人物形象饱满而富于感染力,超越耳目之娱深入人心,感人至深。这一经过生活提纯的形象一经问世便深受人民群众喜爱,彰显了传媒艺术的魅力。

初心如磐,使命在肩。人民对美好生活的向往,就是传媒艺术关注的方向。认真践行"以人民为中心"的创作导向,更好地深入生活,了解百姓生活状况,透视寻常百姓生活中的喜怒哀乐,顺应时代大势,回应和解答现实生活中人们面对的种种困惑,以对生活的深刻理解、对人心的深刻洞察、对审美的深刻表达,在生活富矿的深刻律动中展

现人性、直指人心，展现光明和希望，用心、用情、用功打造精神内涵丰富、价值导向正确的精品力作，让传媒艺术作品像一束光，照进群众心坎里，让一束束光聚合成温暖的前行力量。

"参天之木，必有其根；怀山之水，必有其源"。初心是我们的事业发展之基。秉持为人民服务的初心，对发展局势的判断会更加理性客观。面对受众日益增长的文化需求与互联网时代的激烈竞争，被动"跟进"远远不够，需要发挥更多的主观能动性，主动探求和应对现实，寻求当下现实与当今时代的契合点，更好把握传媒艺术的呈现尺度。坚持内容为王，摆脱"吸引眼球"的怪圈，贯彻创新发展理念，致力于提升传媒艺术作品的整体品质，以原创力赢得竞争主动权，用蕴含时代底色、渗透温暖而深厚情感的影像语言唱响主旋律，讲好中国故事。

肩负崇高使命，勇立时代潮头。信仰之基一时一刻也不能松动，精神之钙一丝一毫也不能缺少，要不断掸去思想上的灰尘、淬炼政治上的坚定，加强政治敏感的程度，拓宽思维视野的广度，提升思想境界的高度，"坚持与时代同步伐、以人民为中心、以精品奉献人民、用明德引领风尚。"优秀的作品从来不是时代的被动反映，而是时代精神的高度提炼和升华。传媒艺术工作者要紧跟时代发展步伐，更好地服务于新时代人民群众文化生活需要，为人民书写，为时代放歌，绘就我们这个时代的精神图谱，承担起"培根铸魂"的职责使命。

新时代的现实波澜壮阔，现实主义创作道路无限宽广。更好地满足人民群众多样化的精神需求，是新时代传媒艺术工作者的职责和使命，我们只有在心态上将胸怀扩大，让感情炙热和饱满，将温暖的情怀置于优秀作品之中，才能弹奏出更为和谐的社会音符，涵育百色缤纷、百花争艳的文明社会。有现实的热切关注，有文化的深度浸润，一步一个脚印，去积累，去成长，真诚热情地拥抱丰富多彩的生活，把奔涌的"现实"不断转化为"故事"，建构起认知、情感和价值的共同体，文化软实力就会成为发展硬支撑。

长于打破时空界限的传媒艺术，作为一种深具普遍性的文化传播手段，其大众文化品格的重要性不言而喻。经历了抗疫以来来之不易、成之维艰的胜利，文化自信的基础性、广泛性及深厚性得到了更为深刻的认同。在全国人民决胜全面建成小康社会的关键时期，凝心聚力，激发攻坚克难的磅礴伟力，成为文化场域中最具强力辐射效应的"硬核"内容。当此之时，传媒艺术充分释放文化活力，用独具特色的方式展现传媒作为，体现传媒担当，提升传媒质量，是时代前进的要求，更是行业发展的必需。

丰富群众精神文化生活，切实增强人民群众的文化获得感、幸福感，离不开公共文化服务水平的提高。科学与技术的加速发展带来社会变迁的加速，进而影响和决定着个体生活方式的改变，深受"加速的循环"裹挟的人民群众即使无法适应社会步伐的加速，仍旧不得不调整生活步调，被迫前行。因各种欲望的难以满足催生的焦虑化生存体验和普遍弥漫的急切气息会催生社会戾气，折损人民群众和谐美好的生活愿景，急需先进多元的文化滋养来补给。传媒艺术工作者只有坚持从人民群众的实际需求出发，把握好人民群众日益旺盛的多元化美好精神文化需求，才能更好地发挥文化力量在社会发展进程中的引领作用，提升人民群众对公共文化服务的关注度、参与度、满意度。

人民群众的信任和期待，伴随着传媒艺术走过筚路蓝缕，达致发展兴盛。在求新求变中，传媒艺术凭借多元的优质内容和多样的表达形式，走进千家万户，带来欢声笑语，让广大受众在一次次欲罢不能的视听体验中感受到其独有的魅力。丰富火热的现实生活与人民群众日益增长的精神文化需求，为传媒艺术更好地在创新升级中提高作品质量，引领时代风尚提供了无限可能。在疫情"大考"之下，寻求新的发展增量成为传媒艺术工作者共克时艰、同心追梦的现实选择。

历史长河奔腾不息，有风平浪静，也有波涛汹涌。我们不惧风雨，也不畏险阻。中国文化雄浑高远、宁静淡泊的博大境界与海纳百川、有容乃大的万千气象，让我们的灵魂深处胸怀丘壑、气象万千。新媒体时代，传媒艺术产品的每位用户既可以是文化接受者，也可以是文化生产者，我们必须把有意义的事做得"有意思"，让正能量更强劲、主旋律更高昂，实现传统文化的现代表达、厚重文化的轻松表达、中国文化的世界表达，激发蓬勃向上的力量，助力"中国号"巨轮乘风破浪、行稳致远，开辟中国人民更加光辉灿烂的未来。

（作者庄会茹系河北省石家庄日报评论部主任编辑）

当代纪录片如何讲好中国故事

——中华人民共和国成立 70 年来纪录片的语态变迁与审美前瞻

摘　要：中华人民共和国纪录片 70 年的发展历史，是中国纪录片人用纪实语言探索如何更好地对内对外"讲好"中国故事的 70 年。"记录"与"表达"作为纪录片的一体两面，面对不同时代语境，需要寻找与之相匹配的叙事"语态"。纵观中华人民共和国成立 70 年来纪录片的语态变迁，经历"以我为主"的权威传达——国家语态、"以人为本"的社会教育——精英语态，到"用户中心"的市场逻辑——大众语态，以此管窥并前瞻媒体融合大背景下、"新主流"文化视域中、疫情时代里当代纪录片的未来走向与审美建构，本文以为建构有中国特色的纪录片"共同体美学"是大势所趋。

关键词：纪录片；70 年；语态变迁；审美

智利纪录片导演帕特里克·古兹曼有句名言，"一个国家没有纪录片，就像一个家庭没有相册"。纪录片自《火车进站》诞生之日起，便以其与现实几乎别无二致的"真实"影像被大众广为接纳。此后，经由罗伯特·弗拉哈迪、约翰·格里尔逊、吉加·维尔托夫、罗伯特·德鲁、让·鲁什等纪录片大师的不懈努力，纪录片以经典的纪录影像文本、成熟的纪录理论体系、火热的纪录电影运动，在铭刻时代、保存群体记忆，传播知识、传承历史文化，设置大众议题、参与推动社会发展，讲述人与自然故事、建构时代精神，寓教于乐、陶冶审美高尚情操等很多方面发挥着别的艺术形式不可替代的独特功能和价值。

一、中华人民共和国纪录片 70 年发展历程（1949—2019 年）

中国共产党领导下的人民纪录片事业发端于抗日战争时期成立的延安电影团，从其摄制的第一部影片《延安与八路军》到中华人民共和国成立前夕，是人民纪录片事业的开创期。这一特殊历史时期，早在延安电影团成立之前，陕甘宁边区抗敌电影社筹备委员会便在《启事》中声称："抗敌电影社肩负着两个任务，一是用抗战中血的经验来教训我们全中国的人民，使他们更坚决地走上抗战的道路；二是告诉全世界的人民，中华民族是怎样英勇地在为着正义而抗战着，并以活生生的事实博得他们的同情和援助。"❶

中华人民共和国成立后，人民纪录片事业随着制片基地从延安转移到北京，拍摄任务也由侧重军事斗争转向有重点的全面报道，如记录开国大典盛况的文献纪录片《新中国的诞生》、影响颇大的新闻杂志片《新闻简报》等。从中华人民共和国成立到"文革"开始前，是中国新闻纪录片事业的蓬勃发展期。这一时期，特别是1958年5月1日，中央广播电视总台的前身——北京电视台成立，新生的电视新闻纪录片与当时的电影新闻纪录片殊途同归，在列宁关于新闻片"形象化的政论"的思想影响下，这些新闻纪录片被视为"形象化的政论""形象化的党报"。

改革开放以来，"思想观念的开化迅速转化为社会的变化，敏锐的纪录片人迅速对春潮来袭的系列变化及时捕捉。对于改革开放的话语呈现，是这一时期纪录片的重要内容，数量和题材也都极其丰富"❷。电视纪录片强势崛起，新闻片与纪录片观念渐趋分离转变。报道改革开放和现代化建设取得瞩目成就的《飞向太空》《国庆阅兵》（1984年）、《开放中的北方窗口》（1993年）等，记录社会主义精神文明建设发展进程的"美的三部曲"（《美的旋律》《美的心愿》《美的呼唤》）等，展示中华民族传统文化与奋发图强精神风貌的《话说长江》《话说运河》《望长城》等，走出国门向世界介绍中国与对外宣传中国而诞生的国际获奖作品《沙与海》《最后的山神》《八廓南街16号》等，成为新时期纪录片讲好"中国故事"的主旋律。

20世纪90年代后期，由于我国各种体制的转变，纪录片发展一度陷入困境。进入21世纪，市场经济的大潮滚滚而来，DV的普及也使个人制作成为可能，纪录片在急剧变化的媒介环境中被迫探索市场化生存。以《百年中国》（2000年）、《国庆纪事》（2001年）、《晋商》（2003年）、《复活的军团》（2004年）、《故宫》（2005年）、《大国崛起》（2006年）、《新丝绸之路》（2006年）、《再说长江》（2006年）、《复兴之路》（2007年）、《香港十年》（2007年）、《筑梦2008》（2008年）、《澳门十年》（2009年）、《公司的力量》（2010年）、《华尔街》（2010年）、《走向海洋》（2011年）、《舌尖上的中国》（2012年）等为代表，历经崇山峻岭、百折千回，纪录片里的"中国故事"叙事语态转变、戏剧美学凸显、视听语言讲究、市场推广多元，在后续国家政策与资本市场的双轮驱动下，渐趋走出低谷。

党的十八大以来，特别是近几年中，得益于政策与市场的多方合力，纪录片喷涌而出、佳作不断。《辉煌中国》《我们这五年》《我在故宫修文物》《如果国宝会说话》《本

---

❶ 单万里.中国纪录电影史［M］.北京：中国电影出版社，2005：81.
❷ 何苏六，韩飞.新中国纪录片70年：光影流变中的国家像册［N］.文艺报，2019-09-27（006）.

草中国》《拉林河畔》《航拍中国》《筑梦路上》《创新中国》《人间世》《生门》《二十二》《东方主战场》《我们走在大路上》《风味人间》等，题材丰富、类型多样、风格各异。中国进入了新时代，纪录片人迎来了"夏天"。❶

二、纪录与表达：寻找适应时代的"语态"

中华人民共和国纪录片 70 年的发展历史，是以纪实影像书写的一部中国共产党团结带领全国各族人民不懈奋斗的壮丽史诗，也是中国纪录片人在波澜壮阔的历史洪流中探索用纪实语言如何更好地对内对外"讲好"中国故事的奋斗历史。

"纪录片是以真实为原则，从社会和自然中获取基本素材，表现作者对事物认知的非虚构活动影像。"❷ 英国纪录电影学派创始人约翰·格里尔逊也曾提出，纪录片是"对现实的创造性处理"。在中外关于纪录片的较权威定义中不难看出，"记录"与"表达"可谓纪录片在任何时候都不可分割的一体两面，融主客观于一身。尤其是主体与客体怎样交流，即纪录片的话语主体与客体交流的状态，本质上关系着"记录"与"表达"的终极意义与走向。"对于纪录片而言，就是在不同的时代语境中面对观众'怎么说话'的问题。语态更是一种姿态，它决定了镜头的俯视、仰视或者平视。"❸

从中华人民共和国成立到新时代来临，70 年间纪录片不断寻找与时代相适应的"语态"，历经"以我为主"的权威传达——国家语态、"以人为本"的社会教育——精英语态，直至"用户中心"的市场逻辑——大众语态，纪录片分别以宣传品、作品、产品的面貌见诸世人，镌刻着特定时代的烙印，反映着不同历史阶段的政治、经济、社会、文化基本特征。

（一）1949—1977 年

1949—1977 年，人民纪录片事业以"形象化的政论""形象化的党报"为主要特色，国家政治话语的权威传达占据主流，这一时期的国家语态"以我为主"统领全局。"从性质上是宣传品，从主题上是统一的革命思想，从文化形态上是主导文化，从美学上则是画面加解说的'形象化政论'——这是当时纪录片的典型模式。"❹ 代表性纪录片有《中华人民共和国建国 10 周年庆典纪实》《英雄的信阳人民》《周恩来访问亚非十四国》等，

---

❶ 赵志伟.70 年筚路蓝缕，纪录片人迎来了"夏天"[N].中国艺术报，2019-08-28（006）.

❷ 何苏六，丰瑞，等.纪录片创作[M].北京：中国传媒大学出版社，2015：8.

❸ 顾亚奇.影像与影响：探寻经典纪录片的力量[N].中国艺术报，2020-03-25（004）.

❹ 张同道.多元共生的纪录时空[M].北京：北京师范大学出版社，2010．36.

主要集中于展现重要政治活动、领导人及中华人民共和国各条战线上的英模人物等。其中，影响最大的是纪录片《收租院》，该片采用了慷慨激昂的解说加画面，"揭露、控诉"的语态与当时观众的心理期待相一致，当时在全国连续放映达8年之久。

（二）1978—2018年

1978年后，改革开放开启了以经济建设为中心的新时期，党和国家的工作重心转移，中华民族从支离破碎的话语体系中重新焕发生机，思想解放后的中国人民开始思考"人"的问题，曲折中步步推进的市场经济体制改革引领社会潮流一路狂奔……1978—2018年是改革开放的40年，艰难困苦，玉汝于成。"从开启新时期到跨入新世纪，从站上新起点到进入新时代，40年风雨同舟，40年披荆斩棘，40年砥砺奋进，我们党引领人民绘就了一幅波澜壮阔、气势恢宏的历史画卷，谱写了一曲感天动地、气壮山河的奋斗赞歌。"[1] 这一时期的中国纪录片与改革开放同步，在讲述40年奋斗故事的征程中开始探索新的话语方式和主流叙事策略。由"人"的觉醒到文化寻根，再到市场意识，以"以人为本"为表征的社会教育和精英语态占据主导地位，同时主流文化语态如影随形、大众文化语态开始显现、边缘文化语态暗流涌动，多种语态共生并存。

2018年8月，在京举办的北京纪实影像周——纪念改革开放40周年纪实影像大事记特展中，以年为单位，集中展映了《潜海姑娘》（1978年）、《美的旋律》（1979年）、《丝绸之路》（1980年）、《先驱者之歌》（1981年）、《拼搏——中国女排夺魁记》（1982年）、《话说长江》（1983年）、《来自农村的报告》（1984年）、《零的突破》（1985年）、《话说运河》（1986年）、《紫禁城》（1987年）、《蛇口奏鸣曲》（1988年）、《心灵狂想曲——第八届伤残人奥运会》《沙与海》（1990年）、《望长城》（1991年）、《最后的山神》（1992年）、《毛毛告状》（1993年）、《龙脊》（1994年）、《较量》（1995年）、《山梁》（1996年）、《神鹿啊，我们的神鹿》（1997年）、《周恩来外交风云》（1998年）、《婚事》（1999年）、《英与白》（2000年）、《平衡》（2001年）、《钢琴梦》（2002年）、《德拉姆》（2003年）、《复活的军团》（2004年）、《故宫》（2005年）、《大国崛起》（2006年）、《昆曲600年》（2007年）、《红跑道》（2008年）、《永恒之火》（2009年）、《大阅兵——回首60年》（2010年）、《走向海洋》（2011年）、《舌尖上的中国》（2012年）、《乡村里的中国》（2013年）、《瓷路》（2014年）、《喜马拉雅天梯》（2015年）、《本草中国》（2016年）、《辉煌中国》（2017年）40部国产纪录片。[2] 尽管难免挂一漏万，

---

[1] 习近平．在庆祝改革开放40周年大会上的讲话［EB/OL］．（2018-12-18）［2020-10-10］．http://www.xinhuanet.com/2018-12/18/c_1123872025.htm.

[2] 何苏六，韩飞．时代性互文互动：改革开放40年与中国纪录片的发展谱系［J］．现代传播，2018（12）．

但纵观40年影像奇观，纪录片的叙述语态逐渐从"庙堂之高"向作者视野、大众视角转变，以往单一直白的意识形态宣传代之以含蓄内蕴具备人文关怀的理念表达。

特别值得一提的是2005年播出的《大国崛起》，在主旋律纪录片创作历史上具有一定的里程碑意义。这部政论片与改革开放初期的政论片《让历史告诉未来》一样，在历史的拐点处回应了时代提出的课题。不同处在于，《大国崛起》以更开阔的全球视野、更深邃的历史眼光、更加深厚的思辨能力，深刻洞察"大国"得以"崛起"的深层原因，为中华人民共和国从"站起来"到"富起来"再到"强起来"，承前启后，在思想与观念上做了初步探索与准备。

（三）2017年至今

历史跨入新时代，在多年的主流语态、精英语态、大众语态、边缘语态共生并存、彼此沉浮徘徊中，纪录片大众语态愈发凸显、主流语态强势回归、精英语态融合发展、边缘语态寻求突破，多语态合奏新生的局面正在形成。尤其是当下的中国纪录片，"用户中心"的市场逻辑获得多方认可，纪录片单纯作为宣传品的属性业已式微，单纯作为产品的属性也屡遭质疑，一种集宣传品、作品、产品于一体的"新主流纪录片"开始受业界青睐。"无论语态如何变化，但契合当下国家的政治传播语境，展现凝聚民族共识的强烈愿望，彰显主流意识形态的表达，弘扬时代主旋律的立场不能变，这也是中国纪录片从诞生之日起的核心诉求，更是新主流纪录片的立足之本。"❶ 为庆祝澳门回归祖国20周年，由中央广播电视总台摄制、中国传媒大学师生参与主创的4K超高清纪录片《澳门二十年》就在这一领域进行了实践和理论的双重探索，成为这一时期较有代表性的纪录片。

三、挑战与前瞻：讲好中国故事的新启示

当今世界正面临百年未有之大变局，新技术革命日新月异，传媒产品迭代升级，新型冠状病毒肺炎疫情的全球蔓延为这一变局更增诸多不确定因素，甚至加剧百年未有之大变局。在此纷繁复杂背景下，中国纪录片事业和纪录片从业者必将面临前所未有的艰巨挑战。

---

❶ 王廷轩，赵曦. 新主流纪录片创作的变与不变——4K超高清纪录片《澳门二十年》创作手记 [J]. 中国电视，2020（6）.

（一）媒体融合大背景下，纪录片何去何从

多年来，伴随新媒体的持续蓬勃发展，传统印刷媒体、广播电视媒体等纷纷出招，从早期主办自己的官方网站、出版电子报刊、发行手机报、开办网络电视，到近年来不断开发各自的 App 客户端，搭乘"微博""微信公众号""抖音""快手"等时代快车，入驻"今日头条""学习强国"等发布平台，新旧媒介大融合的趋势越来越势不可挡。

"推动媒体融合发展、建设全媒体成为我们面临的一项紧迫课题。要运用信息革命成果，推动媒体融合向纵深发展，做大做强主流舆论，巩固全党全国人民团结奋斗的共同思想基础，为实现'两个一百年'奋斗目标、实现中华民族伟大复兴的中国梦提供强大精神力量和舆论支持。"[1] 2019 年 1 月 25 日，习近平总书记带领中共中央政治局同志到人民日报社新媒体大厦调研时，关于媒体融合的系列重要讲话精神，毫无疑问为媒体大融合的未来趋势指明方向。

纪录片作为精神文化产品，不论其是商品还是公共文化产品，在目前约定俗成的新媒体发育之前，主要依托影视媒体而生发出纪录电影和电视纪录片两种主要类型。新媒体诞生后，网络纪录片或新媒体纪录片呼之而出。而在媒体大融合背景下，包括纪录电影、电视纪录片、网络纪录片或新媒体纪录片在内的纪录片何去何从？实质上，媒体融合的未来趋势正在规约着纪录片的发展方向，媒体融合的未来走向也正是纪录片的前进方向。一个大前提是，无论如何"内容为王"、怎样"渠道制胜"、结果"蝶变新生"，媒体融合的根本都是旨在通过扩大纪录片的传播力、引导力、影响力、公信力，围绕国家大局，服务于为亿万民众提供强大而不竭的精神动力。

为此，以纪录片的形式讲好中国故事，既要在适应时代的"语态"上继续下足功夫，更要在具体创作中，从完善纪录片的选题内容、市场交易、评价体系等入手，不断拓展探索媒体融合背景下纪录片的题材视野和风格类型，深入挖掘现实题材纪录片的社会深度，盘活现有传统媒体积累的海量库存纪录片资源，以最接地气的纪实影像方式推动中华优秀传统文化实现创造性转化、创新性发展，开启更具开放包容的新媒体对话及交流空间，努力打造与时俱进的全媒体传播矩阵，在铸就国产纪录片"高原"的基础上，勇攀新时代的纪录片"高峰"，满足广大观众特别是年青一代日益提升的审美文化需求。

（二）"新主流"文化视域中，如何讲好中国故事？

"新主流大片""新主流电影""新主流纪录片""新主流电视剧""新主流媒体"等，

---

[1] 习近平．习近平 1·25 谈媒体融合发展十大"金句"［EB/OL］．（2019-02-26）［2020-10-10］．http://media.people.com.cn/n1/2019/0126/c14677-30591465.html．

一系列以"新主流"为前缀的概念在近短短数年内异军突起，颇受关注。以最为瞩目的"新主流电影"为例，被有的学者认为"是传统主旋律电影的升级版"，可简单界定为"是以主旋律题材、主流政治价值观、低起点人物、国族认同、共同体美学和大众市场定位为核心特征的政治内涵明确的大众类型片，常常表现为主流题材的类型化处理、主流题材的娱乐化包装"❶。以国产电影《战狼》系列、《流浪地球》《红海行动》《我和我的祖国》《中国机长》等为典型代表，获得业界不少专家学者的认可。

尽管目前国内学术界对于"新主流"一词的词源及其内涵、外延并没有深入的研究成果，具体"新主流大片""新主流电影"等新出现的概念阐释也见仁见智，但作为一种独特的文化现象却不可忽视。中国的"新主流"文化在实践中似乎渐已成型，只待时日瓜熟蒂落。

与"新主流大片""新主流电影"等相对应，"新主流纪录片"的提法并不多见。但不可否认的事实是，近年来中国纪录片界切实也涌现出一批比传统主旋律纪录片（包括政论专题片）更加"好看"的作品，如《将改革进行到底》《法治中国》《不忘初心·继续前进》《大国外交》《巡视利剑》《强军》《苦难辉煌》《不能忘却的伟大胜利》《百年潮·中国梦》《丝绸之路经济带》《共同命运》《东方主战场》《我们一起走过——致敬改革开放40周年》《必由之路》《鸟瞰中国》《港珠澳大桥》《我们走在大路上》《澳门二十年》等，不胜枚举。相比中华人民共和国成立初期"形象化的政论"，这些纪录片专题片在坚持主流定位、追求"思想精深"的同时，叙事语态上更接地气、艺术表现上更多变、审美诉求上更为大众、传播方式上更显灵活，并在摄影摄像、音乐音效、后期特技等制作环节中辅以最新技术的支撑，高扬纪录片的"艺术性"，凸显创作者的"工匠精神"。这些纪录片专题片在某种意义上可笼统地称为"新主流纪录片"，为新时代"新主流"文化视域中继续探索如何更好地讲好中国故事提供不可多得的借鉴。

尽管这些"新主流纪录片"在如何讲好中国故事的道路上仍有这样那样的不足，尤其是在跨文化的国际传播中还远没有达到国家和社会预期的目标，但以《舌尖上的中国》《第三极》《孔子》《改变世界的战争》《光阴的故事》《鸟瞰中国》等为代表的一批纪录片正以被国外媒体直接采购、中外合作拍摄或重新剪辑等方式，多渠道接续深耕于国际舞台，这从另一个角度为"新主流纪录片"在讲好中国故事上提供有益探索。

（三）疫情时代里，纪录片怎样应对国内外挑战

2020年上半年，新型冠状病毒肺炎疫情席卷全球，波及210多个国家和地区。进入2020年7月以来，除中国外，世界疫情形势仍在加速蔓延。单就国内而言，早在2020

---

❶ 刘藩，郭瑾明.新主流电影的内涵与创作要点[J].中国电影市场，2020（2）.

年 1 月 20 日，习近平总书记就对突袭而至的新型冠状病毒肺炎疫情作出重要指示，强调要把人民群众的生命安全和身体健康放在第一位，坚决遏制疫情蔓延势头。❶ 经过连续数月举国上下艰苦卓绝的努力，至 2020 年 5 月中下旬，我国新型冠状病毒肺炎疫情得到有效防控，全国两会胜利召开、复工复产有序推进，经济社会加快复苏与改善。

毫无疑问，突然暴发的新型冠状病毒肺炎疫情对世界形势、全球格局及人类心理方方面面的影响将是深刻和深远的。无论是从生命损失、财物损失，还是从社会心理创伤来看，这场新型冠状病毒肺炎疫情都堪与两次世界大战相提并论，是人类历史上第一场非"人对人"的世界大战。❷ 疫情时代里，作为跨文化传播中文化折扣率最低的影像作品，纪录片怎样应对国内外挑战；如何在众声喧哗、云谲波诡的复杂世界局势中，向全世界讲好中国的战疫故事，展示负责任、有担当的中国形象，让世界更加客观公正地了解中国，是摆在所有纪录片工作者面前一道不可推卸的严肃课题。

一直以来，西方媒体针对中国的不实言论与错误报道甚至故意抹黑的舆论攻势咄咄逼人，疫情让原本处于世界舆论格局劣势中的中国声音更显微弱和孤立。然而，危机也是契机。危机中蕴藏着契机，只有危中寻机、化危为机，才能在变中出新、化险为夷，否则别无出路。中国卓有成效的疫情阻击战有目共睹，给世界卫生组织和多国政要留下了深刻印象。中国纪录片人士有必要抓住这一难得的政治资源，在推出《武汉：我的战疫日记》《中国面孔》《武汉战疫纪》《战役日记——我们90后》《武汉日记2020》等传统手法创作的纪录片、短视频的同时，第一时间多视角、全方位、立体化地精确设置公共议题，遵循"追求本国利益时兼顾他国合理关切，在谋求本国发展中促进各国共同发展"的人类命运共同体理念，运用大数据、云计算、物联网、区块链、云直播、超高清、多语种、在地化、人工智能、VR（虚拟现实）、5G 网络等多种技术和艺术手段，努力建构全程、全息、全员、全效媒体新格局，用"小切口"做好"大呈现"，将政治资源转化为文化共享，把各国的"疫情防控战"转变为彼此之间的"文明交流互鉴"融通点，以真示人、以理服人、以善感人、以情动人、以美化人。既要"我说"，也要"你说"和"他说"，这样才能让人摘下有色眼镜，看到一个真实的中国，也才能在国家和人民之间增进了解。❸

---

❶ 新华网. 习近平对新型冠状病毒感染的肺炎疫情作出重要指示［EB/OL］.（2020-01-20）［2020-10-10］.http://www.xinhuanet.com/2020-01/20/c_1125486561.htm.

❷ 林利民. 全球战疫对世界格局有何影响［J］. 人民论坛，2020（14）.

❸ 欧阳辉. 习近平向世界讲好中国故事的思想［EB/OL］.（2019-02-22）［2020-10-10］.http://theory.people.com.cn/n1/2019/0222/c40531-30897581.html.

四、结语

习近平总书记指出:"这个世界,各国相互联系、相互依存的程度空前加深,人类生活在同一个地球村里,生活在历史和现实交汇的同一个时空里,越来越成为你中有我、我中有你的命运共同体。"❶ 随着时间的推移,习近平总书记在2013年首次提出的建构人类命运共同体理念,愈发备受世界关注和认可。

近年来,一些中国电影学者把"共同体美学"作为一种明晰的美学观念引入电影理论的建构中,并以新主流大片《流浪地球》《我和我的祖国》等为例,加以进一步阐释和解析。如对于《我和我的祖国》,著名电影专家饶曙光认为:"作为献礼片,《我和我的祖国》因为让每一个平凡的'我'得到重视,激发了广泛的共鸣。而对于祖国的强大,每一个人也都能感同身受,影片通过民族精神和个体关怀建构了一个'共同体',让观众能够在其中实现情感上的认同。"❷ 在纪录片领域,也有学者通过分析反映改革开放40年成就的纪录片《我们一起走过——致敬改革开放40周年》,认为该片"旨在形塑改革开放的历史记忆,建构起基于共同目标的'利益共同体'意识,基于认同的'精神共同体'意识及基于共享的'人类命运共同体'意识,为推动改革开放再出发提供精神动力"❸。

回首历史,展望未来,当代纪录片面临时代、技术、市场、资本、政治、国别、种族、宗教、社会、文化及医疗卫生、生物科技等诸多元素勾连一体的新挑战。被称为人类"生存之镜"的纪录片,有必要建构一套有中国特色的纪录片"共同体美学"体系或基于纪录片的"人类命运共同体"意识,镜鉴过去、拷问现实、烛照希望。

(作者赵志伟系中国艺术报社中级编辑)

---

❶ 新华网. 你中有我我中有你,习近平这样论述人类命运共同体 [EB/OL]. (2019-05-09) [2020-10-10]. http://www.qstheory.cn/2019-05/09/c_1124468043.htm.

❷ 饶曙光.《我和我的祖国》:全民记忆、共同体美学和献礼片的3.0时代 [N]. 中国电影报,2019-10-23(002).

❸ 张爱凤. 论纪录片《我们一起走过——致敬改革开放40周年》建构的"共同体"意识 [J]. 中国电视,2019(4).

第二章 传媒艺术与审美文化现象

传统文化在国产动画电影中的现代性表述

摘　要：国产动画电影在近几年迎来了新的发展趋势，创作出了一批票房和口碑都取得不俗成绩的作品。中国传统文化元素在中国动画电影中，无论是早期创作还是当下写作中，都是重要的素材来源和本土美学源泉。当中国传统文化中的题材内容和美学精神在遇见当下新的时代文化语境中的动画电影创作时会碰撞出怎样的火花，面对新旧不同的文化表征如何实现融合发展，这是我们亟须解决和阐述的问题。在新的社会文化环境中，我们对传统经典的改写成为适应当前观众审美和欣赏习惯的必然选择，也是传统经典在当下焕发新的生命力和获得新的时代意义的题中之义。以此为指导对传统文化中的经典文本进行改写，赋予更加广泛的现实意义，为经典人物形象赋予更加立体的成长空间，获得更多的共情性感受。积极拓展国产动画的国际传播，塑造具有世界文化生存空间的艺术作品，增强国际传播能力。

关键词：国产动画电影；传统文化；时代文化表征；创作手法；传播力提升

2019年，国产动画电影《哪吒之魔童降世》在历时五年制作后上映，最终票房成绩仅次于《战狼2》，成为中国国产电影史上第二卖座的电影。近年来，国产动画电影以传统文化为素材，不断探索现代性转化，创作出一些较为优质的作品，如《西游记之大圣归来》《大鱼海棠》，包括刷新票房成绩的《哪吒之魔童降世》。这些动画电影在创作中都体现出一些新的特点，虽然都是从传统文化中挖掘素材，从经典文学形象中吸收营养，但和早期中国动画电影相比，在使用传统民族文化经典的方式和观念上已经发生了根本性变化。早期国产动画电影在使用传统文化时，无论是《铁扇公主》还是《大闹天宫》，都是遵循原著的故事线索和人物形象塑造，对原著的动画形式复写成为主要创作思路。形式表现上，以《山水情》《牧童》为例，都是吸收中国古典美学，以国画中表现山水的方式创作动画，具有鲜明的中国古典美学特征。近年来的国产动画电影在学习美日动画电影之后，又回到了对民族文化题材的开掘和创作上来，但是内容和形式已经发生了根本性变化，更加注重对传统文化的现代性转化，适应当前的社会文化语境，适应当前观众的欣赏习惯和文化心理。内容上打破原有故事线索，不再完整还原原著故事情节，而是依托原著的背景，加入更具时代性和个性化的情节，让故事更具有鲜明的时代性，同现代观众取得更多的共情。形式上，伴随着数字技术的不断成熟和国产动漫制作技术的提升，视觉表现更加符合电影表达惯例，注重对三维空间的建构和视觉节奏的建立，具有成熟电影文本的样态特征。正是基于当前国产动画电影出现的一些新的创作特征，并在电影市场上都取得了不俗成绩，为我们展开研究提供可供分析的样本。沿着国产动画电影发展轨迹，我们可以找出当下创作的新特征，为国产动画电影对传统文化的使用找到一些可供借鉴和参考的方法，提供有益启示。

一、传统文化在国产动画电影历史发展中的作用

电影活动影像的生成机制得益于动画制作的原理，按照人眼的视觉暂留机制，按照每秒24张图片的速度播放时就形成动态视觉影像。早在1911年，美国的温莎·麦凯就开始手绘动画影片《小尼莫》。俄国动画大师斯塔雷维奇制作了一些由昆虫"表演"的故事短片，如《摄影师的复仇》。20世纪30年代，迪士尼在以米老鼠形象为中心的动画影片中最早使用特艺彩色的三胶片工艺。1937年，迪士尼通过雷电华电影公司发行了美国第一部长片动画电影《白雪公主和七个小矮人》。1941年，由万籁鸣、万古蟾、万超尘等制作的国产动画电影《铁扇公主》在上海上映，成为亚洲第一部有声动画长片。1961年，由上海美术电影制片厂制作、万籁鸣和唐澄导演的动画电影《大闹天宫》取得国产动画电影新的艺术高度，获得伦敦国际电影节最佳影片奖。中国传统文化在形式特征、题材内容及美学风格上都对国产动画电影起到了重要作用。

动画和皮影、木偶等传统艺术有着形式上的相似性。中国早期动画电影的发展也从皮影、木偶、剪纸等艺术中汲取营养，对传统文化进行创造性转化。[1] 学习传统民间艺术的造型特征、色彩运用、空间布局等。早期中国动画电影的发展非常注重学习美术形式，与其叫作动画片不如说美术片更加贴合当时的文化和制作语境，由上海美术电影制片厂的名字就可见一斑。《大闹天宫》中的人物造型、空间布局、服饰、色彩搭配都吸收了中国传统戏曲中对大闹天宫的形式表现。从京剧脸谱中设计人物形象，到传统壁画中设计影片的空间营造，具有散点透视下的平面特征。《金色的海螺》中充分借鉴了剪纸艺术中的线条特点，通过流畅的线条塑造了栩栩如生的人物形象和富有意境的画面空间，具有古典诗学的韵味。这就如同早期中国电影从中国古典戏曲中学习一样，从发端就带有鲜明的民族特点和不同于西方的发展道路，立足原有的艺术形式，通过二者在表现形式上的相似性加以吸收和转化，显示出独特的民族性。

---

[1] 王兴业. 新中国早期动画民族风格与民间审美考索 [J]. 电影评介, 2019 (15): 102-105.

早期国产动画电影在内容题材的选择上也体现出鲜明的中国传统文化表征。内容上都选取了中国传统文化中的经典故事和经典人物形象，用新鲜的动画形式来塑造传统经典中的故事。中国传统文化中流传甚广的神话故事、文学名著等都是中国早期动画电影内容的重要来源。其中《铁扇公主》《大闹天宫》等故事情节都是出自《西游记》，并且对传统文化内容的表现在当下仍然是国产动画电影内容的重要来源。神话故事的内容特点和动画的表现形式具有先天的契合性。神话故事对时空关系的处理具有超现实的特点，在技术相对落后的情况下用真人电影的形式表现缺乏足够的技术支撑，而在早期国产动画电影中对空间处理具有假定性，则便于对超现实时空的表现。早期国产动画电影主要面向的是年龄"低幼"的群体，在传统神话传说、童话故事中拥有大量在少儿群体中流传广泛的故事情节，因此和动画很自然地走向了结合。

中国早期动画电影对传统文化的使用还在于对于中国古典美学的遵循和皈依。从上面的叙述中我们看出，早期国产动画电影无论从内容还是形式上都具有浓厚的中国古典美学特征，因此在美学表达上自然就具有中国古典美学的特点。早期国产动画电影以美术观念主导着动画制作过程，直到今天的金鸡奖评选中仍然使用的是美术片的概念。动画电影在画面空间建构上具有明显的国画特征，蕴含着浓厚的古典诗学意味。在中国古典美学中最核心的概念就是意境，而早期国产动画电影的空间塑造具有中国国画空间营造的特点，不以西方绘画的焦点透视为视点，更具有散点透视的特征。空间处理更加注重意境的营造，而非单纯的空间还原。注重画面中的留白，于不着墨处藏有生气，计白当黑。人物表演上具有舞台戏曲的特征，表演具有假定性和程式化的特点。人物形象塑造上追求神似而不注重形似。

中国早期动画电影在故事内容、角色塑造及表现手法等多个层面都从中国传统文化中汲取了大量养分，产生了具有中国民族特色的动画电影形态，在 20 世纪五六十年代就开始出现国产动画学派的概念，这也给当下中国电影创立中国电影学派提供了历史依据和形态样本。

二、传统文化在国产动画电影中的现代性转化

21 世纪之初，国产动画电影以美日为师，以他者视角和语言体系来讲述本土故事。[1] 这一时期建立在焦点透视基础上的西方语言体系和好莱坞更加个性化的叙述方式影响到

---

[1] 张晔，欧阳家庆. 传统影像空间的消逝与回归：论动画电影影像空间的变迁 [J]. 艺术百家，2019，35（4）：148-152.

国产动画电影的创作。虽然很多动画电影仍然是中国传统文化的改编，但是已经和上一阶段表现出很大的不同。如《魁拔》系列等影片空间营造已经脱离早期国产动画对古典美学的皈依，与叙事内容相脱离，对民族文化元素运用不够，模仿好莱坞对个人英雄人物的描述，陷入对人物个性化的刻画之中。从最终的票房和口碑来看都没能探索出一条国产动画电影新的发展之路。

近几年来，随着一批国产动画电影在票房和口碑上都取得不错成绩，让人们看到了国产动画电影的复兴发展之路。以《西游记之大圣归来》《大鱼海棠》《哪吒之魔童降世》等影片为代表，逐渐探索出一条国产动画电影新的发展路径，也为中国传统文化在动画电影中的现代性转化提供了有益启示。动画与传统文化这一新一旧之间，在融合表达上本身就存在范式转换的问题。同时，面对国际电影市场和国际文化环境，我们在创作具有中国特色的动画作品的时候，借鉴传统文化的同时还要努力扩大中国动漫的国际化生存空间，摒弃早期对传统文化进行符号化的解读和创作，停留在西方视域下对东方的注解，立意更加高远，利用世界共同语言，在讲述中国故事的同时建构具有人类命运共同体的精品力作。从近几年成功的案例来看，都是借鉴了传统文化。但是在当前语境之下，传统文化应该如何转化是我们在创作过程中面临的重要问题。早期全面民族化的形式在当下社会文化语境之下已经有了较大审美距离，需要我们结合当前现实条件重新思考如何在新时代实现传统文化在国产动画电影中的转化。对传统文化的运用仍然要面临上述对传统文化内容、角色形象塑造和表现形式的讨论，我们在探讨当前国产动画电影创作时也主要以这三个维度来分析。

（一）对传统文化故事内容的讲述方式

早期国产动画电影对传统文化内容的表述绝大多数都是对原始文本的复现，追求的是对传统文化经典文本的还原。无论是《铁扇公主》还是《大闹天宫》，都是在《西游记》中选取经典桥段来还原。处在发端时期的国产动画电影，由于影像实践经验的缺乏，在借助动画的表现手法之上创作出一系列作品，具有开拓性的先驱作用。而当下如果动画电影在制作中，仅仅满足于对经典传统文化的还原已经不能适应当下的文化语境和观众的欣赏习惯。尤其是传统文化，很多经典的桥段都被各种艺术形式改编创作过，观众对这些情节都非常熟悉，单纯的增加几次文本复写已经不能引发观众对审美的需求，审美的高峰体验不再。如果陷入传统文化的原始文本的窠臼之中，现在相比早期动画电影的制作，只是制作技术更加精良，视觉表达手段上更加丰富，而对人物的塑造、故事深度的挖掘并没有新的创作向度，从结果来看就不能取得优秀的口碑和票房成绩。在后现代语境下，面对传统文化中的经典文本，不再是仰视和膜拜，而是拿来解构和再创造的对象，当然这种解构和再创造不是抛弃和进行虚无主义的改写，而是从新的向度让传统文化中的经典文本焕发生机和活力。

近几年的国产动画电影中，对传统文化的转化表现在选取经典文本的人物角色和故事发生背景方面，但是故事表述线索已经和原始文本已经没有太多关系，而人物形象也和之前产生较大差异。故事发展更加具有世俗性和社会性，体现出后现代文化中的解构性。《大圣归来》就树立了对传统文化改编的新原则，不再纠结于原著故事发展，而是通过再创造，重新设置故事情节和戏剧冲突。影片故事背景选择在孙悟空大闹天宫后被压在五指山下，被江流儿无意中揭开了封印，在帮助江流儿的过程中完成自我救赎的故事。从影片故事来看，已经完全脱离原著的情节线索，借用原著人物原型，展开新的故事写作，加入新的人物和事件，让神话人物的行为动作和剧情发展具有世俗性，拉近与观众之间的审美距离。相比原著中的故事，现代性转化后的影片故事内容更加符合当前文化语境和观众欣赏习惯，从神性主题中回到世俗性中，与现实社会生活更加贴近，因而可以引发观众更加广泛的共鸣，取得不错的票房成绩。《大鱼海棠》的故事创意源于庄子《逍遥游》中"北冥有鱼，其名为鲲，鲲之大，不知其几千里也"，融合了上古神话女娲补天和《搜神记》的元素。以这些传统文化元素为背景来建立影片的世界观，而故事内容则是重新建构，讲述了少女椿为报恩努力复活人类男孩鲲的灵魂的故事。故事情节和传统文化并没有太大关联，而是使传统文化中一些元素为故事发展服务。《哪吒之魔童降世》借用了《哪吒闹海》的背景和人物原型，重新解构故事，让哪吒杀死龙王三太子的故事变为宿命主宰下善恶对立，与命运抗争的问题，同时将故事的外延扩大到世俗社会对故事的参与。原著中主要表现的是神话人物的命运问题，而经过改编之后，神话人物不再是高高在上的，而是参与到世俗社会的评价体系之中，受到世俗社会的规训，哪吒性格和命运逐步发展的过程就是逐步社会化的过程，在守卫社会善良正义的同时完成个人命运的救赎。通过对传统文化中故事的改编，让故事的讲述和发展脱离神话的神性光环，拉近与观众之间的审美距离和心理距离，在接受中容易引发更加广泛的共鸣和共情，取得更好的传播效果。同时，让影片文本承担更多社会性关照和时代视野，更加具有广泛的现实意义，这也是让传统文化在新时代产生新的生机和活力的有效路径之一。同时，将社会规训、社会集体道德等主流意识形态的表达与人物人伦情感评价完成置换，让主流价值在叙事层面的表达更加巧妙和流畅，不会因为价值的表达阻碍叙事的流畅和完整。❶将意识形态的诉求推到叙事发展的后景，将对故事发展中的情感伦理评价置入前景，将个体与集体之间的冲突隐藏，凸显的是魔童与周围环境的对立，用具体行为代替空洞概念的说教，更加符合欣赏和观看机制，更加有利于观众对故事文本的接受和欣赏。

---

❶ 张明浩，陈旭光．"电影工业美学"视域下《哪吒之魔童降世》的"工业""美学"之道［J］．电影评介，2019（15）：25-30．

（二）对传统文化中人物角色的塑造形式

人物形象塑造是影视作品创作中的重要组成部分，合乎情感逻辑和事实逻辑的人物形象是故事剧情发展及戏剧动作展开的依据。艺术作品中的角色塑造需要多面、立体，让人物性格具有丰富性，具有可供开掘和发展的空间。传统文化中的角色形象大多具有很高的辨识度和典型性的特征，在改编和现代性转化的时候如何在保留原著人物角色的精神特质之下发掘出新的维度是传统文化经典在现代性转化中的重要命题和挑战。早期国产动画电影对人物角色的塑造同样是遵循原著的刻画和标准，力图让文字上的形象进行栩栩如生的影像化表达。这种改编和塑造模式在当下语境中同样会遇到上述关于故事改编的问题，我们将通过一些案例来看如何进行现代性的转化，让经典人物形象产生新的时代特征，获得更加广泛的现实语境。

中国神话故事和古典文学一直都是我国动画电影创作的重要素材。在对神话人物进行现代性转化的时候，有一个很重要的问题就是对人物塑造中的视点问题。为了适应现代社会文化语境，面对网生代观众和后现代的文化表征，我们不能再一味地仰视和崇拜神话英雄人物，否则不利于在更加广泛的观众中获得积极的传播力。在传统文化语境中的人物角色更多带有神性光环，缺少世俗特征和人类共同情感的表达。在对传统文化中人物形象的重新塑造中，注重角色共情特征的表述成为近几年国产动画电影创作的一大特征。英雄人物在遵循原著经典性格特征的同时，为角色注入人类普遍共同情感的关照，兼具神话色彩和世俗性。《哪吒之魔童降世》中打破了神话故事中的人物原型，一开始就用标签化的方式为人物贴上善恶的二元对立，但是在具体人物成长和角色发展过程中却没有以标签化的方式处理，打破了最初人物的善恶二元对立，让人物角色在动态发展中展现出更多的立体和丰富性。在哪吒的人物设计上除了保留了神话人物特性，加入了哪吒作为孩童的特征，呼应了魔童的人物设定。在暴戾的性格中逐步展现哪吒作为孩童天真可爱的一面。即使从出生便代表着邪恶的化身，但在与环境的对立中逐步成长，到最后结出善的果实。将人物形象鲜活地呈现出来，让人物的设定脱离神话故事的限定，还给人物更多发展的自主性，赋予人物更多的人的特点，面对命运的抗争和善恶的选择，让观众可以在观影过程中获得更多的替代性感受。

对于传统文化素材，我们不能止于翻拍和复写，而是要在深刻文化内涵的基础上，结合新的时代语境进行二度创作。为故事赋予更多的想象空间和现实意义，为人物保留更多成长空间，抛开神话框架对于人物的限定和束缚，让人物的塑造落地生根，拉近与观众的审美距离。

（三）创新表达方式：古典美学主张与现代性的碰撞

面对传统文化素材与现代文化语境的碰撞，我们要结合各自优势，在表达方式上寻求创新。古典文化拥有丰富的创作素材，具有民族特色的中国古典美学特征，而当前社会文化面对的是网生代观众，后现代文化表征下培育的观众群体拥有鲜明的接受习惯和欣赏习惯。再者，当前是世界文化交流互鉴的时期，我们在创作时还要考虑世界范围观众的欣赏和接受习惯。因此，种种新的文化表征要求我们在创作中要创新表达方式，实现民族语言的世界性表达，才能让国产动画电影获得更加广泛的生存空间。

早期国产动画电影借鉴了大量中国古典美学创作风格的方法，将民族特色发挥得淋漓尽致，树立了国产动画电影的民族风格，形成了国产动画学派的风格特征。随着文化语境的变迁及美学主张的嬗变，我们需要在此基础上进行现代性转化的尝试和改变。早期动画电影的美术风格突出，但更多还是体现为二维平面特征，在这方面和中国古典绘画美学特征保持着高度一致。当前，我们需要在保留古典美学写意风格的基础上实现三维立体空间的建构。无论是《西游大圣归来》《大鱼海棠》还是《哪吒之魔童降世》，都实现了视听语言的现代性转化，更加符合电影语言的表达习惯，在处理透视关系上更加成熟和完备。但画面风格上并没有抛弃中国古典美学的特色，在空间处理上仍然保留了中国山水画的风格特点，在写意风格的营构上下足了功夫。电影语言是综合表达形成的合力，需要在画面元素和声音元素的综合作用下为故事讲述和人物塑造服务。当前国产动画电影在制作语言上逐步与世界接轨，电影程度越来越高，表达手段也越来越成熟。

在互联网语境下，网生代观众具有新的特点，要调整影片的语言、行为方式。❶青年文化盛行，以草根化和平民化表述，吸收"恶搞""无厘头""囧"文化等新的大众文化表征，利用互联网更容易召唤青年观众，打造具有广泛传播效果的作品。对网络IP改编的热潮，利用网络文学的通俗性、流行性、娱乐性和狂欢特征，容易找到网生代目标观众。在《哪吒之魔童降世》中对人物语言特征进行了方言化处理，甚至使用一些网络流行语，让影片的表达更加贴近观众的现实生活，让影片人物形象也更加鲜活立体。

日本动漫在日本对外文化输出和文化产品出口中一直占据着重要比重，也是国家文化名片的重要组成部分。《你的名字》的海外票房收入占总票房的三分之一。出口地区主要面向亚洲地区，尤其是近年来的中国市场，在2016年进入中国市场的11部日本电影中有9部是动漫电影。因此，实现国产动画电影的国际化表达对于文化输出和文化自信具有重要意义。长久以来，东方文化面对本土传统文化的写作时都容易陷入东方主义的视野，对传统文化进行他者描述，在文化输出中为了迎合海外市场，导致

---

❶ 杜臣弘宇.论中国动画电影《哪吒之魔童降世》[J].中国包装, 2019, 39（11）: 44-46.

对传统文化表述的扭曲和误读。在对传统文化进行现代性转化时，需要注意的就是防止对本民族文化进行符号化、标签化的解读和创作。长城、灯笼、龙、对联、京剧脸谱仿佛在很长一段时间都代表着中国和中国文化。2019年奥斯卡最佳动画短片提名中的中国作品《冲破天际》讲述了一个小女孩的航天梦想。以梦想为核心主题，获得了世界性的关注和认可，而不是利用传统中国民族元素堆砌获得文化认同。这个例子就提示我们在讲好中国故事、传递中国声音的时候要转换表达方式，站在人类命运共同体的高度进行思考和创作。

三、结语

随着近来几部国产动画电影不断取得较好的票房成绩和口碑，国产动画电影探索出一些制作方法，对国产动画电影创作提供了一些有益启示。首先，在题材的选取和针对的目标人群上应该摆脱只面向低幼年龄群体的创作思路，动画电影不应该只是低幼群体的专属文化产品。无论是日本动漫还是好莱坞动漫，都具有较为广泛的目标受众，让动漫电影可以传递更加广泛的文化价值和社会意义，同时也可以让动漫电影的市场价值最大化。其次，面对传统文化，我们不应该只是亦步亦趋的模仿和复写，要实现从文学语言到动画表达的转化，发挥动画电影自身的特点和优势，不再只是局限在文学创作的思维中。传统文学创作中对故事的讲述和人物的刻画是建立在文学语言上的，在改编创作经典作品时要完成不同语言之间的转化和跨媒体的转化，适应动画的画面语言表达，建构自身独立的美学形态。同时，在将传统文化代入现代文化语境之时，要注重现代性转化，为传统经典文化注入新的时代内涵。当然，注入时代内涵，为文化经典添加世俗性的时候不能丢掉文化经典的本色。世俗化不是泛娱乐化，世俗性是对人类共同情感的关照和表达，不能陷入流俗，丧失文化品位。再者，当前中国电影正在努力提升中国电影的工业基础，在国产动画电影创作中也应该遵循电影工业美学。电影工业并不只是技术层面的要素，更主要是电影作为工业的生产运行机制。电影工业美学的内在观念是将电影视作一种创意性文化产业，遵循消费逻辑。从研发故事创意、剧本策划、导演介入、拍摄制作、宣发、衍生品的开发，做到"创意为王""知识产权"、全产业链开发。从技术、工业体系层面来看，要增强电影的视觉表现力，电影工业召唤类型元素，对视听表现力的要求提高。[1] 同时还要将制片人制度纳入电影工业管理的中心环节，在创作中要对市场和观众负责，努力取得更好的传播效

---

[1] 张明浩，陈旭光."电影工业美学"视域下《哪吒之魔童降世》的"工业""美学"之道[J].电影评介，2019（15）：25-30.

果和更大市场价值。最后，不能局限在单一文化语境中，要以人类命运共同体为指向，创作更多立意高远的世界性作品。跳出西方话语体系和东方主义对东方文化的规训和教条，去符号化、去标签化，使用世界性语言讲述本土故事，扩大作品的国际化生存空间。积极通过动画电影对外文化交流，在更加广泛的文化空间中形成良性的互动机制，彰显新时代国产动画电影的时代特征。

（作者汪举仁系中国传媒大学戏剧影视学院博士研究生）

后亚文化视域下"土味文化"的内容表征与社会意义

摘 要: "土味文化"是近年来伴随着"快手""抖音"等短视频平台的爆发而诞生的一种后亚文化形式,它的主要受众是广大的三四线城市及以下的青少年群体。"后亚文化"概念作为"后现代社会"概念在亚文化领域的派生,关注的是年轻人碎片化、个人主义的"后现代经验"及其在年轻人建构自身文化身份中的意义价值。本文在通过亚文化到后亚文化范式流变的基础上运用案例分析法,以"土味文化"为例,分析"土味文化"的特征和发展及其与亚文化相比所具有的新的内容特征,如弱政治性娱乐消费占据主导、从作为青年群体的生存策略转变到交往方式、由"无视"媒体到"重视"媒体等,阐述后亚文化研究带来的思考。

关键词: 后亚文化;土味文化;内容表征

"在任何时期,青少年首先意味着各民族喧闹的和更为引人注目的部分。"[1]青少年亚文化,日益受到社会的关注,成为当下文化的一大焦点。从早期欧美的光头仔、摩登派、摇滚一代到今天国内嘻哈文化的兴起、流行歌曲的风行,可以说是"你方唱罢我登场",令人眼花缭乱。如今,面对后现代理论的冲击,传统的亚文化理论必将受到影响,"后亚文化"概念作为"后现代社会"概念在亚文化领域的派生,与传统的青年亚文化相比,必将具有新的内容特征。"土味文化"是近两年最为流行的文化现象之一,在很多方面都代表着青年亚文化在进入后现代视域之后发生的转变,因此,本文将"土味文化"作为研究对象,阐述以"土味文化"为代表的后亚文化具有的风格和特征。"土味文化"诞生于中国特有的媒体土壤,智能手机的广泛普及、短视频App的野蛮生长、网红经济的快速增长都在推动着"土味文化"的发展。"土味文化"与芝加哥和伯明翰学派时期的青年亚文化既有相似之处,也存在很多不同,本文将以"土味文化"为例,分

---

[1] 埃里克·H.埃里克森.同一性:青少年与危机[M].孙名之,译.杭州:浙江教育出版社,1998:12.

析亚文化在进入后现代视域后发生的转变并由此带来的影响。

一、理论梳理

（一）亚文化的起源和发展

"亚文化"这一术语究竟从什么时候开始被用来描述青年在视觉上和行为上所具有的显著感性特征，我们尚不清楚。虽然19世纪的慈善家亨利·梅休的著作还没有提到"亚文化"，但从中可以看到"亚文化"理论的基础。[1] 亨利·梅休对于伦敦贫困地区人们生活的研究，促成了一种对于手工业城市环境中的贫困问题的本质和根源的新的公共意识。尽管亨利·梅休的著作不是专门针对青年群体，但是这些作品对于亚文化的提及，已经暗示出一个由种种越轨行为构成的复杂的关系网络，"穷人"将这种关系网络作为他们日常生活过程中的一种生存手段。如亨利·梅休对于亚文化概念的这种宽泛的理解，恰好使得它成为日后芝加哥城市学派社会学的核心框架。

亚文化作为一个研究领域而不是一门学科，其发展历史大概经历了两个主要发展阶段，分别是芝加哥学派的"越轨行为"研究和伯明翰学派对工人阶级青少年群体的研究。

芝加哥学派代表人物罗伯特·帕克、阿尔伯特·科恩、霍华德·贝克尔等纷纷走出象牙塔，以芝加哥城市的分裂和社会无序为中心，从"种族、越轨、矫正、融合"等关键概念出发进行研究。芝加哥学派对于青年亚文化的研究重点体现在"越轨行为"中，详细说明了越轨亚文化群体是如何对其各类越轨行为进行规范的。

伯明翰学派时期的青年亚文化研究，在一定程度上受到了芝加哥学派"越轨行为"的影响。然而，《通过仪式抵抗》发表后，伯明翰学派对亚文化的研究从之前的对社区和区域的关注转移到对阶级的宏观透视，青年亚文化在此被当作阶级斗争的指示器。对亚文化的收编过程的关注是伯明翰学派研究的另一重点，亚文化的收编主要依靠两种方式，分别是商品形式和意识形态形式。伯明翰学派的亚文化研究始终与阶级、政治结合在一起，忽略了娱乐等其他因素，而在后亚文化语境下，娱乐和消费却成了重点因素。

（二）从亚文化到后亚文化范式的转变

后亚文化时代可视为后伯明翰时代的同义语，伯明翰中心的学者们赋予青年亚文化的那一种浪漫情结已被悄悄解构，它意味着一个更为典型的后现代形态的青年亚文化已经登场。

---

[1] 安迪·班尼特，基斯·哈恩-哈里斯. 亚文化之后：对于当代青年文化的批判研究[M]. 中国青年政治学院青年文化译介小组，译. 北京：中国青年出版社，2012. 4.

史蒂夫·瑞德海德和大卫·马格莱顿认为，如果说以结构方式确立起来的亚文化概念以前就一直存在问题的话，那么，它对于当代青年文化已经日益成为多余的概念。由于风格、趣味、身份认同之间的联系已经日益变得很不牢固，并且这种联系更具流动性，因此，各种亚文化的区分已经失效了。❶ 如同史蒂夫·瑞德海德和曼彻斯特通俗文化研究所对舞蹈音乐场景进行的研究一样，后工业化的组合效应及日益增多的适用于青年人的非正式的空闲时间已经产生一种新的"舞吧文化"，这种文化消解了诸如阶级、种族和社会性别等结构性的区分，舞池里的大众已经全部消融在舞厅体验当中了。

1987 年由钱伯斯提出的"后亚文化"作为"后现代社会"概念在亚文化领域的派生，吸取了后现代的诸多特点，对亚文化理论进行了一定程度上的解构。它不再认为青年亚文化状态是伯明翰学派提出的抵抗与顺从、表达与镇压、支配与从属、正常与过失的简单对立关系，而是重点强调当下青年亚文化的复杂性和变化性。后现代的"去中心化"、打破"一元叙事"在后亚文化理论中也得到了很好的运用，后亚文化研究关注广大青年碎片化、个人主义的身份建构和表现方式，研究对象是后现代主义和文化、经济、全球一体化背景下的青年亚文化群体及现象（见表 2-1），他们"用'生活方式''场景''新部落'等新概念来重新阐释全球化背景下成长起来的青年亚文化群体的日常生活状态和行为方式，后亚文化研究者认为这些亚文化群体身上更多的具有短暂性、碎片化、个人主义等后现代特征"❷。

表 2-1　不同时期青年亚文化的比较

时期	亚文化时期		后亚文化时期
学派	芝加哥学派	伯明翰学派	—
关键词	世代模式、种族、权力、阶层冲突等	结构模式、风格、仪式抵抗、收编、阶级等	场景、新部落、亚文化资本、有品质的生活方式
研究对象	流浪汉、青少年犯罪者、职业舞女、吸毒者等	摩登族、嬉皮士、朋克、无赖青年等	御宅、二次元、"土味文化"等

二、作为后亚文化形式之一的"土味文化"

"土味文化"在网络世界的诞生已经不是新鲜的话题，但是，近两年却有暴风增长的趋势。伴随着短视频 App 和直播软件的兴起及网络经济的诞生，"土味文化"逐渐在年轻人中兴起，成为最受欢迎的亚文化形态之一。

---

❶ 安迪·班尼特，基斯·哈恩-哈里斯.亚文化之后：对于当代青年文化的批判研究[M].中国青年政治学院青年文化译介小组，译.北京：中国青年出版社，2012：14.

❷ 何川.大学生"御宅族"亚文化研究[D].重庆：西南大学，2014.

（一）"土味文化"的定义

"土味文化"是伴随网络直播视频流行起来的一种网络文化，其形式和内容包括土味视频、社会摇、喊麦等。

2017年是"土味文化"在网络上开始产生影响的一年，网络流行语也有一部分出自"土味文化"，如大家熟知的"dei！dei！dei！"就是来源于快手上的两个老奶奶，一个老奶奶用方言讲着各种大道理，另外一个老奶奶就负责应和她的话，每次惯用的台词就是"deideidei，讲得dei。"随着该短片的热议，其中的流行词也被大众借鉴到了日常生活中，互相打趣附和。

2018—2019年，"土味文化"不仅没有退出市场，反而有愈演愈烈之势，土味表情包广泛传播、土味应援逐渐"出圈"、土味歌曲和舞蹈也受到极大的欢迎，仿佛一夜之间，"土味"笼罩着每个人的生活。

（二）"土味文化"的主要受众

"土味文化"的发源地为"快手"——这个饱受争议却仍有大面积受众的视频软件。而快手上最火爆的内容无非是喊麦、吃一些乱七八糟的东西、秀丑、炫富，简简单单的视频便能俘获几万甚至几十万的点击量。几位著名的"土味明星"，如"giao哥""大皇子""高飞老师"等都来自快手，他们的直播内容接地气、不明所以甚至有点低俗但是却很受欢迎。不仅在快手上，在哔哩哔哩、"giao哥"的视频已经达到了356万的点击率。

根据2018年企鹅智酷《快手&抖音用户研究报告》，快手在三、四线及以下城市的用户占比高达61.2%，30岁以下用户占比86.2%，本科以下学历用户占比67.1%，由此可见，快手受众往往是三、四线及以下城市、受教育程度不高的年轻人。与抖音相比，快手的总用户量及日活跃人数都毫不逊色甚至在用户量方面远超抖音，大有"农村包围城市"的趋势。

（三）"土味文化"的核心特点

1. 原生态、接地气

"土味文化"的特征离不开"土"，所谓的"土"则意味着原生态、接地气。"土味文化"中最具代表性的土味视频和直播内容不是目前广受欢迎的美妆、同人剪辑、穿搭及旅游，而是跳让人啼笑皆非的舞蹈、编排一个十分接地气的小故事，甚至只是对着镜头和粉丝"唠嗑"。快手红人"大皇子"每次直播都会进行"才艺表演"，利用廉价搞笑的服装跳没有技术含量的舞蹈，场地不限，田野、卫生间可以成为最好的舞台，甚至自己养的鸡也会出境。这种土味、天然、不加修饰的内容往往能够引起受众的猎奇心理,一边吐槽,一边大笑。

2. 特殊的语言符号

"土味文化"具有特殊的语言符号,它包括方言、俗语甚至是没有含义的拟声词。2017火爆网络的"dei！dei！dei！"就是江西地方语言;"社会道路都在走,做人做事别做狗";"今天你对我不睬不理,明日我让你高攀不起"等语录都是出自"快手"平台;没有任何含义但却风靡一时的"一给我里giaogiao"和"苏喂苏喂"分别出自"快手"网红"giao哥"和"大皇子"。这些搞笑、土味的语言符号不需要具有深刻的含义,但必须契合当代年轻人的笑点,能够引起受众的共鸣。

3. 强烈的商品性

"土味文化"脱胎于消费社会,因此不可避免地具有强烈的商品性。在消费社会语境下,文化的消费可被划分为不同的层次,人们既能够享受较高品位的、精致化的文化产品,又能够寻求简单的压力纾解和情绪发泄的方式,"土味文化"属于后者。在"土味文化"受到广泛欢迎后,必将被平台打造成商品,具有了消费意义。粉丝观看直播的打赏行为是典型的消费行为,甚至点开视频所花费的流量也是平台和个人重要的盈利途径,将文化产品转变为商品形式是青年亚文化重要的"收编"方式之一,"土味文化"也不可避免。

三、后亚文化视域下"土味文化"的内容特征

"土味文化"具有明显的青年亚文化的特征,但是却不同于伯明翰学派的界定。伴随着后现代时代的到来,青年亚文化理论受到了重要影响,后亚文化理论逐渐走进大众视野,近两年广为流行的"土味文化"在后亚文化视域下相比伯明翰学派时期的青年亚文化产生了新的内容特征,概括而言,主要有以下三点。

(一)娱乐消费代替强政治性占据主导

伯明翰时期的青年亚文化,如无赖青年、摩登族等都具有鲜明的政治性,无产阶级青年群体将符号作为自己的斗争舞台,以惊世骇俗的亚文化作为自己的武器来进行阶级斗争。到了后亚文化时代,随着阶级、地位、种族等结构性的解构,亚文化不再具有鲜明的政治性,而是更加追求娱乐消费。2018年大热的"土味文化"已经很难体现伯明翰时期亚文化的政治性,更多的是消费时代下的对利益和流量的追求。作为"土味文化"发源地的快手App本身就是商业公司开发出来用于盈利的软件,盈利的主要途径是流量和广告收入,而所谓的"快手红人",收割流量和获得关注是他们的主要目的。

另外,相比迪克·赫伯迪格在《亚文化:风格的意义》里介绍的几个案例,如光头

仔、朋克及嬉皮士都在一定阶段成为社会流行现象，他们的行事作风及装扮成为当时年轻人争相模仿的流行元素，这种小众的装扮风格在一定程度上是对主流阶级的抗争。"土味文化"尽管在近两年受到了极大的关注，但是受众仅仅将其作为自身娱乐的一种手段而不会在生活中模仿，当受众在观看"giao 哥"和"大皇子"等人的直播时，仅仅是为了即时的娱乐，而不是出于想要追星和模仿的目的。因此，当你在快手 App 上观看土味网红的直播时，往往同一时间在线和你一同观看的人数高达几十万人，但在大街上、商场里却很难看见有人穿着和土味网红一样的服装或者留着一样的发型，对土味网红的追随仿佛在直播结束时就已经走到了尽头。

不再拥有强烈政治性的"土味文化"在消费社会里能够更加合格地作为商品而存在，后亚文化已经很难作为阶级斗争的武器和身份认同的手段，"土味文化"作为商品而受到欢迎不是其具有多么强烈的政治意味，而是其自身具有一定的吸引力和购买价值，"刘能"的手机壳、"赵四"的文化衫，"giao 哥"的表情包已经很难说出其内含的政治性。同时，亚文化政治性的逐渐消失离不开政府的重视和管制。在不断规制和整改下的"土味文化"与伯明翰时期抵抗的青年亚文化已经不可同日而语。

随着后现代时代的到来，阶级、身份、地位等结构性的元素逐渐解构，亚文化在后现代语境中产生了新的效应，作为亚文化最显著的政治性在面临诸多现代性元素的解构时也不得不退出一线，让位于消费主义和娱乐。

（二）从青年群体的生存策略转变到交往方式

伯明翰时期的青年亚文化诞生于第二次世界大战后，当时西方社会工人阶级地位低下，因此，工人阶级青年群体运用亚文化来抵抗资产阶级的压迫，亚文化成为他们的一种生存策略。但今天的情况已经发生了翻天覆地的改变，随着结构性的逐渐消解，亚文化更多地成为一种交往方式。

以"土味文化"为例，其从诞生之初就不是作为特定阶级的生存策略而存在的，而更像是年轻一代特定的社交形式。土味表情包的流行就是最具代表性的例子，土味表情包将"土味文化"和社交完美结合，开始于长辈的微信群，后来深受年轻人的喜爱，可以说，年轻人已经成为土味表情包的主要用户。快手红人"giao 哥""高飞"等网红及《乡村爱情》中的"刘能"和"赵四"是土味表情包的主要贡献者，如果有年轻人不了解这几位的表情包，那么他很可能落伍了。

上文提到"土味文化"的特征之一是具有特殊的语言符号，而这些语言符号在日常生活中也受到年轻人喜爱，如"戏精牡丹"开创的语气词"惹"，在任何一句话的结尾都可以加上，没有具体的含义，但是却很受年轻人尤其是女性的欢迎。一些"土味语录"往往也会出现在年轻人的日常交往中。新一代的年轻人在日常交往中更多的是追求生动有趣，无论是土味表情包还是土味语录之所以受到欢迎，在很大的程度上是因为它们能够缓解当代年轻人之间交往的"尴尬"和"生疏"，尽快拉近彼此之间的距离。

"土味文化"渗透在年轻一代的日常生活中，成为年轻人社交的方式之一，同时，"土味网红"也聚集了一帮粉丝，成为粉丝之间沟通和交往的桥梁。一方面，粉丝日常在超话（网络流行词，是超级话题的简称）需要履行签到的职责，互相沟通点赞，甚至会团结起来和其他同类型的网红竞争，这几乎等同于当红明星粉丝圈的日常活动。因此，粉丝内部也会根据平时的观看直播、应援活动等进行交流和沟通，这种形式的交往虽然只是粉圈内部的行为，但是却在不同程度上产生了一定的影响。另一方面，对"土味文化"的吐槽也成为年轻人日常交往中常见的现象。

无论是"土味文化"的喜爱者还是反感者，都在日常交往中受到了"土味文化"的影响，"土味表情包"更是在年轻群体中广受欢迎，后亚文化范式下的"土味文化"已经不再背负生存策略的重担，而是成为日常交往的新方式之一。

（三）由"无视"媒体到"正视"媒体

关于伯明翰研究中心青年亚文化研究的一个主要批评，就是认为它无视了媒体的存在。诚如英国文化理论家萨拉·桑顿在她的亚文化研究名著《俱乐部文化：音乐、媒介和亚文化资本》一书中所言，是"将亚文化看作混沌世界中的一个透明的小天地，仿佛亚文化生活在言说一种绕过传媒的真理"。[1] 萨拉·桑顿认为伯明翰中心对传媒在亚文化内部的建构功能视而不见，反之视传媒与资本和商业为一路，最终只是亚文化形成和传播的工具。相反，后亚文化研究强调，各式各样的传媒形式各尽所能，有助于最初分散零落的片段聚合成日渐明晰的亚文化形态，一方面强化了它们的反叛色彩，另一方面也延长了它们的生存周期。

2018年以来爆发的"土味文化"发端于快手，后来不同程度上在微信、微博及抖音等社交媒体获得关注，成为当年最受关注的文化现象，不得不说，"土味文化"的逆袭媒体功不可没。较为知名的几位"土味网红"自身所带的流量已经堪比一些二、三线明星，"giao哥""大皇子"等"土味网红"的领跑者都登上微博热搜数次，"giao哥"甚至参加了当红综艺《中国有嘻哈》，并且得到了广泛的关注和支持。"土味文化"的成功"出圈"离不开新媒体的平台，微博上的土味博主如"土味老爹""土味挖掘机"，他们日常在微博分享各类土味视频、土味段子，以此来获得流量。

新媒体的火热使得"土味文化"有了茁壮生长的土壤，受众的多元选择使得不同风格的文化产品能够同时出现在各类平台。后亚文化时代已经无法再忽视媒体的作用，相

---

[1] 陆扬. 从亚文化到后亚文化研究[J]. 辽宁大学学报（哲学社会科学版），2012，40（1）：121-127.

反,正是媒体的不断发展和创新,才使得各种亚文化形态能够获得关注而逐渐壮大,透过新媒体的窗口,我们更能看见后亚文化各种形态的诞生和演变。

四、结语

后亚文化时代的到来,使得曾经风光一时的伯明翰学派的亚文化研究再次遭到质疑和批判。"土味文化"作为后亚文化的形态之一,相比伯明翰学派的亚文化理论已经发生了转变,它不再追求鲜明的政治性,而是以娱乐和消费为主。同时,对于受众来说,"土味文化"显然不再是一种工人阶级青少年的生存策略,而是部分现代化"新青年"的一种交往方式。当然,"土味文化"的诞生和发展离不开新媒体的助力,媒体称为后亚文化各类形态滋生的土壤之一。不可忽视的是,作为后亚文化群体,其不再像伯明翰学派时期的工人阶级青少年群体那样拥有特定的身份和阶级,而是更加多元且具有流动性,这得益于网络世界的虚拟和匿名,也是后现代视域下结构性逐渐解构的结果。

后亚文化时代的来临使得媒体的力量更加凸显,娱乐和消费成为主流,这使我们不得不反思,消费时代下的文化产品和形态是否还能承担其自身在社发展中的职责?文化的教育功能在全民娱乐的环境中能否实现?媒体成为我们接触文化产品的主要方式,伯明翰时期亚文化的"抵抗"和"反叛"在娱乐和社交中消失殆尽,面对如今的文化现状,媒体发挥着日益重要的作用,仅仅套用伯明翰学派对关于亚文化的理论,无法全面解释当前社会。因此,对媒体的重视和更加精准的把关成为时代的必然要求,也正是从亚文化到后亚文化最重要的转变之一。后亚文化研究给予我们诸多的思考,一味地批判和宣扬都不是正确的对待方式,结合伯明翰学派的亚文化研究,关于后亚文化现象还有很多值得思考和研究的问题。

(作者章倩倩系安徽大学新闻传播学院硕士研究生)

图景—谵妄：新媒体装置艺术的边界重思

摘　要：后现代艺术图景的出现，源于媒介融合时代的技术创新与审美意象的自我消解，在这破碎零散的图景中，对于永恒精神的虚无挣扎，当代新媒体装置艺术感到怀疑与失落。与此同时，面对图像文化的生产与消费的事实，新媒体装置艺术已从视觉化消费过渡到精神化谵妄，艺术创作已然回到欲望的本源，当代新媒体装置艺术的"沉浸式"被彻底消费。在媒介与技术、图景与意象、谵妄与真实的边界重思主体的话语显得尤为重要，因而将后现代图景阐释与米歇尔·福柯对谵妄的哲学分析相连接，找寻将当代新媒体装置艺术从世界图景的隐匿中解救出来的方法，展示一个被生产—消费且真真切切记录着我们这个时代的失落与颠覆。最终让新媒体装置艺术自身在这个边缘时刻去超越图景，从谵妄走向主体的自觉。

关键词：图景；谵妄；新媒体装置艺术

艺术的全球化进程从文艺复兴时期已成使然，随着欧洲势力的不断壮大，这股力量便向全球蔓延开来。全球化发生的同时，"工业革命和殖民化进程树立了一个以强加的西方文化为依据所塑造的星球的形状"❶。文化作为一种霸权在世界各地开枝散叶，工业革命和殖民化进程树立了以西方主体文化为中心的主流话语。文化艺术也逃脱不了这个禁区，20世纪中后期，技术和媒介的发展改变了原有的传播体系，艺术作品平面感的追求，深度模式的消失，机械复制的加剧，艺术作为一种被普遍化和大众化的对象，让现代艺术突然进入崇高理性与精神虚无的边缘。此时此刻，后现代艺术顺势而为，试图通过自我解构甚至自我毁灭的方式达到"重生"。因此，意义扁平化、模式复制化、大众娱乐化不断地重新将"无意义"变为"有意义"。特别是对于绘画这样的艺术形态，艺术家将现实世界转化为某种艺术的东西的时候，大多数人不再执着于透视方法或保持立体主义的思维方式，而是转向去追寻其中隐藏的美学意义。

---

❶ 赫拉尔多·莫斯克拉. 无界之岛：艺术、文化与全球化[M]. 孙越，译. 北京：金城出版社，2014：16.

一、图景让艺术走向文化资本

图景在后现代语境的发展过程中显得十分明显，不论是广告、新闻还是网络直播，都以图像化方式充斥在生活的每一个角落，这正是马丁·海德格尔所预言的"世界图像时代"。图像已成为大众在生活中感知事物和认识世界的普遍形态，恰好是图像主导了人在现代生活中的存在方式，所有的图像生成的景象皆会成为更具象、更生动的图景操纵着现代生活。图景作为一种视觉观看的方式逐渐被资本力量所控制，其表现的特征："一方面，传统意象及其体验模式的消解；另一方面，随着消费社会的到来，随之出现的意向消费化浪潮。"❶ 从 20 世纪以来的艺术发展和经济发展状况来看，消费欲望成为产品不断生产的直接动因。特别是"新马克思主义"观点对于人们操控和操纵消费的机会愈发高涨。产品作为市场主体青睐的对象，广告、媒介甚至艺术本身也随之纷纷抢占了市场的份额，艺术复制品受到了史无前例的宠爱。以安迪·沃霍尔的"布里洛盒子"到玛丽莲·梦露的个人肖像，在主体艺术想象被公众所接受的同时，弗雷德里克·杰姆逊把这个现象称为"'物化'，形象的物化，作为明星的玛丽莲·梦露被变成了一种商品，一种形象……商品形式是日常生活中的核心经验，这样的商品化艺术作品充满着政治意味"❷。所以在这样的艺术作品中我们看到了它对于社会秩序的挑战，也感受到社会关系中阶级、地位、名声和资本的差异性。

因此图景时代的到来不仅表现在媒介技术的转变，更体现在生活方式的改变。人们除了物质欲望的满足，闲暇时间的剩余让他们开始旅游、下午茶、购物、看艺术展、刷抖音、金融理财，并从这个过程中试探着新一轮财富的消息。在图景到来之际，贫富悬殊的关系只存在于阶级意识的差异上，除此之外，消费的方式甚至消遣娱乐的渠道在媒介融合时代都趋于一致。但是唯一不同的是迈克·费瑟斯通认为的"在消费文化中，还存在着种种声望经济，因此通过解读这样的商品，可以将它们的持有者身份予以等级分类"❸。在后现代主义的扁平化和削平深度的过程中，所有人对于艺术审美都出现了一种现实的审美幻觉，艺术与现实的关系似乎被颠覆，在这个审美幻觉中，大众期待的并非是美学的那层哲思意味，而是在现实生活中找到一个"审美模型"。对生活保持新鲜感，并不会被永恒性的问题追问，导致精神的虚无空洞而感到失落和恐惧。

此时，新媒体装置艺术的到来似乎有一种弥合效用，它将极高理性的价值追求与断

---

❶ 施旭升. 艺术即意象 [M]. 北京：人民出版社，2013：241.
❷ 弗雷德里克·杰姆逊. 后现代主义与文化理论（精校本）[M]. 唐小兵，译. 北京：北京大学出版社，2005：197-198.
❸ 迈克·费瑟斯通. 消费文化与后现代主义 [M]. 刘精明，译. 南京：译林出版社，2000：116.

裂的精神虚无重新缝合。艺术的体验从过去美学崇高的意味发展成为一种感官审美，对于艺术体验的方式从视觉的透视直接过渡到沉浸和非反思性的身体美学。当图景被作为一种文化资本放置到艺术空间的时候，就会发现，新媒体装置艺术可以被用作文化资本关系中的一个影像记录。特别是在费雷德里克·杰姆逊谈到资本主义发展的三个阶段中，第三阶段被称为"晚期资本主义"，这意味着多国化的资本主义让社会需求与商品消费完全结合，大众文化和高雅艺术的间距缩短，因此文化资本在输出和接纳过程中显得更为重要。

（一）文化资本的嵌入形式

文化资本注入艺术行业之后，主要表现为一种艺术表现风格的形成，或是讲话的输出方式。新媒体装置艺术的形成和发展大部分是受到了科技和媒介这两个因素的直接影响。一方面是由物质材料所构成的有机体，在这个过程中进行拆解、重组与翻新；另一方面是以数字技术为媒介的二进制运算，从外观、现实到运作这个过程中，新媒体装置艺术作品通过科技装置、数字影像、立体画面、电子声音交错在一起，以网络交互技术为依托，用交互性体现出人和机器之间的关系建构。当然，这样的艺术形式大过于以往传统的艺术表现和艺术体验，不论是虚拟技术的运用还是现实场景互动，当代新媒体装置艺术以新的艺术语言模式嵌入到当代文化资本的行列中，逐渐成为人们社交和消费的谈资。

（二）被消费的艺术体验

新媒体装置艺术的雏形源于20世纪90年代初期，当时新媒体艺术主要是将装置、表演、摄影和录像等媒介融入艺术实验中，到了2000年便将开始其运用到对社会和文化批评的范畴中。新媒体装置艺术突破了艺术原有的二维、三维空间，使线条、颜色、虚拟空间、声音、触觉和科技手段相互融合，让艺术从视听语言走向人的肢体互动。在媒介技术的助推下，新媒体装置艺术一举成为艺术市场和投资人的棋子，文化资本从过去的书本、建筑、绘画逐渐转移到文化艺术产业，并依照媒介技术的方法对艺术作品进行创造。但这种对象化转移的过程是消费浪潮被掀起的结果，在艺术被商品化的事实中，物质材料和技术研发成为被用来消遣、消费和娱乐的资本。艺术作品在艺术空间深度化的创作中逐渐被"网红"和"爆款"所取代，甚至许多新媒体装置艺术的展览被当作一种商业模式进行资本运作，在技术和艺术的边界权衡中，"沉浸式"艺术体验也成为一种宣传的广告和被消费的对象。

(三) 文化资本的制度变迁

过去，文化资本掌握在资本家手中，而如今所有重要的资本逐渐向大众转移。因为图景作为一种艺术商品化经济的事实，新媒体装置艺术成了一个更吸引大众眼球、更激发大众欲望的对象，艺术创作通过激发互动性和体验感而反被互动性而失去了对美学意味的追寻。但对于保罗·维利里奥来说，速度改变了我们观看、体验和思考的方式，他提出"此地不在，一切都是此时此刻"❶。因此，文化资本制度化导致了我们传统美学经验的消失，特别是对于时间和空间的经验被消耗，所有体验要么通过技术化的装置来实现，要么通过一个屏幕观看得以满足。艺术的纵深感逐渐失去，在此时此刻走向滑落。

感官消费和想象消费促进了图景的构成，后现代艺术创作的现状则是通过感觉视线映透人们的感觉视线和精神状态，通过图像唤醒内心的深刻体验和存在价值。当图像转化为一种社会图景的时候，艺术创作也将生活中流行的图像化为己用，借助图像的意味建构一种现代生活的状态。当代新媒体装置艺术也试图在建构的视觉图像中超越视觉，找到内在的精神图景，用新的艺术实践拓展其艺术发展的边界。

二、谵妄不只是一种艺术影像

在医学领域，谵妄不属于一种疾病，而是一种综合征，主要表现为意识障碍、行为举止无法控制、漫无目的、意识涣散。对于这样一种综合征，在米歇尔·福柯对于《古典时代疯狂史》的研究中有类似案例和理论的分析。其中的一篇文章《我的身体，这纸，这火》中表现出了类似意识涣散、行为和意识不在控制之中的状态，人的状态会处于癫狂和理性之间。米歇尔·福柯对"谵妄"体验为："作为疯狂原则的谵妄，便是运用梦的一般句法的错误命题的系统。"❷ 从这一句对谵妄的概括和话语分析中，以及对于当代新媒体装置艺术内在的特征和无意识的描述中，可以找到研究的另一条可用之路。

首先，谵妄可以体现为意识的游离状态。在后现代主义中，审美的观念从古典主义时期的经典回味变成了一种多元叙事的折中主义美学。这个意识游离似乎变得不确定、随意、谬论或隐藏内心的真实想法。特别是出现的一种艺术批评话语更接近一种陌生化表达，词语的晦涩、语义结构的复杂、符号表征的多元，这样的一种形态让艺术在表达和寻找意味的过程中显得十分失真。在这样一种游离的状态下，似乎谵妄的状态可以让艺术获得另一个图景去思考问题。青年艺术家胡为一在其作品《低级景观》（见图 2-1）

---

❶ 保罗·维利里奥. 消失的美学 [M]. 杨凯麟，译. 开封：河南大学出版社，2018：59.
❷ 米歇尔·福柯. 古典时代疯狂史 [M]. 林志明，译. 北京：生活·读书·新知三联书店，2005.

的一个阐释中与徐冰的《蜻蜓之眼》做了一次对比，《低级景观》作为对客观真实的思考，并非是找到一个被监视的现实参照物，而是在每一个屏幕中都生成了一个图景，这些画面看似毫无关系，却又紧密相连。胡为一试图改变原有的宏观精神和集体主义视角，重构一个新时代的图景。如果说《蜻蜓之眼》是被审视、被监控的现实，它背后是个体和权力之间的关系，那么《低级景观》则是将个人和权力之间的关系变得更加隐形，作为一种谵妄状态的游离，既不做一种集体主义的宏大叙事，也不隐匿个人的社会责任，在青年艺术家的视野中，胡为一建构了一个没有距离感的时空艺术场域，在谵妄的氛围中让作品调动观众去思考，并且作品没有一个固定解释，即便产生感官错觉和精神幻象也是对当代社会隐喻的象征。

图 2-1　胡为一作品《低级景观》

其次，谵妄也潜伏在资本主义经济的价值观念中。这是一种强烈的文化影像，它在当代的经济活动中推动艺术进入一种影像消费的怪圈。大家所熟知的经济学词汇"过渡生产"基本上出现在资本主义初期阶段，到后现代，艺术作为一个被生产对象，最终决定其好坏和知名度的是被消费的数量和被消遣的程度。同时，艺术被消费的时候还潜伏着艺术与日常生活的界限关系。艺术作为一种将意象消费的特征，削平深度和意义的过程中，还包括超负荷感觉、无方向性与影像的混乱感。当艺术被消费的时候，所有意象都将成为被购买和消耗的对象，在被符号化、标签化和商品化的制约下，新媒体装置艺术有时候会在幻觉、欲望与魔幻现实的交错中得以获得价值，这种价值有时候只不过是单纯的商业价值。

艺术成为一种影像之流，在后现代语境中艺术作品便由实在向影像转化，正如弗雷德里克·杰姆逊所说的时间如精神裂变式地碎化为一系列永恒的当下片段。面对这样一种影像之流，日常生活的审美化驱使艺术成为美好生活。在这个时候艺术被嵌套进"无地空间"，文化的传统意义被消解、模仿、复制和重塑。影像之流在艺术发展的状态中，一方面，体现在技术和媒介的基础上所生产出来的艺术形态，从传递信息媒介手段来看，广播电视、数字媒体、互联网到5G问世的媒介融合时代，拓宽了艺术影像传播的渠道；另一方面，从艺术信息的收集、加工、制作和传播的过程来看，艺术作品选择展览的场地、组织、机构和公共空间都成为艺术新形态的展示场所。除此之外，媒介技术的传播方式、管理制度、组织关系、文化基因和意识形态的多维形态，将艺术作品内容和观念表达出来。新媒体装置艺术以自身的技术性和碎片化结果淡化了真实与影像之间的边界，审美泛滥、大众传媒与现代技术迫使艺术和生活相互渗透。这样一种过分渗透的方式，使之流于浅薄和表面，最终这种影像之流看似过瘾和刺激，但最终审美进入疲劳状态，甚至产生厌恶和抵触情绪。大众的娱乐迷狂与疲乏后的空虚冷漠形成了当代艺术的谵妄状态，并引起观念和社会价值的追问。

三、全球化进程下的艺术陷落

全球化背景下的后现代理论与消费文化理论为当代新媒体装置艺术的研究打开了新的研究视野，特别是在后工业时代与城市化进程中，消费中心主义的兴起使得艺术在遵循快感和享乐的状态中培养自我的生活方式。全球化让文化在现实社会中变得混乱不堪，社会价值的真空状态突然给全球化的进程猛烈回击，恰好是这一回击让当代新媒体装置艺术在发展的进程中保持警惕。

首先，全球化到来之时，后工业时代消费浪潮的泛滥影响了整个文明前进的方向。克莱门特·格林伯格说过："西方工业化大生产的另一个大众产品——媚俗艺术（Kitsch Art），是最早的普世文化。"[1] 艺术语言作为一种形象化传播的形态，在社会结构中阶层划分和消费水平则会从商品、艺术、文化和闲暇消遣的过程中获得释放。消费泛滥也直接影响到文化的主体。对于艺术行业中，很多冠以新媒体装置艺术的作品在这样的环境中油然而生（如图2-2），并在公众视野下建立起一个镜像世界，这个世界可以从视觉潜入整个感官系统，激起观众的欲望、情绪、意识的波动，正如让·弗朗索瓦·利奥塔在《逻格斯与技艺，或电传递》中写道："现在新科技侵入了公共的空间和共同的时间；在地球范围内，被入侵，被烦扰的，无疑也被技术的现状改变着的则是时—空这个最

---

[1] 克莱门特·格林伯格.艺术与文化[M].沈语冰，译.桂林：广西师范大学出版社，2009.

'本原'合题的最'内在'之处。"❶在全球化序列中，科技和媒介对文化激起的浪潮最终改变了公共的时间和空间，在这个框架中艺术成为影像，文化变为镜像，逐渐消失在商业文明的气息中。消费浪潮对新媒体装置艺术的影响也发生了本质性的变化，很多"爆款"和"网红"展览逐渐成为当代人周末的娱乐消遣打卡地，使这个原本欣赏艺术和体验的艺术场域逐渐变成了意象消费的场所，"消费文化使用的是影像、记号和符号商品，它们体现了梦想、欲望与离奇幻想"❷。在这个情境中，大众认为自己在感受艺术作品带来的审美意象，但实际上这个由文化消费主义建构出来的图景正在消费着现实世界。

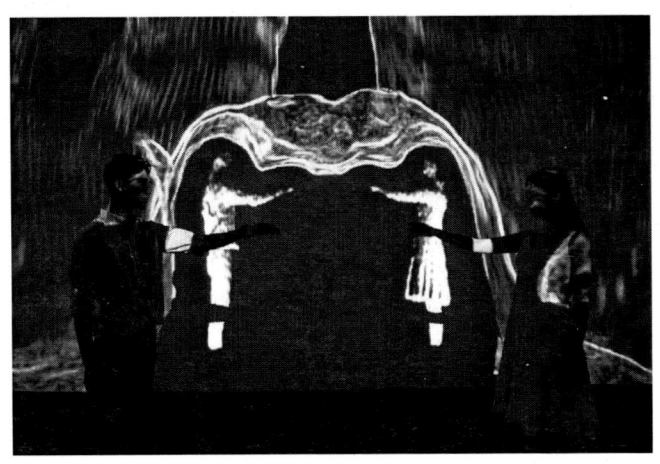

图 2-2　法国文森特·胡泽作品《流体结构 360》

其次，在全球失序的状态中，艺术从原初的审美意义走向审美生活化。在深度感消失的过程中除了空间深度的消失，还取消了传统艺术鉴赏的透视，填平了内与外的对立，对于艺术的观看方式从解释其意义转向一种体验模式，这也是主义区分本真性与非本真性的关键所在。但后现代主义打破了这种本真性，认为历史的深度感已然消失，只存在于现时，而没有历史。由此对于现代社会内在文化和价值的塑造上形成了巨大的冲击，消费文化造成了一种"信仰真空"状态，并且在审美生活化的约定中，普遍认为美的生活即是道德感的涌现与善良者的塑造，且无须涉及人性与真实的自我。这其实也并没有完全达到审美价值的高度。

最后，意象的自我消解，对于消费文化中以符号和商品性质的方式作为新的艺术解读形式，带来了全球化进程中艺术意象在原有正常序列中的失语。真正艺术作品的意象与现实之间产生了较为明显的审美距离，艺术作品的复制和生产不断满足现实的需求，大众

---

❶ 让·弗朗索瓦·利奥塔. 非人：时间漫谈［M］. 罗国祥，译. 北京：商务印书馆，2000：238.
❷ 迈克·费瑟斯通. 消费文化与后现代主义［M］. 刘精明，译. 南京：译林出版社，2000：39.

的消费便乐此不疲地为这种意象消费提供支持，这个现实不仅只局限在艺术空间的展示上，包括"抖音"现象的短视频时代、真人秀综艺的层出不穷、当代新媒体装置艺术展席卷朋友圈现象等似微风细雨般地隐没在现实生活中，改变了生活的本质意义和存在方式。意象在最初建构出来的那种"灵韵"逐渐在全球化和消费主义的浪潮中悄然陷落。

四、超越图景与回归主体的自觉

（一）从视觉到知觉的整体构成

视觉作为"看"的一种审美方式是传统艺术观看的主要特征，在观看背后，我们所要探寻的不只是纯视觉的审美，也是意义消费的文化传播形式。从艺术传播的过程来看，媒介与技术的发展对于视觉而言有所延伸，这个延伸即是身体本身可以看作观念表达的重要工具。从艺术家主体创作来说，身体与创作是一个若即若离的关系，也是艺术家无法回避的问题，身体作为创作的原发对象，需要达到与艺术品的对话，并能够从身体本身去超越种族文化和地域差异，以此为媒介形成同一话语的交流。从受众主体来说，身体即是作为与艺术作品对话的载体，视觉不仅限于表面的观看，而是作为另一种媒介的延伸，这一种延伸先是身体的体验，然后知觉则能够从深刻体验的过程中找到"在场"的意义。"审美知觉"是一种极端性的直觉，它是作为知觉的知觉。这个"纯粹知觉"相对于我们一般平时欣赏作品那种感性成分的知觉而言不同，它是一种诉诸本质的知觉感受。能够从"在场"的艺术作品中看到"不在场"的"真实审美知觉"。[1] 从这个角度来说，不论是创作者还是接受者，新媒体装置艺术的呈现方式不局限于材料本身，虽然材料、技术和媒介可以创作出更好的作品，但其中存在的局限性可以通过技术手段进行弥合，视觉之外，动线、听觉、嗅觉和触觉都可以用媒介的合理方式呈现，在这个整体的知觉空间里，艺术作品可以打通人感官的局限性，让艺术的意象回到作品本身。

2019年，道格·阿提肯的中国首个个人展览在北京798林冠艺术中心开幕，在此次展览中，三件作品从个人的语意逻辑和展览空间构成了一个艺术整体。特别是其中最为震撼的一件作品名为《新纪元》（见图2-3），作为一个影像多媒体装置艺术，由三面六边形的平面镜子、投影播放的影像和立体的音响声效构成了一个综合体，使人沉浸在黑暗空间的刹那，感受到一种无始无终的时空状态，在黑暗的空间中自由叙事，并将历史和现时的断裂感重新弥合。弗朗切斯科·博纳米在描述道格·阿提肯作品的时候说："摄像机成了不动声色捕捉光和空间的默眼。这里聚焦于某种难以捉摸的令人惊诧的东西。

---

[1] 黄浩立. 发现纯粹的知觉对象[J]. MIND, 2018（3）.

装置一旦投入运作,就会既无开端,亦无终结。"❶ 这样一种无始无终的状态中,似乎宇宙也是"道"的具身化体现,更重要的是通过这个新媒体技术创造的图景赋予了新媒体装置艺术从图景走向心灵体验的过程。这样一种无始无终的观看方式,直接打破了对一件作品始末的认知,从线性叙述逻辑转变到了异质性时间,这种改变是对图景的超越,也是对作品本身的超越。

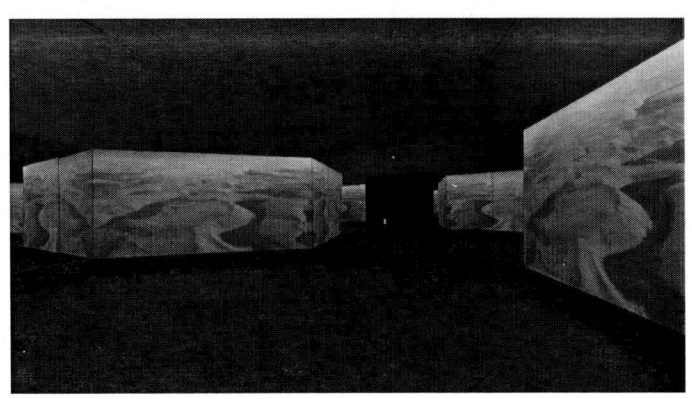

图 2-3　道格·阿提肯作品《新纪元》

(二)重构主体,打破审美幻象

当代新媒体装置艺术如何打破消费主义?如何在意象消费的时刻寻找下一个出口?不论是大众媒介还是科技手段,作为艺术作品在被利用的事实过程中,后现代社会却无时无刻在重现一种审美幻象,既让生活走向审美化,又剥夺走真实的自我和艺术的精神。在消费主义下建构出的审美幻象,将艺术真理掩藏在事实之下。

现代审美的幻象从新媒体艺术滋长出来的就是主体性审美的丧失。特别是用科技手段在视觉方面的输出,在某种程度上会制约人进入思考的路径,进而停留在直接印象中,可以理解为一种审美幻象。它是一种反映在人意识中的感受体验,人们可以在自我意识去满足现实生活无法获得的东西,通过这类形式达到暂时性的满足。如费俊作品《有趣的世界》(见图 2-4),作为第 58 届威尼斯艺术双年展中国馆入选作品,它从虚拟和现实的角度展开了一次讨论。如今,我们生活在真实与虚拟的边界日渐模糊的时代,人文和艺术领域一直以极高的姿态审视媒介和技术,而对于科技的怀疑从未停息,在这个充斥着各类电子图像的年代里,《有趣的世界》以超高的仿真能力和技术化手段,尝试通过作品来重新认知这个所谓真实的世界本身,拟像似乎在某种时刻淹没了真实。审美幻象中,我们已不再去追问什么是真什么是假,也不会执着于什么是对什么是错。只

---

❶ 嵇心. 道格·阿提肯的连接与割裂[J]. 艺术当代,2019,18(4):22-25.

是面对新媒体装置艺术的发展及其带来的虚构的真实世界,使得我们不断去对技术和艺术做出一个自我裁决。

图 2-4　费俊作品《有趣的世界》

(三) 回归主体自觉

现代艺术只有保持自主性,通过远离和否定社会,才能为现代个体提供一条在物化生存中的审美救赎之途。泰奥多尔·阿多诺认为:"渗透在整个作品中的模棱两可性是艺术的生存要素,艺术自身存在又是社会性的,艺术由于作用在它身上的社会生产力才变成了自我存在。"其中存在着一个内在悖论:一方面,艺术要做到与生活完全绝缘是不可能的,它极有可能沦为社会意识形态的表征。因此,艺术远离社会,与现实保持距离最终只是对现实的审美逃避,或者说只是一种审美的乌托邦幻象。另一方面,"艺术否定社会"在某种程度上确实实现了对个体的审美救赎。现代资本主义工业文明导致个性日益沦丧。因此,现代个体只有远离被工具理性控制的现代生活,通过与平庸的日常生活意识形态保持距离,才能对异化文明进行抵御,最终实现个体的审美救赎。

换句话说,现代社会之所以会感觉到艺术异化为一种工具,成为市场的份额,很大程度上还是没有意识到人的主体作用,人的主体性是对人自身的关注,不论是身体、心灵还是感觉,所有一切都需要去全方位关护,因为艺术的产生主体还是人而不是机器或者新媒体技术。因此,人的主体其实是在唤醒不被异化的那个"气韵生动"的创造者。而艺术自主性的回归是以人的主体性意识为基础的,从艺术创作者和欣赏者角度去思考,二者之间需要建立起来的就是审美经验,审美经验最终实现的就是艺术的自主性,而艺术的自主性应该是对文化身份的认同,对艺术表现的自信,对艺术个性的伸张。

如今，在全球化的发展状态过程中，所有的文化和现象都在松脱重组，裂变重生。科学自身和艺术本身都在改变，但最终不论其如何改变，艺术和科学也应当以相应于时间、时代、环境、对象的方式来思考生命。作为全球化时代的当代艺术，既不是以欧美为代表的西方强加于非西方国家的艺术，也不是任何地方、本土所独有的艺术，而是各个地区和各种文化相互融合、共享和交流产生的。❶常识是人认清真相的基底，人的自主性又是找回艺术自主性的根茎。在当代新媒体发展中，艺术随着科技可变的形态不断去衍生重造，在未来不同的形态和时空中必将从生命的本质形态出发，去探索和思考艺术精神和人性本来的真实意义。

总而言之，从后现代图景的超越到谵妄状态的唤醒，新媒体装置艺术在当代语境中需要重拾意义，在精神虚无和意象消费的边缘中实现弥合，使之从超越图景到超越真实，最终回到主体的自觉和文化的觉醒，从文化原生性的深层规范中走向艺术美好的未来。

（作者黄浩立系清华大学美术学院艺术史论系 21 级博士研究生）

---

❶ 邵亦杨. 全球视野下的当代艺术[M]. 北京：北京大学出版社，2019：233.

春节戏曲晚会在传媒语境中的嬗变与启思*

摘　要：中国中央电视台春节戏曲晚会（以下简称"戏曲春晚"）已走过30多年历程，作为最具有民族特色的电视文艺晚会，其所承载的核心内容——古老、厚重且自成体系的戏曲艺术决定了戏曲春晚的特殊地位及文化价值。观其流变，戏曲春晚在不断更新的传媒语境下，一直在探索更易于大众接受的视听呈现方式，它的艺术特征与审美形态也在不断创新演变。本文在对戏曲春晚形态发展脉络做出梳理的同时，运用戏曲美学观对经典节目范本进行解读，进一步探索传统艺术与现代媒介的融合与突破。

关键词：戏曲春晚；形态演变；戏曲美学；民族特色

一年一度的除夕夜，收看春晚成为千家万户必不可少的一道"年味儿"大餐，春晚从诞生之初的一台普通文艺汇演，逐渐成为中国老百姓的一项重要年俗活动。随着时代的发展，多元社会文化中的春晚被赋予更多内容和意义，所承载的艺术样式及须表达的文化含义也愈加丰富。1990年，春晚在现实驱动下迎来改革，由原本的一台春晚分类成综合、歌舞、戏曲三台晚会，将不同的主流艺术门类进行极致呈现，同时观照不同受众群体的审美需求，赋予观众更加自主的观赏权利，至此，戏曲春晚正式诞生。

一、戏曲春晚的"形""质"变迁

纵观戏曲春晚30多年发展历程，从最初在简单置景中"搭台唱戏"，到如今在一流声、光、电的千米演播厅录制转播，从单一的戏曲联唱到多元电视语汇的表达，从集中汇演到多省份部门联合创作，戏曲春晚在节目内容与形式、电视技术手段及制作水准等各个方面皆有突破性飞跃。一部戏曲春晚的发展史，某种程度上代表着电视戏曲艺术的发展史，其形态变迁、创作得失及审美风格的流变，皆值得认真梳理和研究。

---

* 本文系2019年度北京市属高校高水平教师队伍建设计划"青年拔尖人才"项目"电视戏曲节目审美风格嬗变与创新研究"（项目编号 CIT&TCD201904001）阶段性成果。

（一）"形"的重组与突破

20世纪90年代初期，电视戏曲处在萌芽阶段，由于客观条件的限制，电视主要作为一种技术手段对戏曲进行记录、转播，戏曲春晚也不外于此，以经典传统剧目的片段串联作为晚会的主要形式，这里且称其为"名家名段"类节目。

1993年的戏曲春晚回顾展播了由言兴朋（言派）、马长礼（马派）、辛宝达（高派）、耿其昌（余派）四位流派传人联袂演出《甘露寺》的"劝千岁"，这是戏曲春晚首次出现"四派联唱"的演绎形式。追根溯源，早在100年前，一出《玉堂春》，梅、尚、程、荀四大名旦都演，艺术美感上却各有千秋：梅派雍容华丽、甜美端庄，尚派刚健婀娜、奔放激越，程派含蓄醇厚、动静有致，荀派柔媚俏丽、风韵传情，同演宋士杰、周信芳的苍劲率直与马连良的稳健潇洒形成风格的鲜明对比。流派是戏曲独特的美学现象，也是戏曲的核心魅力，历史证明，风格流派的繁荣与发展，代表着戏曲艺术整体的繁荣与发展。

戏曲春晚捕捉到了这一美学规律，历届春晚的创作中，名家名段都是作为晚会"重头戏"来反复演绎，且经久不衰。随着民众审美需求的提升，戏曲春晚也在不停寻求形式与结构的突破，为这些"重复的经典"赋予更多可看性。如2000年豫剧名家马金凤、京剧名家梅葆玖在世纪交点相会，两大剧种重量级的艺术家合演的《穆桂英挂帅》壮美如虹，至今仍是为观众津津乐道的一曲佳话，再如2019年京剧、豫剧、秦腔合演的《锁麟囊》，2020年京、粤版《白蛇传》等，不胜枚举。无论是同一剧种、不同流派的集结，还是同一剧目、不同剧种的交汇，丰富多样的形式总能给人以新鲜感，或多或少解决了"众口难调"的问题，归根结底，华丽外衣包裹着的"原汁原味"，才是戏曲的终极魅力所在。

除"歌"之外，戏曲也擅以"舞"演故事。戏曲表演中的一举一动皆是在"舞"，尤以贯串在戏曲剧目中载歌载舞的段落让人印象颇深，如《霸王别姬》的"剑舞"、《小放牛》中牧童与小村姑的边歌边舞、黄梅戏《打猪草》中的"对花"……在这些凝结着生活美和艺术美的舞蹈语汇的衬托下，戏曲表演"不再孤单"，其拥有了更多层次的美感与艺术张力。以舞蹈"妆点"戏曲，使得荧屏上原汁原味的戏曲有了更丰富的视觉表达。戏曲春晚中采用了舞蹈与戏曲的结合形式，准确地说，是舞蹈对戏曲的烘托和包装，以此表现情绪，调动气氛，1995年的戏曲春晚首度将群舞用于越剧名家茅威涛演唱的《桑园访妻》中的"路遇大姐得音讯"一折："由一个何文秀，扩延为一群何文秀，小何文秀们手持折扇且歌且舞，变换队形为大何文秀作背景，茅威涛在中间领唱领舞，表现何文秀千里探寻妻子的情境。小'何文秀'们个个俊逸飘洒，衬托着茅威涛出色的身段和唱功。这种把人物延展成队，排列成阵的表演手段，又是一个新的创造，人小'何文秀'形成整体效应,以小托大,以星托月,把一个脍炙人口单人独唱的越剧名段以新颖的形式搬上荧屏,获得观众的广泛认可及好评。"❶经过多年探索实践,"戏曲+舞蹈"的呈现形式逐步得到观众认同,成为戏曲春晚中常见的节目样式。

谈起戏曲歌舞,不禁想到戏曲春晚那一抹亮丽色彩——高甲戏。高甲戏是闽南诸剧种中流播区域最广、观众面最多的一个地方戏曲剧种,其表演诙谐幽默,妙趣横生,带有浓厚的地域特点和生活气息。观摩历届戏曲春晚,不难发现高甲戏的一大特点,即能够根据年节、生肖、主题自主创排小戏,如在1996年的鼠年戏曲春晚中,高甲戏的一出《老鼠嫁女》巧妙贴合了主题,2000年"盛世龙腾"中,福建安溪高甲戏剧团又献上了为晚会特意创作的小戏《金龙戏珠》,2006年"合家欢"中的柯派高甲小戏《花婆闹春》短小精悍,风格诙谐,尤其是剧中人物花婆是以反串的形式进行演绎,更为全剧增添了看点和趣味,《高甲献艺》在2019年的戏曲春晚中虽只出现短短40秒,但其精妙的音乐设计、独具匠心的多层次表演区域、夸张灵动的表演令人拍手叫绝。高甲戏以其独有的表演特点深得观众青睐,成为戏曲春晚舞台的"座上常客"。

在旧中国,"适逢年关岁尾,戏班都要上演'封箱戏',也就是年度的最后一场演出。这场戏演罢,就把戏装行头'封'入箱中,贴上'封箱大吉'的字条,等待来年再开戏。封箱戏是为答谢观众一年来的捧场,让观众和演员都欢欢喜喜地过年,些许有'贺岁剧'的意思,所以,戏要喜庆、吉祥、热闹、有趣、别出心裁才能吸引观众,'反串戏'正好具备以上特点,因此最受观众欢迎"❷。戏曲春晚承袭了这一梨园行的历史传统,舞台上常见名家"反串"、明星"票戏",这种名角名票的跨行串演使节目更具娱乐感,极大程度地满足了观众的猎奇心理,为晚会吸引了更多受众。在1985年的春节联欢晚会上,影视演员王馥荔和京剧演员孙岳对唱了一曲《打渔杀家》,开启了此类节目的先河。自此,这样的节目形式频频显现于戏曲春晚舞台,且常演常新,观众抱持娱乐心态观赏明星"非本工"的演出,既能领略到演员的多才多艺,也拉近了观众与演员之间的审美心理距离。

(二)"质"的深化与外延

电视戏曲的创作是否有规可循?中国传媒大学的周华斌教授曾这样谈道:"荧屏上的戏曲,可以是原创,可以是继创,也可以是再创。它既可以是舞台艺术的记录,又可以把握电视的艺术特性,对戏曲进行不同程度的声像化处理,也可以进行荧屏戏曲的'再创作和再创造'。电视艺术品位的高下,不在于形式的新旧,也不在于琢磨什么新样式

---

❶ 杨燕.电视戏曲论纲:呼唤涅槃的火凤凰[M].北京:中国广播电视出版社,2000:237.

❷ 研作.梨园年俗:封箱戏[N].人民日报·海外版,2009-01-22(007).

和开发什么新品种,关键在于两点:艺术本体的把握和载体功能的发挥,抓住这两个关键,手段的运用和样式的变化自在其中。"❶ 由此,戏曲春晚的创作要在把握戏曲本体的基础上,将戏曲中的经典集萃及其所蕴含的民族美学观经由荧屏传递给观众,同时也要充分发挥电视载体的功能,调动一切可能的元素,拓展、丰富、深化戏曲春晚的内涵与外延。

一年一度的除夕团圆夜,观众的普遍欣赏需求除节庆的欢快、祥和之感外,更需要心理的放松和精神的愉悦。小品是带给人们欢笑的艺术,它投合了当代观众的审美喜好,善于制造欢腾、热烈的荧屏气氛。小品诞生于春晚的舞台,在1984年的春节联欢晚会上,陈佩斯、朱时茂表演的《吃面条》使小品正式成为一种独立的艺术表演形式,此后,春晚小品年年可见。1995年的戏曲春晚首次出现戏曲小品,由北京人民艺术剧院郑榕、李明启、李翔、王大年四位老艺术家表演的《饺子来了》再现了旧社会戏班里底层艺人的生活状况。雏形时期的戏曲小品未能脱离话剧的类型框架,多以话剧的表演形式演绎梨园情态,随着时间的推移,戏曲小品的内容表达在探索中发生了演变,从起初故事小品的单一表达逐步转型为以戏曲为主,融戏曲、歌舞、武打、杂技等于一体的复合型小品,且成为戏曲春晚中一道不可或缺的"调味菜"。

一台综合晚会的构成,除了有基本的舞台演出节目,根据晚会的形式和气氛需要,还要有意识地插入一些"非节目"的环节,如主持人与观众或演员与观众之间的互动。电视文艺与以往艺术门类的一个重要不同,即是许多电视文艺节目是需要观众来共同完成的,这种共同完成的特点就称为"参与性"。最具参与感的互动类节目带有天然的亲和力,有助于缩短电视机前的观众与节目的心理距离,通常意义上讲,观众参与节目的程度越高,节目的互动性越高,晚会就越有吸引力。互动类节目在晚会中的另一个作用,即作为节目之间的隔断出现,往往在板块式结构的晚会中常插入互动作一结构上的区隔,或是在现场直播的晚会中,在下一个节目进行表演之前,考虑到需要舞台布景、道具替换等多因素,导演会安排主持人走向台下与观众、嘉宾互动,镜头随之转向观众区,待舞台场景布置完毕后,再将镜头"切"回场上,这一手法常常应用于现场直播的晚会中。相对于传统的节目类型,互动类节目使观众与荧屏的交流更为直接,将其应用在戏曲春晚当中,既能活跃晚会现场气氛,又是对电视戏曲晚会内容的拓展和延伸。

当下,电视技术趋于成熟,内容表达方式愈发多元,戏曲春晚逐渐走出单一、固定的演播厅,形成"1+N"——主场演播厅与多地、多台联动的录播方式,外景节目也由此应运而生,戏曲春晚中的外景节目起源于1998年的《戏园子》,拍摄场景选取京城著名老戏园子"湖广会馆",以"戏中戏"的情景再现方式复原100年前京剧的繁荣场面。

---

❶ 周华斌.戏曲的记录、传播与再创[J].现代传播,2003(1).

节目伊始，主持人通过现场 LED 屏幕 "跳入" 100 年前的老戏园子——董文华、温如华两位艺术家饰演的京剧名伶在舞台上演出，台下宾客满座，叫好不绝，演出结束时，主持人再通过"借机位"拍摄从屏幕中"跳"回晚会现场，如同穿越了时光隧道一般。导演有意识地加强了"电视"的创作功能，利用视听语言与后期编辑，对节目进行大胆的探索。2017 年，戏曲春晚中首次设置了 VR 技术专区，节目组前期赴陕西三原、绍兴柯桥进行采景拍摄，分别在两地搭建古戏台，演员在古戏台上演"年戏"，营造出浓烈的节庆街景气氛，伴随着陕西秦腔《大登殿》及浙江越剧《梁祝》的经典唱段，镜头全面展示了一北一南两个小城截然不同的民俗文化和乡土风貌，观众带上 VR 眼镜观看时，会有身临其境的"沉浸式"体验。戏曲与 VR 技术在戏曲春晚上的首度"牵手"，为戏迷观众带来全新视听感受的同时，也为全媒体时代戏曲的未来发展提供了积极的思考与尝试。

二、戏曲本体美学意识观照下的创作思考

戏曲春晚的特殊之处在于其始终以戏曲为核心，以电视作为载体，通过节庆契机将戏曲最具美感与欣赏价值的精华传递给电视观众。"任何一种艺术上的独创，往往表现在对其原有艺术规律更深一层的认识当中"❶，当我们回归戏曲本体，用历史的、美学的眼光深情地注目它时，才会发现蕴含在戏曲中闪耀着异彩的"美"，通过对这些"美"的探知，庶几可以寻找到对戏曲"再创作和再创造"的规律。

（一）探知戏曲本体美学意识

戏曲作为一种深刻且独特的泛美创作表演体系❷，有着辉煌的艺术成就，在其美的创造的历史长河中，逐渐形成了特有的美学个性、艺术规律和审美价值。从戏曲表演体系的艺术特点来看，它不仅仅是一门兼具唱、念、做、打的综合艺术，更融汇了音乐、舞蹈、诗词、绘画、雕塑等几乎所有的艺术美，而且每一种艺术形式的美都和谐地、巧妙地统一于表演当中。从传统的民族审美观来看，戏曲的高度综合，不只是在形式上旁征博引，其美学精神承继了中国古典美的表现原则，注重虚实相生、以"虚"传"实"，讲究情理统一、"情"通"理"顺，追求形神兼备、以"神"驭"形"等。此外，戏曲无处不渗透着"和"的思想。"和"，中国传统民族文化最核心的审美价值取向，历经千年洗练的独特的中国文化赋予了戏曲"和"化内涵。追根溯源，戏曲在诞生之初曾被称

---

❶ 刘元彤. 刘元彤戏曲文集 [M]. 北京：中国戏剧出版社，2000：64.
❷ "戏曲泛美创作表演体系"是陈幼韩先生在其《戏曲美学表演探索》一书中提出的概念。

为"百戏""杂剧""乱弹",皆因它能杂取百艺,为"我"所有,甚至基于不同世界观之下的文化精神和外来形式,经其改造俱能和谐统一于自身。

实际上,戏曲春晚对于不同艺术形式的融合创作也曾尝试过种种探索,京剧、芭蕾版《红云岗》正是探索时期的代表作品。京剧和芭蕾皆是个性鲜明的艺术,它们诞生于不同的地域,不同的文化氛围形成彼此艺术特质上的互异,京剧、芭蕾版《红云岗》的创作者基于对两种艺术规律的理解和把握,在形式融合方面做出较好的处理。京剧现代戏《红云岗》的曲作者施光南在经典唱段"熬鸡汤"中使用了四分之三"一板二眼"的节拍创作旋律,在唱腔处理上借鉴了程派声腔及美声的唱法与特点,兼有"疙瘩腔"和"花腔"的演唱处理技巧,京剧演员用深情的演唱传达出京剧声腔的韵味美,芭蕾舞演员用带有戏曲元素的优雅舞姿来诠释作品意境,加之电视技术的特殊处理,使"唱""舞"之间不觉隔膜与生疏,由此达到有机统一。这种统一不仅体现在艺术形式的互鉴与融合之中,更体现在精神与美感的交会统一,亦是"和"的艺术体现。

古今中外的经典艺术作品,除"形""质"相统一外,更多追求情致、意趣、神韵、意境等方面的主观体现,由此,才留给观赏者无尽的回味。一旦了解、掌握了这些规律之后,我们再从审美的角度重新解读戏曲春晚,当有不一样的思考与启示。

(二)崇"欢"、主"情"——戏曲春晚的创作启思

21世纪以来,荧屏"泛娱乐化"蔓延肆行,传统文化难顾其身,戏曲这一头号娱乐项目在当下日渐低迷,曾经拥有稳定收视的戏曲春晚如今更是"年年难办年年办"。通过对历届戏曲春晚主题立意、节目类型、收视数据的研究比对,我们发现,最"原汁原味"的戏曲才最有生命力,能够得到观众认可且传承下来的仍是那些戏曲中的经典剧目、唱段,尽管它们换了亮丽的"外衣",经典的永恒魅力即便穿越古今,仍"有余不尽"。古老并不等于陈旧,它与时尚也绝不是对立矛盾的,电视催生了"国学热""诗词热",这意味着传统文化并非落伍于时代,且极有可能在当下重焕光彩,戏曲春晚的创作亦是如此,唯有把握住"戏曲为核心"的创作宗旨,充分发挥电视视听技术与传播优势,不破坏戏曲本体的同时将戏曲的"情""神""意""趣""和"等美学特点呈现出来,在具有仪式感的"新民俗"的舞台与荧屏之间,唤醒民众对戏曲深植于心的情感记忆,以及对民族文化的心理认同。

在所有的节庆传统中,中国人对"年"的情结最为深厚,过年,既有对过去一年的回顾,更有对新的一年憧憬与展望。"过大年、唱大戏"是中国老百姓的特定习俗,戏曲春晚植根本土文化,是最具有民族特色,且符合中国特定的传统民俗节庆需要的晚会,在满足老百姓"年"的情结上,戏曲春晚有着与生俱来的优势,由此,"突出年味儿",营造欢乐、喜庆、祥和的节庆氛围,是戏曲春晚创作的主要立意。在晚会的结构设置上,要始终不失"年味儿",节目内容安排也要有意识地在"年"上做文章。2005年的戏曲春晚设置了"挂红灯""大拜年""阖家欢""绽新蕾""金鸡鸣""春来了"等七个板块,每个板块的名字都彰显出欢腾、喜庆的"年味儿"。开场"挂红灯"中,二人台演员武利平带来了具有浓郁地域特色的《挂红灯》唱段,群众演员手托火红的灯笼作为背景。随即表演《花为媒》《锁麟囊》的经典唱断皆选取"迎娶""婚嫁"桥段以贴合节日的喜庆气氛,为晚会迎来了"开门红"。尾声"春来了"部分,导演利用抠像等视频特效,使置身于花海中的仙女携美好愿景将花瓣撒向人间,喻示着来年的吉祥与幸福。

虽说"过大年、唱大戏"是中国的节庆传统,但在如今,并不是每一位电视机前的观众都是戏曲的"知音"。了解观众的"心气儿",判断、把握观众情感的共性需求,对于戏曲春晚的创作尤为重要。除夕夜,万家灯火中处处透见世间真情,情是任何一个时代的社会民众都最为基本的实质需求。汤显祖言:"人生而有情",又言:"世总为情",艺术作品要注重情感的表达,戏曲春晚也不宜一味将热闹作为晚会的全部主题,情才是贯穿晚会始终、主宰晚会节奏与基调的大小"珠玉"。

戏曲尤以抒情见长,"戏情即世情,欲晓世情看戏情",古今千万种抒情的戏文绘就了无数至真至情的故事,也塑造出无数美与善的典型形象,这些动人的故事和经典的形象,皆是戏曲"再创作"取之不尽、用之不竭的宝藏素材。需强调的是,在剧场中看戏,观众可以各取所需——自主选择欣赏的角度,或听,或看,任意而为,在荧屏上看戏,观众的自主选择权大大降低,镜头给出什么,观众就只能"被动"地接受什么,此时的主动权则掌握在创作者的手脑之中,这也对电视戏曲工作者提出了更高的要求——"要做一个有真情实感的导演,而不是普普通通的厨子",除了具备深厚、扎实的戏曲底蕴,还要在充分掌握戏曲知识体系和美学体系的基础上,将戏曲最美、最动人且最具价值的部分通过荧屏艺术性地呈现给观众。

春晚作为承载着浓重、多元的"年"文化的舞台,乡音、乡情是不可割舍的情感单元。地方戏曲剧种滋生于特定的土壤之中,有其独特的地域文化和乡土特色,生长于斯的百姓对环绕其周的地方戏曲有着与生俱来的亲切感,大部分地方戏曲剧种拥有广泛的群众基础,如豫剧、越剧、黄梅戏等,但还有很多地方戏曲剧种,由于传承与保护的不利以致生态堪忧。2017年发布的《全国地方剧种普查结果》显示,全国仅存348个剧种,与20世纪八九十年代编纂的《中国戏曲志》相比,有47种剧种已经消亡,17种濒临消亡。电视作为一种主流强势媒体,其传播之快、之广前所未有,基于此,保护传统文化血脉成为电视必要且不可推卸的使命与担当。2018年,戏曲春晚的舞台迎来了陕西华阴老腔豪迈、质朴的"震天吼",这并不是华阴老腔第一次出现在戏曲春晚当中。2006年,林兆华导演的《白鹿原》开场一句"太阳圆月亮弯都在天上"的刚直吼声,让观众认识了这个来自西北黄土地的古老戏曲剧种,继而其受邀参演 2007 年白燕升执导的戏曲春晚"千秋华宴",之后数次登陆中国中央电视台舞台,由此,华阴老腔正式进入大众视线。可以说,是话剧《白鹿原》发现了濒临消亡的华阴老腔,而荧屏用其强有力的"推手"给予了这个古朴剧种以新生,身体力行地"抢救"了弥足珍贵的民族文化遗产。

面对电视全球化及随之而来的文化扩张,保护民族文化尤其重要。只有对民族传统文化保持深度的情感认同,才能拥有立于"世界之林"的文化根基,由此实现真正的文化自信。"向优秀的中国文化传统寻求滋养,建立富有民族特色的电视文化体系,将是中国电视今后的发展轨迹"[1],从这个意义上看,戏曲春晚未来创作大有可为,对此,我们深信不疑。

(作者李华裔系中国戏曲学院研究所助理研究员)

---

[1] 黄会林.民族化:中国电视艺术的现实与未来[J].当代电视,2000(12).

论电视综艺晚会的崇高美感

摘　要：在当前传媒消费时代，社会中弥漫着各式冗杂的文化思潮，价值观念间存在博弈，崇高被不断消解。习近平总书记在讲话中不断强调要"坚守我们的核心价值体系和核心价值观"。电视综艺晚会作为当前极具影响力和传播力的文艺形态，应该主动引领国家主流精神和价值观，积极回应并展现新时代的伟大精神和品格，从思想主题、情感关怀、内容形式展开实践，以独特的审美形象和意境建构崇高美感、提供情感震撼、营造民族认同，创作出具有中国特色、中国风格、中国气派的文艺精品，打造新时代的崇高美学。

关键词：电视综艺晚会；崇高；新时代

电视艺术作为当代艺术系统中极具传播力和影响力的艺术样式，不断丰富着当代美学理念和实践，是当代审美文化中的主流形态。因此，电视艺术应该把展现崇高的审美形象和情感内容作为重要的创作理念和目标。而电视综艺晚会作为传统艺术美学与现代视听美学的结合体，更应在推动文化大繁荣大发展的当下扬起"崇高"大旗，在"乱花渐欲迷人眼"的文化乱象中坚定美学品格、传承美学精神，为新时代的文化建设贡献力量。

一、电视综艺晚会崇高美感的内涵

（一）大众传媒时代的崇高

最早提出"崇高"概念的是古罗马时期的朗吉努斯，他在《论崇高》里认为崇高是一种风格，需要有庄严伟大的思想、慷慨激昂的热情和藻饰、措辞、结构等技巧，崇高由此成为一个独立的美学概念。此后，英国哲学家爱德蒙·伯克认为："凡是能够以某种方式激发我们的痛苦和危险的观念的东西，也就是说，那些以某种表现令人恐惧的，或者那些与恐怖的事物相关的，又或者以类似恐怖方式发挥作用的事物，都是崇高的来源；换言之，崇高来源于心灵所能感知到的最强烈的情感，肯定了人在崇高审美体验中的主体作用。"❶ 受其影响,启蒙运动哲学家伊曼努尔·康德继续深入探讨了崇高的内涵和生成机制,他对美和崇高做了这样的比较:"美直接带有一种促进生命的情感,因而,可以和魅力及某种游戏性的想象力结合起来;而崇高的情感却是一种仅仅间接产生的愉快,因而,它是通过对生命力的瞬间阻碍及紧跟而来的生命力的更为强烈的涌流之感而产生的。"❷"对崇高的愉悦,与其说包含积极的愉快,毋宁说包含着惊叹或敬重,就是说,它应该称为消极的愉快。"❸ 对应着美是想象力和知性的结合,崇高则被认为是想象力和理性的结合,数量和力量是崇高感的两个主要来源。

电视艺术的崇高,并非仅如伊曼努尔·康德所说的数学或力学的崇高,而更多是人作为电视艺术的主体所呈现出来的道德、人格和境界的崇高,这才是电视崇高感的真正来源。❹ 回过头,我们会发现,朗吉努斯对崇高所下的定义同样适用于电视崇高感的建立——严肃伟大的思想、激昂浓烈的热情辅以精美的电视化艺术技巧,这样的电视节目一定会给观众以强烈的崇高感受。与文学作品不一样,文学作品的崇高感需要读者展开联想,而电视可以以极高清的画面巨细靡遗地将一个场景完整地展现给观众,让观众在直接的观看中获得崇高感。在尼古拉斯·米尔佐夫看来,"崇高是文化的创造物,是视觉文化的核心",且"某个在现实中很少有人能亲眼看见的事件似乎把我们带出了日常生活,尽管只是在片刻之间"❺。电视崇高感是在当代传媒文化逐渐成为主流文化的背景下产生的,可以说是崇高范畴在新的艺术媒介条件下的重建。❻

因此,电视艺术的崇高感与传统美学范畴下的崇高感不同,后者追求超脱现实的无功利性,而前者是视觉文化和大众传媒文化的结合体,由于电视媒介天生的日常性和伴随性,电视崇高感则常常蕴含在日常化的表征当中,这导致业界常会混淆电视崇高感和主旋律、政治说教的概念边界。实际上,崇高感并不仅仅只能从严肃的国家民族、帝王英雄等内容表现出来,也可以从平民百姓的日常生活中表现出来。电视艺术作品要从现实生活中收集平凡生活中的本质力量,让观众在崇高感受中收获情感的共鸣和升华,从而将核心价值观念内化于心、外化于行,这是电视崇高感产生及运行的基础,也是我们建构文化自信、建设社会主义文化强国的必要策略。

---

❶ 爱德蒙·伯克. 关于我们崇高与美观念之根源的哲学探讨[M]. 郭飞, 译. 郑州: 大象出版社, 2010: 36.
❷ 伊曼努尔·康德. 判断力批判[M]. 邓晓芒, 译. 北京: 人民出版社, 2002: 82-83.
❸ 同❶.
❹ 张晶. "电视崇高感"的美学价值[J]. 中国电视, 2013(9): 19-22.
❺ 尼古拉斯·米尔佐夫. 视觉文化导论[M]. 倪伟, 译. 南京: 江苏人民出版社, 2006: 124.
❻ 张晶. 艺术美学论[M]. 北京: 中国文联出版社, 2012: 440.

（二）电视综艺晚会中崇高感的三个层面

之前的学者在提到电视艺术崇高感时，都会专指电视剧所呈现的电视崇高感。不同于电视剧追求悲剧性叙事的崇高，电视综艺晚会作为大众媒介仪式，更擅长直接、浓烈地表达情感，且受众面广、感召力强，与影视剧相比制作周期短、观看成本低，在创造崇高美感上有着天生的优势。电视综艺晚会的崇高感则主要通过艺术美感、情感震撼和文化认同三个层面表现出来。

1. 艺术美感

依据表现形态，美可以被划分为优美和崇高两个范畴，也即弗里德里希·席勒所说的刚毅的美和柔软的美、中国古典美学中的"阳刚之美"和"阴柔之美"。因此，可以说崇高和优美是电视综艺晚会所呈现的艺术美感中的两个核心成分，二者相辅相成、缺一不可，一台综艺晚会假若一味地优美，不展现崇高的思想和内容，则会停留在表现的感官刺激，没有后续的精神启发，无法由眼及心、发挥教化作用，让观众产生飘忽的虚幻感。因为面对崇高的对象时，我们的感性本性与理性本性是不协调的，会显示出矛盾和斗争[1]，所以倘若晚会只有崇高，观众则会感觉到心灵的巨大压力和不协调且无法化解，由此产生巨大的心灵压力。因此在实践中，需要优美元素来将这个不协调和矛盾化解，通过一张一弛的节奏变化给予观众视觉快感和情感升华。而如果一场晚会既不优美，又没有崇高的思想作为有力的支持，为了吸引观众，只好求助视觉奇观、情绪狂欢、身体消费的内容，让娱乐取代一切，观众在狂欢过后一无所获。这类晚会甚至都无法进入文艺节目的行列中，更别说提供艺术美感了。

2. 情感震撼

美感和情感本就是相生相伴的心理过程。弗里德里希·威廉·尼采认为，自伊曼努尔·康德以来一切美学理论都被"无利害关系"这个概念败坏了。他厌恶所谓"无欲的静观"，而主张："美在哪里？在我须以全意志意欲的地方；在我愿意爱和死，使意象不只保持为意象的地方。"[2] 美感的形成离不开情感，在面对自然风景时，人们触景生情而认为自然景物具有美感；在观察社会时，人们因为社会事物对人具有巨大的感染力或包含了人们在实践过程中对现实事物产生的美好情感而产生美感；在欣赏艺术品时，人们会因为艺术作品中包含的艺术家的丰富情感与欣赏者产生共鸣而产生美感。电视综艺晚会作为直播的、现场性的媒体仪式，情感表达往往直接而浓烈，它所营造的情感氛围能在瞬间唤醒观众的情感记忆，引发集体共鸣。以"感动中国"年度人物颁奖典礼为例，

---

[1] 张玉能. 席勒的崇高论：崇高与美［J］. 甘肃社会科学，2014（5）：72-76.
[2] 弗里德里希·威廉·尼采. 悲剧的诞生［M］. 周国平，译. 北京：作家出版社，2012.

作为颁奖形态的综艺晚会,"感动中国"评出年度最令人感动的人物,聚焦社会正能量,挖掘出人性中至真至纯的光辉。晚会打造出独特的极致情感场域,把舞美、灯光、摄像、导播等的技术性"硬元素"和主持人语言、音乐、颁奖安排等的"软元素"结合起来,铺垫情感气氛。❶ 晚会在故事选择上以"典型人物"代替"正面人物",展现了人物立体丰满的形象和多层次的性格特点;在叙事上使用平民话语策略,深入挖掘平凡人物的不平凡之处,并通过人物间面对面的互动交流维持情感热度和力度。无论是支教青年徐本禹、捐肾救母孝子田世国还是身患癌症却心系公益的丛飞,他们的故事经由仪式化的呈现和叙述都具有强烈的崇高美感,给予观众巨大的心灵震撼,从而对他们的人生观和价值观产生积极影响。

3. 文化认同

埃米尔·涂尔干指出:"任何社会都会感到,它有必要按时、定期地强化和确认集体情感和集体意义,只有这样的情感和仪式才能使社会获得其统一性和人格性。这种精神的重新铸造只有通过聚合、聚集和聚会等手段才能实现……于是就产生了仪典。"❷ 民族节庆、灾难时期的电视综艺晚会可以通过家国、民族及英雄等象征符号书写,强化民族认同感和归属感,形成民族想象共同体。"春晚"是其中最具代表性的一个文化仪式,每年的除夕夜晚,随着屏幕上"某某年春节联欢晚会"字样的出现,全球华人在电视机前享受着"天涯若比邻"的快感。民族、国家的价值认同话语不断通过晚会中崇高的艺术表现及文化象征符号来询唤、召集"中华民族""炎黄子孙",以崇高所建立的价值认同来寻求一种规范和服从,从而建构"中国人民"这一共在身份。❸ 由此,集体记忆得以形成,并在视觉符号的表征和强化下转化成民族认同感。

同样,当疫情及自然灾害发生之时,悲伤无助的人们也需要这样一个仪式来寻求归属感。此时的晚会通过纪录性片段和文艺节目的组合,展现出全球各地华人对受灾群众的关心帮助、受灾群众在大灾面前坚强不屈、救灾英雄奋不顾身舍生忘死、各级领导人鞠躬尽瘁的极致切面,将全球华人和灾区人民的心紧紧地凝聚在一起。面对新型冠状病毒肺炎疫情的严峻形势,2020年中央广播电视总台元宵晚会一改往年联欢常态,以纪实性和人文性串联起一系列抗击疫情的情景朗诵及歌曲节目,对于提升全国人民抗疫信心起到了重要作用,也大大地强化了民族凝聚力。

---

❶ 薛国林.形象塑造与社会认同:正面人物宣传报道的社会效果研究[M].广州:暨南大学出版社,2012:93.

❷ 埃米尔·涂尔干.宗教生活的基本形式[M].渠东,汲哲,译.上海:上海人民出版社,2006:562.

❸ 张晶,宋洁.论电视崇高感及在传媒文化中的历史性功能[J].现代传播(中国传媒大学学报),2011(1):60-67.

二、崇高感的消解危机

当前,"典礼和象征符号越来越失去反响,被历史扔到堆放杂货的房子里"❶,随着消费文化及后现代文化的甚嚣尘上,消解崇高成为时尚,削平深度变成流行。后现代文化学者詹明信提出"歇斯底里式"崇高❷,即伴随着社会的发展,人的主体性不断消失,个人情感逐减淡,理性的力量不再能够如爱德蒙·伯克、伊曼努尔·康德所言般发挥作用。而计算机、互联网等新技术所打造赛博空间也削弱了崇高客体的实在性,虚幻的场景符号打造出"超真实"❸的非人化环境,使人们沉沦其中,不再召唤理性力量进行超越,狂喜战胜理性、享受代替超越——是对古典主义所论述的崇高的后现代消解。

当前我国电视行业中"唯收视率论"依然深重,一些节目为追求高收视率放弃艺术原则,追求感官娱乐至上,陷入了泛娱乐化的困窘。随着电视媒介的不断商业化,电视综艺晚会成为电视台的影响力支柱节目,管理者和创作者都希望能用巨大的成本投入换回高影响力和高商业回报。与坚守艺术品质引领提升观众相比,降低艺术身价迎合观众口味似乎更为快捷。因此,在大大小小的电视综艺晚会中,"讲排场""讲流量""拼明星"的现象比比皆是,浮华奇观掩盖专业失范,娱乐奇观取代了价值思考,似乎正在陷入詹明信所说的"歇斯底里式"崇高。

面对这种倾向,电视综艺晚会需要不断深掘传统文化元素,借助媒体融合优势,以人本位视角观照现实,创作出具有中国特色、中国风格、中国气派的文艺精品,打造新时代的崇高美学。

三、当下电视综艺晚会崇高美感的生成策略

上文提过,崇高感来自思想、情感和技巧。而电视综艺晚会崇高感则主要来自两个方面:一是节目以强大的视觉冲击力突破观众的理性期待,从而带来巨大的感官震撼,使他们能够跳脱出日常生活获得无功利的审美快感;二是节目的思想内容能够让观众的心灵得到涤荡,激发出他们的钦佩、敬畏等情感。具体落实到电视综艺晚会上,崇高感可以由思想主题、情感表达和内容形式三个要素生成。

---

❶ 罗杰·西尔弗斯通.电视与日常生活[M].陶庆梅,译.南京:江苏人民出版社,2004:31.
❷ 詹明信.晚期资本主义的文化逻辑[M].陈清侨,等译.北京:生活·读书·新知三联书店,1997:481.
❸ 汪民安,陈永国,马海良.后现代性的哲学话语:从福柯到赛义德[M].杭州:浙江人民出版社,2000:329.

(一)思想主题

电视综艺晚会可以借助各种艺术形式创造立体生动的形象来传达理性意图、创造崇高美感。一台晚会的主题就是创作者想要通过晚会传达的理性意图,著名编导邓在军曾认为:一台晚会的主题,直接关系着节目创作、演员选择、风格色彩等多个方面。一台大型综合性综艺晚会,如果没有主题,并贯穿于晚会的始终,就会显得东拼西凑,杂乱无章,即使有好的节目也给糟蹋了,或者还有个别节目给人留下了印象,而整台晚会很快就会被遗忘。❶ 一台晚会若在策划之初就有积极崇高的主题思想作为统领,那其在节目创作、结构串联上会表现出很强的连贯性和统一性,创作者的艺术思想会在抑扬顿挫的艺术节奏中得以呈现,而观众在观看时也会身心投入,化身为积极的解读者。相反,当一台晚会没有一个积极崇高的主题时,它会表现出强烈的拼凑感和空洞感,抑或者让娱乐狂欢占据晚会的全部。

一般来说,展现崇高感的主题要素可大致归为国家民族、家庭、英雄。

1. 国家民族

国家民族是建构想象共同体的重要符号。电视综艺晚会作为电视台的大型项目,必须将宣导国家意识形态的喉舌属性融于艺术属性中。随着改革开放,我国文化多元化发展,通过晚会激发观众的文化自信和文化归属,建构复杂文化环境中的文化统一体至关重要。因此我们可以看到,作为电视综艺晚会指向标的中国中央电视台春晚在 30 多年的创作历程中不断围绕民族、国家的相关概念进行与时俱进地深挖和强化,一些高概率的主题词——"团结""和谐""盛世""奋进"等,标志着春晚已经形成成熟和完善的"家—国"创作逻辑。而"纪念中国人民抗日战争暨世界反法西斯战争胜利 70 周年文艺晚会"以"铭记历史、缅怀先烈、珍爱和平、开创未来"作为主题,以《浴血中华》《正义力量》《和平梦想》三大篇章展开阐释,囊括了合唱、交响乐、民族音乐、戏剧、舞蹈、诗朗诵、多媒体等多种舞台艺术形式与手段。无论是展现"南京大屠杀"的舞蹈还是合唱与情境表演《太行山上》,抑或是钢琴合唱《黄河·义勇军进行曲》,都展现出了家国同梦、砥砺爱国的崇高美感,以"美"的艺术语言传递出我国社会主义核心价值观,陶冶了观众的爱国情感。

2. 家庭

家庭是构成人类社会的最小单元,也作为伦理共同体参与日常生活。家庭生活是人类都最熟悉、最亲近的社会实践,从中生发出来的"家文化"是中国传统文化的核心,影响着人们的社会生活、政治生活和文化生活。电视综艺晚会有必要展现我国的"家文

---

❶ 林强. 邓在军电视艺术 [M]. 北京:华文出版社,1993:148.

化",挖掘出家庭生活的意义。在艺术表达上,电视综艺晚会既可以通过展示质朴温暖的家庭生活满足观众的思乡之情、提供心灵慰藉和动力,也可以通过"家国同构"的艺术手法与民族国家的主题形成互文、共同生成崇高感。以 2015 年春晚为例,晚会以"家和万事兴"为主题,结合了家庭生活的日常生活叙事和"中国梦"的宏大叙事,艺术化地展现了国家意志。晚会各个节目都围绕"家"的主题展开,使"家"这个共同体给观众提供了浓厚的心理情感寄托。

3. 英雄

从古希腊开始,人们就对英雄有着强烈的崇拜。尽管中西方对于英雄的理解各有不同,但总的来说,英雄被认为是美好和强大的化身,是勇者和智者的结合,他们面对艰难险阻奋起直上的行为能够大大激发人的斗志和勇气、修正人的行为举止和情感态度。近年来电视文艺作品中的英雄形象层出不穷,大多为军人、警察、国家干部、父母、长子(女)等几类,他们大都有着光辉轰烈的事迹及崇高的人格和品德。但在当前安定和平的社会环境中,创作者对于英雄的概念应有所扩充,在平凡的生活中默默无闻、坚守道德的普通人也应成为"英雄"的外延含义。在文艺晚会中,无论是光辉轰烈的英雄事迹还是平凡人生的英雄举动,都能够给予观众震撼的崇高感。以"感动中国"为例,这个以"英雄"为核心元素的系列晚会将平凡和伟大的边界打破,来自各行各业的英雄都能凭借崇高的品格和行为得到赞赏和表彰。观众在一个又一个的英雄故事中接受心灵的洗涤,也在英雄的鼓舞下勇敢面对未来,不断探寻生命的边界和价值。

以上三类的主题既可单独呈现,也可相互融合创造多元多层的艺术效果,目前的电视综艺晚会大多会将其中的两类或三类融合在一起,使崇高感的表现方式更为多元。

(二)情感表达

苏珊·朗格曾说:"艺术品是将情感呈现出来供人观赏的,是由情感转化成的可见的或可听的形式。"❶ 电视综艺晚会作为文艺系统中情感表达最浓烈、视觉意象最直接的节目类型,更要注重情感元素的处理。为了提升晚会的崇高感,有时会需要一些像歌颂祖国、歌颂人间温暖的情谊、歌颂海外游子的爱国等内容的动情点节目,多角度、全方位地反映人们的生活和情感。从 1983 年第一届春晚开始,动情点节目就成为电视综艺晚会创作的必要元素。动情点节目既能够迅速地引发观众的情感共鸣,也能够为晚会增添人文关怀。

但设置动情点节目不代表刻意煽情、消费感情。动情点节目所包含的情感必须真实可感、与晚会主题气氛相符,不能为了抒情而编撰造假,也不能只抒情不说理,这样的

---

❶ 苏珊·朗格. 艺术问题[M]. 滕守尧,等译. 北京:中国社会科学出版社,1983:24.

动情点节目毫无意义。因此，动情点节目不能设计在晚会的开头，应该在辅助节目的引导下出现，且动情点节目后不能安排情感转变太大的节目，应该设置类似节目对动情点环节进行收尾和升华，这能给予观众足够的时间进行思考和消化。此外，动情点节目时长不能太长，尽量点到为止，做到"哀而不伤"，唯此崇高感才有坚实的情感基础。关于动情点的例证数不胜数，在此不赘述。

（三）内容形式

思想主题和情感表达是电视综艺晚会生成崇高感的宏观层面，而落实到具体的内容呈现上，电视综艺晚会的各创作要素都不同程度地影响到晚会崇高感的生成。其中，笔者选取了几个影响作用较大的元素展开分析。

1. 文字元素

文艺晚会的文字元素包括主持词、颁奖词和为晚会创作的诗词、剧本等。文字能够完成一些视觉符号无法完成的叙事和抒情功能，能够深刻理性地阐明节目背后的精神内涵，如在2015年"感动中国"颁奖典礼中，对光耀人间的材料科学家、两院院士师昌绪的颁奖词："八载隔洋同对月，一心挫霸誓归国。归来是他的梦，盈满对祖国的情。有胆识，敢担当，空心涡轮叶片，是他送给祖国的翅膀。两院元勋，三世书香。一介书生，国之栋梁。"三言两语就表现出他崇高的道德品格和科学追求，而依靠视觉元素则需要大量篇幅和时长才能完成。在2020年中央广播电视总台春晚中，春晚历史上创作时间最短的、临时增加的情景报告节目《爱是桥梁》成为整台晚会的亮点。白岩松创作的台本情感真挚，展现了疫情之下武汉的真实场景，表达出对于抗疫一线医护人员和市民的致敬和祝福。节目虽没有华丽丰富的舞台包装，但却凭借力透纸背的文字和激昂的朗诵展现出崇高的精神力量。

2. 舞美元素

舞美包括舞台置景、道具、动态视觉、机械等元素。由于晚会舞台的空间大、道具及机械装备也都巨大，能够达到伊曼努尔·康德所说的"体积大"。一个成功的舞美设计能够快速直观地、先于思想内容地展现崇高美感。"感动中国"颁奖晚会中令人难忘的巨大丰碑和长走廊使得每个获奖人都能在充满仪式感的环节设计中展现崇高光芒；在"纪念中国人民抗日战争暨世界反法西斯胜利70周年文艺汇演"的舞台包装中，动态大屏幕上的长城背景、巨大的勋章立柱和充满着整个会场的黄河虚拟投影给观众带来了强大的视觉震撼，使他们获得了无功利的审美快感。

3. 演员元素

演员是晚会中的活元素。演员的数量、演员的身份形象同样会影响晚会中崇高感的呈现。从接受角度来看，"人海"节目会比单双人节目更震感、更有冲击力，而在单双人节目中,中老年演员会比年轻演员更深刻、崇高,尤其是那些曾经饰演过领导人、帝王将相的演员,观众会不自觉将他们表征为具有崇高感的符号,从而产生崇敬、敬畏的心理。

4.音乐元素

在电视综艺晚会中,音乐元素是最为重要且常见的元素,而且由于音乐本身具有强情感性和节奏感,在建构崇高感上效果显著。以"纪念中国人民抗日战争暨世界反法西斯战争胜利70周年文艺晚会"为例,晚会在19个节目中穿插了22首音乐作品,包括《延安颂》《山丹丹花开红艳艳》《强军战歌》《太行山上》等,这些音乐不仅以歌唱节目的形式出现,还作为情景表演、诗朗诵、舞蹈的背景音乐出现。在音乐的烘托下,整场晚会大气磅礴、情感浓烈澎湃,书写出中华民族共御外辱的崇高史诗。

四、结语

电视综艺晚会在创造崇高美感上也有着天生的优势,但实现起来却并非易事,需要文艺工作者在实际工作中保持住自己的艺术人格,按照美的规律进行艺术实践。在这个消费主义盛行的时代,广大电视文艺工作者更应该潜心探索、增进技艺,创作出思想精深、艺术精湛、制作精良的电视综艺晚会,既丰富电视荧屏,满足广大人民群众的精神文化需求,更能集中充分地阐释国家意志、民族精神和人性力量,发挥电视作为主流媒体聚民心、暖人心、奋信心的职责和作用。

(作者彭宇灏系中国传媒大学戏剧影视学院博士研究生)

第三章 传媒艺术与媒介融合时代

"断裂"抑或"延续"
——媒介融合时代的安德烈·巴赞电影本体论

摘　要：重新解读安德烈·巴赞对于帮助理解媒介融合时代的电影身份危机具有重要意义。有学者提出媒介融合时代的电影是一种"动画本体论",并将之理解为安德烈·巴赞理论的对立面。其实,这是对安德烈·巴赞理论的一种误读,其争论的核心在于如何理解摄影所具有的索引性。电影的数字媒介虽然逐渐取代了胶片媒介,但胶片媒介的美学特征却部分地被保留下来。安德烈·巴赞的理论蕴含物质媒介、影像观念与表达技艺三个不同的层次,它们相互影响又互为敞开,形成了一个跨维度的开放系统。这一理论话语在媒介融合时代依然延续着自己的生命力。

关键词：安德烈·巴赞；电影本体论；动画本体论；索引性；完整电影

20世纪90年代末以来,电影领域饱受两种相互撕扯的张力影响：一方面是电影在实践和产业领域的不断发展,另一方面则是电影在理论话语层面上的持续困境与自我质疑。实践的繁荣与理论上的身份焦虑刻画了电影在世纪之交的矛盾面相。这一现象除了当代整个人文话语理论式微的大背景,具体到电影本身,媒介融合毫无疑问是直接原因。这场被约翰·贝尔顿称为"虚假革命"的数字媒介转向却引发了众多电影学者的焦虑,"电影已死"的声音不绝于耳。然而,这种死亡指的不是电影实践层面的停摆,而是作为对实践进行解读与促进的理论化的困境❶,首当其冲的便是安德烈·巴赞建立在摄影媒介反思之上的电影本体论。安德烈·巴赞的理论在当下的数字时代是否发生了"断裂",抑或是其建立在光感化学材料之上的本体论在计算机的芯片和代码转换时代还将"延续"下去？毫不夸张地说,在媒介融合时代重新思考安德烈·巴赞的电影本体论及其学理上的适用性是检验经典电影话语是否还具有持续生命力的试金石。

---

❶ 事实上,理论的衰微也会或直接或间接地影响到实践领域,如电影的学科命名问题及随之而来的电影教育问题等。

一、超越"刻板印象"的安德烈·巴赞：媒介融合时代的"动画本体论"

许多学者在媒介融合时代重回安德烈·巴赞的时候，将《摄影影像的本体论》一文当成了理论攻击的靶心。在安德烈·巴赞这篇影响深远的文章中，他提出了一个确立现代电影本体论的观点："摄影是自然物的补充，甚至就是被摄物本身，而电影就是建立在摄影客观性之上的既保留了事物的痕迹又具有运动性的'可变的木乃伊'。"❶ 在安德烈·巴赞的时代，考虑到社会惯例与电影产业的实际情况，胶片是摄影和电影近乎"唯一"的物质材质，因此安德烈·巴赞将摄影的胶片特征推广到电影上是一种自然的逻辑推理，他或许不会想到在近半个世纪后会有另外一种物理特质与胶片完全不同的媒介可以"以假乱真"地实现胶片效果。然而进入数字时代，安德烈·巴赞这种自然推理的逻辑起点成为问题所在，对安德烈·巴赞乃至整个经典电影理论的攻击就建立在对胶片特征的理解上。

在对安德烈·巴赞的解读过程中，彼得·沃伦用查尔斯·皮尔斯的符号学体系来解释安德烈·巴赞的影像本体论，提出了胶片所具有的"索引性"（Indexicality）概念。❷ 至此，许多学者在这一概念的基础之上，将影像及其对现实的再现联系起来，并在推论前暗含着这样一种假设：如果一个影像是直接通过传统摄影的方式获得的，那它就具有安德烈·巴赞意义上的本体论特征。至此，学界关于安德烈·巴赞的"刻板印象"就这样形成了。

计算机绘图（Computer Graphics）技术的发展使得电影的胶片与数字媒介发生了融合。无论是20世纪70年代起乔治·卢卡斯开始在《星球大战》系列中实现的数字特效，还是1999年《黑客帝国》《异次元骇客》《移魂都市》等影片造成的"数字井喷"，抑或是当今从演员的表演到场景的制作等过程中无处不在的后期技术，传统摄影的规范被打破，通过计算机技术对图像的修改、再创造甚至是原创成为电影制作的常规。相较于安德烈·巴赞的"刻板"，数字技术在新旧电影媒介之间似乎划下了一道深深的裂痕，媒介融合的结果似乎使得电影亟待告别安德烈·巴赞，建立自己的"新本体论"。

事实上，这种通过媒介的特征来确定某种艺术的本质的做法具有鲜明的"媒介环境学"色彩，其代表人物无疑是马歇尔·麦克卢汉。林文刚在阐释马歇尔·麦克卢汉"媒介即讯息"的时候解释道："媒介并不是一个中性的传播渠道，媒介因自身不同的物质

---

❶ 安德烈·巴赞. 电影是什么［M］. 崔君衍，译. 北京：文化艺术出版社，2010：9–13.

❷ WOLLEN P. Signs and Meanings in the Cinema［M］. Bloomington: Indiana University Press, 1973.

结构和符号结构会产生不同的偏向,并且会对人的感知及社会、文化产生一系列的后果。"❶虽然大多数学者不会将这种观点推至所谓的"媒介决定论"或者"媒介本体论"的极端窠臼之中,但是他们对于安德烈·巴赞及其论证思路的反驳总是基于明显的新旧媒介比较之中。美国纽约城市大学教授列夫·曼诺维奇在谈论数字电影时指出,计算机技术基于的是 0 和 1 之间的算法逻辑,而不是镜头面前活生生地被拍摄物本身。于是电影成为"撒谎和表演"的工具,声音技术和影像技术的不断发展和完善使得建立在传统摄影影像之上的本体论处于一种"被持续否定"的状态之中。肖恩·库比特在 2004 年直接用《电影特效》(*the Cinema Effect*)来命名自己的新书。

如果数字电影缺少了传统摄影所具有的被摄物与影像之间的强制性关联,并且可以如同拿着画笔一般对影像进行任意挥改,那么这种观点只要稍微向前推进一步就会彻底改变电影的摄影本体论,走向一种新的"动画本体论",并预设了如下论断。首先,电影是运动影像;其次,电影是(可修改的)美术产品。于是认为,以传统摄影为基础的电影是处于初级阶段的还未经过美术修改的运动影像。这种观点在媒介融合时代带着媒介考古的思路重新挖掘早期电影与美术之间的密切关联,曾经长期作为电影一种亚类型而存在的动画一跃完成了身份的"陡转",让实拍片成为自己的一个下属类型。于是,数字电影和传统电影具有完全不同的本体论,它们是否还是"同一件事物"便成了问题。将电影的本体从摄影转向动画,原因在于观察到当今电影的部分实践具有不再强调视觉写实的倾向,这其实是把安德烈·巴赞所说的摄影的客观性机械地认定为镜头对现实直接地、简单地再现。事实上,摄影在安德烈·巴赞理论中的意义远不只如此。彼得·沃伦创造性地用"索引性"来阐释摄影本体论并不是一种对安德烈·巴赞的误读。事实上,"索引性"确实是理解安德烈·巴赞思想的关键,但前提是要做出正确的理解。

众所周知,在查尔斯·皮尔斯的符号体系中,符号由代表项(Representamen)、解释项(Interpretant)和对象(Object)构成,符号可以分为像似符号(Icon)、索引符号(Index)和规约符号(Symbol)三种不同的类型。安·达勒瓦指出,像似符号是能指感觉上与所指相似,或模仿了所指,或在某些性质上与所指相似,如一幅肖像或一架模型飞机;索引符号是在某种程度上(物理的或因果关系的)以能被观察或推断出来的方式与所指直接相关,如脚印、照片与电影。❷不难发现,摄影可以同时兼具像似性和索引性两种不同的符号特征。❸例如,一张写实的照片可以当作被摄物的像似性符号,而一张经过某种美学风格加工后的照片虽然失去了可见的像似性,但是其内在的索引过程依

---

❶ 林文刚.媒介环境学:思维沿革与多维视野[M].何道宽,译.北京:北京大学出版社,2007:30.
❷ 安·达勒瓦.艺术史方法与理论[M].李震,译.南京:江苏美术出版社,2009:35.
❸ 像似性不仅可以是图像像似,还可以是声音像似、关系像似等。我们说摄影的像似性主要停留在图像像似阶段。

然是完整保存的。这就如脚印作为某个人的索引性符号时,能指和所指之间并没有可见的再现性,此时不论这个人的外貌发生了什么样的变化,脚印依旧指涉着同一个所指的(曾经)在场。不难发现,用像似性去理解摄影并没有太多障碍,彼得·沃伦的洞见在于他读出了安德烈·巴赞理论中的"索引性"。质言之,用"动画本体论"来否定安德烈·巴赞的学者很有可能在思维中犯了如下错误:一方面,从表面上把索引性理解为了像似性;另一方面,将索引性完全排除在数字成像的过程之外。如此看来,"动画本体论"对安德烈·巴赞理论的攻击并不得要领,或者说是走向了媒介融合时代另外的可能路径。❶ 而当我们深入挖掘索引过程所蕴含的深意以便回应这两种误解时,就要告别那个持有狭义的摄影本体论的作为"刻板印象"的安德烈·巴赞了。

二、安德烈·巴赞的"另一副面孔":索引性及其现象学真实

理解安德烈·巴赞的理论应该避免两种极端倾向:一种是上文所说的作为"刻板印象"的安德烈·巴赞,把摄影的索引性推向表面的理解,从而使安德烈·巴赞成为一个狭隘的"现实主义者";另一种是完全抛弃索引性,认为安德烈·巴赞的理论具有很强的开放性,与符号学术语"索引性"水火不容,摄影影像本体论也远比所谓的索引论更强大。❷ 这两种倾向都与对真实性(或客观性)的思考密不可分:第一种倾向把摄影本体论理解成了表面的真实;第二种倾向如果成立,则安德烈·巴赞对摄影的理解中最为精髓的、具有哲学意味的思想就有可能成为空中楼阁。换言之,从索引论的角度理解安德烈·巴赞依旧是一种值得肯定的思路。对于第一种倾向我们应该坚决反对,而对于第二种倾向,在有可能将之作为"扩大版的安德烈·巴赞"之前,我们先要重申安德烈·巴赞从摄影本体论出发所说的真实到底意味着什么。

事实上,安德烈·巴赞的理论是一个系统,必须把他的很多文章放置在一起才能看到其中的生长脉络。如果说谈论摄影本体论的安德烈·巴赞关注的是影像的能指,那么在论述电影的真实时他关注的则是影像的所指。当然可以说安德烈·巴赞强调影像本身在视觉上的客观性和真实感,却不能说他仅仅停留在这个层面。所以,理解安德烈·巴赞时必须像欣赏毕加索的绘画一样,同时看到他的侧面和正面。对安德烈·巴赞而言,"真正的现实主义通过自我疏离的暗指与省略接触到主题的本质,真正的忠实则为了创造性的尊重而放弃显而易见的匹配。"❸ 安德烈·巴赞反对《法勒比克村》这样的朴素的

---

❶ 需要注意,电影中的"动画本体论"有很多不同维度的讨论,我们在此驳斥的只是从"媒介变革"的角度推崇动画的那些观点,而对"动画本体论"的全面阐述与评价并不在本文的讨论范围内。

❷ 徐立虹.数字媒体时代的巴赞电影理论[J].北京电影学院学报,2019(3):5-11.

❸ 达德利·安德鲁.电影是什么[M].高瑾,译.北京:北京大学出版社,2019:7.

现实主义,甚至指出为了真实,总要"牺牲一些真实"。❶达德利·安德鲁进一步指出,安德烈·巴赞超越了西格弗里德·克拉考尔的素材美学、写实内容和解释技巧的美学,上升到了一种空间的美学,正是因为能够呈现物体的空间性和它们所占据的空间,电影才得以成为真正的艺术。❷"电影的特性,暂就其纯粹状态而言,仅仅在于从摄影上严守空间的统一。"❸更为重要的是,通过对空间整体性的获取,安德烈·巴赞所提倡的段落或景深镜头都是为了实现如下愿景:超越表面的可见真实而传达出不可见的现实的暧昧性。"蒙太奇在本质上是与含义模糊的表现相对立的,而景深镜头则把意义含糊的特点重新引入了影像结构之中,这是一种更加形而上的含义。"❹换言之,这是一种从视觉真实向哲学真实的过渡,蕴含着安德烈·巴赞身上所具有的现象学气质。

进一步说,这种现象学真实并不是一个确切的目标,而是一种持续接近却触不可及的追寻。这种追寻正是安德烈·巴赞所言的"现实的渐近线"的逻辑内涵。安德烈·巴赞的真实,不只是"虚假"的写实的真实,而是与当时的虚拟哲学相关,有一种让"不在场"显现的意味,是一种视觉的木乃伊背后所包裹的"灵魂"。达德利·安德鲁极具洞见地指出:"安德烈·巴赞的理论所推动的审美路径强调的绝不是景观和在场,而是痕迹和延迟。"❺安德烈·巴赞曾将影像和被摄物本身画上等号,但是他的原意并不是说影像再现了被摄物,而是说影像本身是被摄物在时间的绵延中所留下的痕迹,通过这种作为本体的时间之痕,我们才能洞悉到"世界本身"。而这种痕迹,正是索引过程的结果。在安德烈·巴赞的体系中,段落和景深镜头只是一种实现愿景所采用的手段,在实际的电影制作中这种手法也可能表现出完全不同的美学效果。它们如果要成为揭示哲学真实的手段,就必须依赖于影像和现实之间所具有的索引性关系。另外,安德烈·巴赞认为摄影与任何强调写实的绘画都不同,原因在于它第一次排除了人工的干预,从而具有了一种现象学意义上的"悬置"效果,因此摄影所实现的与其说是眼睛的需要,不如说是心理的需要,这种心理学动机的实现同样离不开索引性过程。从这一角度出发,即使一部 3D 动画呈现的影像细节非常写实,只要我们看出或知晓它的创作过程并非或扭曲了摄影所具有的索引性逻辑,便可能不把它当作对"世界本身"的揭示,即使它会在艺术真实的其他层面上获得自己的意义。质言之,索引过程不仅标志着摄影的机器自动机制,还解释了影像之所以能够带有"时间之韵"的深层原因。

不过,那种认为用索引性去理解安德烈·巴赞理论是一种误读的观点也并非毫无可

---

❶ 王文斌. 电影现象学引论 [M]. 北京: 中国社会科学出版社, 2018: 152-153.
❷ 达德利·安德鲁. 经典电影导论 [M]. 李伟峰, 译. 北京: 北京联合出版公司, 2018: 116.
❸ 安德烈·巴赞. 电影是什么 [M]. 崔君衍, 译. 北京: 文化艺术出版社, 2010: 51.
❹ 同❸: 71.
❺ 同❷: 17.

取之处，因为这种观点看到了安德烈·巴赞理论所具有的跨媒介潜质。事实上，索引性并不意味着媒介的唯一性。在大卫·罗德维克看来，虽然数字影像具有索引性符号的作用，并且在很多方面复制了化学摄影的文化功能，但是他还是倾向于把索引性只归属于胶片媒介，认为数字影像的索引性是不完全的。❶ 这源于胶片与数字媒介在成像过程上的巨大差别。"按照与影像获取有关的因果关系的类型、借助于确定输入与输出之间的因果关系是连续的或者不连续的，二者之间可以在性质上加以区别。这里，（类比的）复制应该与（数字的）转换或计算加以区别。"❷ 也就是说，被摄物的光线对于最终呈现在胶片上的影像而言具有必然的、直接的因果关系，其中的时间是连续不断的；对于数字感光元件来说，这种光线与影像之间的索引性关系只处于起始阶段，芯片的后续计算过程因其算法的逻辑阻断了胶片具有的因果关系和连续性。由此大卫·罗德维克认为数字影像可能不具备完全的索引性。❸ 但是，我们不禁要问，这种与因果关系相关的连续性该如何确定？日常经验告诉我们，在实际的审美经验中胶片与数字影像带给我们的直观感受可能并没有太大的区别（并不是所有情况下），所以约翰·贝尔顿认为对于普通观众而言，数字革命是一场"虚假革命"❹。可见，虽然媒介融合时代确实存在着不同媒介之间的迭代或替换关系，但是对于观众来说，这种融合却有可能是隐而不显的。

换言之，对于大卫·罗德维克所做的区分，我们可以通过把影像的接受过程区分为两个不同的逻辑阶段来加以理解，即媒介的物质现象学阶段和媒介的感知现象学阶段。对于前者来说，胶片和数字媒介因物理材质的不同而具有不可回避的差异；但是对于后一个阶段来说，它既可以受前者的影响，也可以把这种影响消耗到难以觉察的程度。毕竟，电影不是摄影，除了媒介基础，它还有许多其他的维度。换言之，在媒介的物质现象学阶段，胶片的成像是直接完成的，而数字感光元件将被摄物的光线转换为计算机符号加以处理，是多阶段的"数字事件"，因果关系的连续性在其中遭到了破坏。大卫·罗德维克在这个层面上是正确的。但是在媒介的感知现象学阶段，一张用数码相机拍摄的家庭照片同样可以带来罗兰·巴特所说的胶片影像所具有的"刺点"或"奇异"的时间感，它们在第一个层面中的差别，在有些情况下对于普通观众来说是可以忽略的。换一个角度，倘若我们从一个更大的外部视角来看，可以认为二者在内部都经历

---

❶ 大卫·罗德维克. 电影的虚拟生命 [M]. 华明，华伦，译. 南京：南京大学出版社，2018：123.

❷ 同 ❶.

❸ 同 ❶：114.

❹ BELTON J. Digital Cinema: A False Revolution [J]. 2002, 10 (100): 98-114.

了复杂的变化，从逻辑上说把胶片的成像过程区分为多个阶段也不是完全不可能。❶索引性预设了能指与所指之间的连续变化，但并没有表明这种变化不能是多阶段的，多阶段并不是丧失因果性和时间连续性的充要条件。因此，从理论思辨的角度而言并没有一个明确的区分点来作为判断数字影像是否具有索引性的标志。罗德维克的划分更倾向于一种对索引性概念所涵盖的"程度"所做的判断，其中当然可以选择他认为合适的阈值，但是却很难让这一选择推而广之成为具有本质性的定义。这两个逻辑阶段可能会在媒介美学上有所区别，但是在安德烈·巴赞所说的关涉现象学真实的电影美学上却不会有太大的影响。在安德烈·巴赞的理论中，索引性具有摆脱单一媒介的潜质，因为在他看来，电影的本质并不能规约为一种媒介。

三、安德烈·巴赞的"虚拟生命"："完整电影"与理论融合

大卫·罗德维克虽然认为胶片与数字媒介有着深层的区别，但他并没有盲目认为传统电影与数字电影发生了根本的"断裂"。胶片死了，但电影常在。在大卫·罗德维克的论述中隐约透露出这样一种观点："电影就像是虚无缥缈的幽魂，可以附身在不同的物质之中；电影是一种'虚拟生命'（Virtual Life）。"这一观点在精神上与安德烈·巴赞不谋而合。约翰·贝尔顿就表明："安德烈·巴赞理论既是唯心主义的，也是唯物主义的，尽管他的中心思想最终是唯心主义的，追求他所谓的'完整电影'。"❷ 在此，我们不去评价约翰·贝尔顿的"唯心"与"唯物"的用法；可以肯定的是，安德烈·巴赞论电影时在观念上的开放性使得他的理论在媒介融合时代有延续自身"虚拟生命"的可能。

在《完整电影的神话》一文中，安德烈·巴赞对电影的理解不是简单的技术决定论。在某种程度上，技术的发展反而是因为人们对"电影"本身所持有的观念层面的幻想。"技术发明为电影的产生提供了可能性，但是据此尚不足以了解电影产生的原因。"❸ "倘若把对电影发展起到重要作用的科学发现或工业技术视为电影发明的原动力，那么至少从心理方面看，就是把具体的因果关系弄颠倒了"。❹ 电影如果不是技术导致

---

❶ 我们可以做如下思想实验：不论是胶片还是数字感光元件，它们都有着基本的感光功能，但是在某一特定的情况下，它们感光后的成像效果都没有达到拍摄者的预期。于是，在某张胶片的基础上，人们通过不同的化学调配来让胶片呈现出不同的宽容度或感光效果；同样，在某台数码相机内部人们通过额外植入新的转码算法也可以实现预期效果。在这两个行为中，连续性都被打破了，都是多阶段的艺术。

❷ BELTON J. Digital Cinema: A False Revolution [J]. 2002, 10 (100): 98-114.

❸ 安德烈·巴赞. 电影是什么 [M]. 崔君衍, 译. 北京：文化艺术出版社, 2010: 15.

❹ 同❷. 19.

的，它必定是某种观念驱动的，而这种观念就是"完整电影"的神话，即"完整无缺地再现现实"❶。达德利·安德鲁认为，安德烈·巴赞受当时存在主义哲学"存在先于本质"的影响，认为"电影的定义并不由它采用的技术决定，而是由不断发展的技术所服务的用途所定的"❷。所以，达德利·安德鲁延续安德烈·巴赞的精神，反对从技术的视野理解电影的本质，认为电影的本质在于发现、遭遇、直面和启示。❸

至此，安德烈·巴赞电影理论最核心的元素已经浮出水面，它建立在三个基石之上。一是摄影本体论，强调影像与现实的索引性关系和无人工痕迹（摄影所具有的"悬置"力量）；二是在此基础之上影像所呈现出的哲学真实，即被指示的不是简单的机械复制的现实，而是一种具有哲学意味的暧昧性现实，这与影像空间的完整性及时间的力量有关（一种现象学意义的阐释）；三是"完整电影"的神话，电影的本质在于一种"完整电影"的理念（电影本质的非媒介决定论）。在此，有两个问题需要解释。安德烈·巴赞在论述摄影本体论时一直将之与绘画进行对比，强调的是摄影媒介的特殊性，而"完整电影"又是超越单一媒介的，这是一对矛盾吗？另外，对于安德烈·巴赞所期冀的影像在哲学层面的真实，我们要再次审视：这种"现象学效果"是如何产生的，是基于媒介本身的力量，还是某种超越媒介的技艺使然？

对于第一个问题，我们可以给出一个理解安德烈·巴赞的"广义视角"：这是一个不同层次的对比，所以并不是一种真正的矛盾。摄影本体只是一个出发点，"完整电影"的理念才是最终的诉求。安德烈·巴赞所说的"完整电影"蕴含着一种去人工化的意味，摄影是当时符合这种理想的首要媒介，但这并不是说电影永远只能停留在胶片时代。安德烈·巴赞提倡技术的发展对电影真实性的拓展，他称赞《公民凯恩》中使用和人眼视觉相似的17毫米镜头，还认为宽银幕可以达到146度的视野，这能大大降低风格化艺术的力量。❹按照这种思路，对于3D或者虚拟现实等技术，安德烈·巴赞一定会持开放的态度。墨西哥导演亚历桑德罗·冈萨雷斯·伊纳里图于2017年制作的VR电影《肉与沙》可以看作将安德烈·巴赞理论融合在数字时代的一次典型尝试。在这部关于墨西哥移民与偷渡问题的作品中，亚历桑德罗·冈萨雷斯·伊纳里图融合了电影和装置，将观影空间从传统的剧院搬至了美术馆。为了实现"完整无缺地再现现实"，亚历桑德罗·冈萨雷斯·伊纳里图放弃了具有身体限制性的"转头式"（Head Turn）VR，而是选用了允许观众进行身体移动的"行走式"（Walk Around）VR，如此一来观众就

---

❶ 安德烈·巴赞.电影是什么［M］.崔君衍，译.北京：文化艺术出版社，2010：17.
❷ 达德利·安德鲁.电影是什么［M］.高瑾，译.北京：北京大学出版社，2019：2.
❸ 同❷：12.
❹ 达德利·安德鲁.经典电影导论［M］.李伟峰，译.北京：北京联合出版公司，2018：126.

可以通过改变自己的位置来激活相应画面的透视关系。❶ 此外，影片的叙事走向与观众参与和选择密切相关，这就使得作品具有鲜明的交互特质，弥补了传统电影只能静观而缺乏身体交流的缺陷，毕竟现实充满着我们与他物之间的具身化互动。可见，虚拟现实和交互技术在一定程度上是对安德烈·巴赞理论"虚拟生命"的"延续"，装置此时也可以被纳入电影"非纯性"的媒介家族之中。那么，它们什么时候与安德烈·巴赞的观念相冲突呢？

　　这就涉及了第二个问题，对此我们可以从一个"狭义"的视角来理解安德烈·巴赞。安德烈·巴赞追求的影像哲学离不开索引性的痕迹真实，即离不开媒介本身的力量。通过上文分析可知，在媒介的感知层面数字影像和胶片影像有平滑过渡的可能，但前提是索引过程要保留它的"直接性"。换言之，电影的索引性引发的真实依然是电影的一个重要的美学脉络。《肉与沙》中的沙漠场景采用了实拍，但鉴于影片本身所具有的交互性潜质，亚历桑德罗·冈萨雷斯·伊纳里图还是用了大量的CG技术。安德烈·巴赞虽然并没有极端反对特效，但他始终强调被摄素材本身所具有的力量。"关键不在于特技露不露痕迹，而在于用不用特技，正如仿佛美尔的赝品纵然也美，但代替不了真迹。"❷ 对于一部纯动画来说，虽然可能采用真实演员作为前期的动作捕捉，但其中也蕴含着丧失索引性的风险。如在《神秘海域》这样的系列游戏中，前期的建模依赖真人演员，但是当主角内森·德雷克在山间飞跃时，这里显然不存在与前期演员之间的索引性关系。因此，《肉与沙》在技术观念上的尝试并不能保证它与安德烈·巴赞理念在狭义理解上的完美匹配。另外，影像的哲学效果也与段落和景深镜头密切相关。数字长镜头能够实现这种效果，贾樟柯备受《电影手册》欢迎就是最为明显的例子。但是，亚历桑德罗·冈萨雷斯·伊纳里图的《荒野猎人》中休·格拉斯与熊搏斗的场面是否也能够实现这种效果呢？这里就要区分感知体验与心理认知的区别。它在感知上是如此真实，但观众的心理认知又告诉自己这不可能是实拍的产物，是对影像"写实性"的"破坏"。所以，一旦心理机制启动了，视觉中暂时的信任就会消散。可见，狭义地看，安德烈·巴赞理论中强调的哲学真实不必然地束缚于某一种媒介，但是却束于某一类媒介具有的索引性真实，在此之上谈论它的段落和景深镜头才有意义。

　　那么，我们究竟应该选择广义的理解，还是截取狭义的思路？对此，作为当代优秀电影艺术家的亚历桑德罗·冈萨雷斯·伊纳里图给出了自己的答案：一方面，他的作品展现出一种"狭义安德烈·巴赞"的品质，如在《荒野猎人》的拍摄过程中，为了捕捉

---

❶ 刘海舰. 探析亚历桑德罗·冈萨雷斯·伊纳里图电影影像美学风格：从VR影片《肉与沙》说起[J]. 当代电影, 2019（8）：141–144.

❷ 安德烈·巴赞. 电影是什么[M]. 崔君衍, 译. 北京：文化艺术出版社, 2010：19.

真实的光线,坚持在每天特定的时间段拍摄,为了拍到山野间的真实雪景,不惜从加拿大辗转到新西兰;另一方面,他又在作品中采取了最先进的特效,展现了极具震撼力的人熊搏斗的场景。质言之,在当今媒介融合的时代,亚历桑德罗·冈萨雷斯·伊纳里图告诉我们:电影的数字媒介虽然逐渐取代了胶片媒介——使得胶片电影成为一种重获"膜拜价值"的稀有品——但胶片媒介的美学特征却部分地被保留下来。

综上所述,安德烈·巴赞的理论蕴含物质媒介、影像观念和表达技艺三个不同的层次,它们相互影响又互为敞开,形成了一个跨维度的开放系统。这一理论话语在媒介融合时代依然延续着自己的生命力。例如,虚拟现实电影或数字长镜头只要在媒介的感知现象学层面能够较好地保留索引性的效果,那么它们依然可能是安德烈·巴赞式的电影。又如,在好莱坞特效大片占据主流市场的时代,安德烈·巴赞理论中所具有的形而上气质也尤显珍贵。但也要指出,安德烈·巴赞的理论从来都不是万能的,他在胶片时代就将蒙太奇电影排除在了自己的理论之外,更别提当今大多数的电子游戏或者动画电影了。通过对安德烈·巴赞理论的分析,我们可以看到当代电影在何种层面上延续了过往的经典理论,又在哪些层面上有所革新。虽然后电影时代的理论呈现出"千座高原"之态,在真实美学之外还存在着诸多视觉系电影的其他观念,但是安德烈·巴赞的理论始终是无法回避的一座高峰,是我们思考后电影哲学观念与美学表达的重要参照标尺。

(作者李坤系河南大学美术学院动画系教师)

论媒介融合背景下古琴在当代传媒艺术中的传播

摘　要：古琴作为中国传统文化中的一个典型文化意象，自古至今经历了一个由盛转衰而再复兴的过程。在当代媒介融合的趋势下，古琴被以形、音、艺的多重形式带入电视节目、影视剧、动画片等作品中，完成了由听觉艺术到视听艺术的进阶。在当代传媒艺术作品中，古琴从琴形、琴音、琴艺等多方面参与，在推动叙事、衍生为文化符号和表现意蕴之美等方面均有明显变化，并且依托自身"太古遗音"的文化意蕴获得区别于其他古老器乐的意象之美。

关键词：古琴；传媒艺术；士文化；审美形象

古琴是中国最古老的传统拨弦乐器，又称七弦琴或瑶琴，其琴声悠扬，余音绕梁，深受中国古人喜爱并延续若干余年。2003年被联合国教科文组织列为"人类口头和非物质文化遗产"，确立了古琴在人类文化史上的地位，也使古琴艺术得到国内外专家、学者和艺术爱好者广泛的保护、传承和发展。

古琴音色静谧悠扬，又称"太古之音"，3000首古曲亘古流传，自成一派风流，其审美意象独具一格，弹奏者及欣赏者沉浸在"涤除""玄鉴"或是"澄怀味象"的心境中，形成独具审美趣味的中国古代音乐艺术种类。因此，尤其在体现中国传统文化的现代传媒艺术作品中，包括电影、动画、电视节目等传媒艺术形式都有融入古琴元素的尝试，如电影《秦颂》《知音》《赤壁》《英雄》《卧虎藏龙》《夜宴》《影》等，动画片《山水情》《大鱼海棠》及诸如《经典咏流传》等音乐文化类广播电视节目，都为穿越了3000年历史的古琴赋予新的艺术生命，呈现出现代媒体语境下别具一格的古琴审美形象。

古琴能够借助大众媒介和视听艺术作品广为传播，有三点原因：其一，从外形上看，古琴与中国古代其他传统乐器相比，较箫、笛、埙、笙等吹奏乐器更具形神之美，琴器本身在影视作品的画面中参与构图，具有视觉先行的优势，次较编钟、鼓等乐器轻便、传播广泛，又较二胡、筝、笙等弹拨乐器更富文人雅士所赋予器乐的文人精神；其二，从音色上来说，古琴音色悠远，富有饱满厚重的情感性，适宜传情表意、渲染情绪；

其三，从乐器的内在精神上来说，古琴不仅是一种乐器，在中国传统文化意义上还代表古代文人雅士的一种人文精神，因此在当代表现古代名士的影视作品中，古琴也成为文人精神的符号进入意象世界的建构。

然而，3000曲谱跨越历史长河相约今朝，在现代视听艺术中古琴雅韵之"道"何以见得？影视语言与古琴的意蕴何以结合？古琴作为古代士大夫阶级的精神寄托之物，在当代影视艺术中以何种角色和形象出现？相较传统名家演绎的经典古琴曲，一些现代改编古琴曲如《凉凉》《大鱼海棠》及电影《夜宴》《影》中古琴元素的符号化应用促进了大众的接纳，获得好评，同时也被专业古琴理论研究者质疑——指责其消散了古琴本身的意境之美，陷入市场与学院两派理论的纷争。诚然，媒介的融合在古琴现代化发展进程中起到重要且必要的作用，但不得不说，现代语境下古琴本身的美学特征如何适应甚至迎合现代审美尚存在需探讨的部分。由此，中国传统古琴艺术的形、音、艺之美在视听艺术作品中的审美形象塑造与当代传统文化"认同迷失"和"认知重组"的博弈下，也在不断地摸索和修正。

一、琴形之美：动画片《山水情》中的水墨琴器之美

古琴产生的准确时间尚无定论，但其形制大致可考在秦汉时期定型为七弦琴，其形制命名深谙儒家的礼乐思想与对群体和谐的追求，寓有教化人伦的深意。例如，古琴有七根弦，琴身与人体结构相应，"琴首"称为额；额下架弦的硬木称"岳山"；底部有大小两个音槽，即"龙池"和"凤沼"，寓意"上山下泽，有龙有凤"，象征天地万象；琴身上还有调弦的"琴轸"及"凤眼""护轸""龙龈""焦尾""天柱"等。从以上命名和寓意可以看出，自古以来古琴即与治国安邦的文人礼教分不开，龙凤呈祥、心怀天地、仪态万方，既追求高贵又平衡包容，崇尚万物有灵。

1988年由上海美术电影制片厂出品的水墨动画电影《山水情》巧妙地将古琴这种琴器之美与水墨之韵结合，赋予现代视听艺术中古琴以新的审美形象。在《山水情》中，古琴不仅从配乐的次要地位提升到主要情感寄托物、贯穿艺术作品始终并多次成为剧情推动的转折点，更是从画风到配乐均见神韵如挥墨点睛、矜持有度，第一次在动画电影中从视、听两方面完整塑造了古琴意蕴悠长的审美形象。

电影中善良的渔家少年救起晕倒的老琴师并被其弹奏的古琴所吸引，机缘巧合结为师徒。随着少年琴艺见长而渐入瓶颈，老琴师践行雏鹰学习展翅翱翔的果敢意识，与少年跨越高山大川，在壮美的大江山河间完成心灵的感化和进阶。最后老琴师把古琴赠予少年转身消失在山巅白云间，少年遥望恩师顿时灵感涌起，手抚琴弦弹奏心中之曲，人生况味也随悠悠古曲飘然而升。

在这部动画电影中，水墨山水、诗词文律得到集大成的表现，而古琴作为其中借物抒情的核心元素贯穿始终，更是传神之物。正所谓"借弦上之音，发弦外之趣"，电影中古琴参与画面构图，区别于人物的衣服用线的方式呈现，古琴采用重墨渲染，色彩浓淡上更凸显了琴，具有一种形式的美（见图3-1）。同时，影视作品中直观展示抚琴的美的动作，相对仅作为声音艺术的古琴音乐欣赏来说，更有益于感知全面的美感。尤其是借助视听艺术语言传达，琴与山水相融的和谐关系，亦将弦外之趣延伸到中国古代文人风骨的实体化传播。中国古代传统文人的艺术创作提倡"澡雪精神"，在高致和虚静的心境中，将意境美融入书法、绘画、诗词歌赋及音乐舞蹈等艺术形式的创造中。其中，古琴音乐的弦外之音之美正是遵循这份宁静致远的心态，在不同层面淋漓尽致地营造出幽篁独行的淡雅氛围，尤其陶冶人的性情。在影片《山水情》中，老人与少年的人物设置也内含着一种意境的传承和连绵，最后老人留琴独去，给少年留下的除了茫茫山野，还有帮助其修行一生的参悟之心。

图3-1 动画电影《山水情》中的古琴形象

二、琴音之美：从听觉艺术到视听艺术中媒介传播的贡献

古琴曲谱采用独特的"减字谱"，即用特殊文字表示对应指法、音位、弦序等。因此，与五线谱规定绝对音调、音长，对旋律绝对限制不同，减字谱虽然规定弹奏手法，但不限定节奏，呈现出柔性的音乐结构，留有极大的情感表现空间。苏轼曾描绘古琴之音："声欲出而溢，徘徊不去，乃有余韵。"同一首古琴曲由不同琴者弹奏将被赋予不同的情感体验，甚至同一个人在不同心境下弹奏同一曲也将营造不同的审美意象。减字谱给予古琴美学意义上极大的自由延展空间，营造空灵绵长的意蕴。然而，也正是因为古琴弹奏的独特性区别于传统大众熟知的演奏规格和演奏技巧，很长一段时间内古琴琴音之美的传播都只限定在小范围的琴社、琴馆、专业音乐院校乃至师徒传承的闭环空间内。可以说，琴音之美从听觉艺术向视听艺术的进阶正是来自大众传播媒介的力量，在视觉元素更加丰富的基础上，赋予古琴艺术视听双重的审美价值和体验。据一项在大学

的调查表明:"大多数喜爱和了解古琴的青年学生最初都是通过接触一些类似金庸的《笑傲江湖》、张艺谋的《英雄》等影视、文学作品中所出现的古琴形象,进而了解并喜爱上古琴的。"[1] 可见,古琴在各类传媒艺术作品中的创作应用对于古琴艺术的传播具有重要促进作用。

2018年,在中国中央电视台出品的综艺节目《经典咏流传》中,由歌手曹轩宾和中央音乐学院古琴名家赵家珍教授共同演绎了一曲优美动听、婉转悠扬的古琴琴歌《别君叹》。该曲琴歌将王维的经典送别诗《送元二使关西》演绎的悠远绵长、余韵绕梁,尤其在第一段中,仅借十个古琴弹奏的音节为四句以陕北方言吟诵的古诗伴奏,离别伤愁尽显,在现代的综艺节目舞台上展现出以"沉"与"简"为特征的古琴音色之美。《太古遗音·三声论》中描述古琴的散音、按音和泛音三种音色正是对应了中国文化中的天、地和人:"琴有散声、泛声、木声,三者孰优? 夫泛声应徽,不假抑按,自然之声,天声,清也;律应气于地,弦象律管,入地之浅深而为散声之次第,是为地声,地声迪也;按声抑扬于人,人声清迪兼有者也。"[2] 也就是说在以"和"为审美核心的古琴艺术中,泛音清冷如仙、轻清飘逸,飘渺之间使人心生肃穆又趋向达观;散音刚劲浑厚,旷远如同绵延原野、辽阔无垠;按音则坚实圆润、优美动听,细微悠长变化丰富如同人。因此古琴化为现代电视舞台上的情感寄托之物,以辅助的角色在配合大众习以为常的现代化风格的灯光、舞美、音响、演员的服饰,却仍难掩古琴音色的独具一格和优美,仅通过高深悠远的古琴之音就将观众思绪拉回古时旧友告别的长亭,不仅饱含情感,并且具有极高的艺术审美价值和深刻的审美体验,仿若化身古人,产生情满溢海的伤感共鸣。

与古时严肃的文人音乐相比,古琴从阳春白雪的文人雅趣流传到大众传播的电视节目,并不能理解为高雅艺术走下神坛的象征。古琴历来有独奏、琴瑟合奏和琴歌三种表演形式,琴歌即抚琴而歌,节目中的表演方式即是现代媒介视听语境下的一种琴歌演绎。2000余年前,孔子曾将《诗经》中的305篇风、雅、颂配琴而歌,教化学生;2000余年后的今天,琴歌的受众由儒家弟子变为电视观众,结合现代网络传播和影视媒体视听语言艺术的发展,当代受众的审美取向需要革新和打磨,通过阶梯式的培养才有利于古今艺术审美的接轨,因此还要在内容与形式、形指与所指的关系上多下功夫、多做创新。《溪山琴况》中描述古琴的意境为"其无尽藏,不可思议,琴中有无限滋味玩之不竭",古琴艺术的神韵在媒介融合中演化为更浑厚、沧桑的审美形象;运用流传千年的古诗吟诵方式而不是单纯追求现代声乐技法即直接唱出来的表演方式,则更利于最大限

---

[1] 施咏. 大众传播媒介中的古琴音乐:古琴文化遗产保护现状调查之五[J]. 武汉音乐学院学报,2011(2):133-143.

[2] 中国艺术研究院音乐研究所,北京古琴研究会. 琴曲集成[M]. 北京:中华书局,2010:22.

度地融入个人情感的痕迹。

以影视剧中的歌曲为例，如《大鱼海棠》主题曲、《芈月传》插曲《残月》、抑或是《夜宴》插曲《越人歌》等，近年来影视剧中颇多改编的古琴曲节奏更符合现代音乐韵律，音调轻快而富有节奏，虽与古琴音乐自古遵循的弹性悠扬的弹奏方式稍有冲突，但在扩大受众对古琴的了解和重视方面具有开创性意义。然而如若不加控制和反思，将过犹不及，使古琴失去本身的文人雅士的独立性，有意弱化其文化内涵，使其沦为影视作品中的一个影子或一种时代的象征符号则得不偿失。更何况大众媒介传播的指数性扩散和接受群体的广泛性需要视听工作者为正确的、完整的、地道的古琴文化背书，保证影视、戏剧或电视节目中的古琴道具使用、弹奏被规范呈现，才能真正对古琴艺术和文化有效地传播和传承。老子说："大道至简，至简至意"，古琴崇尚的也是自然、朴素、简单的审美观，因此在古琴的现代媒介融合传播中，坚持将翻新改良的传统艺术与当代视听语言相结合，传递出沉韵、雅致、克己复礼的风尚美，才能真正传承民族精神和文人雅士意象精神世界。

三、琴艺之美：由电影《秦颂》看古琴文化的传播

古琴音乐的审美情趣给人以高尚的趣味和空灵的享受，从抚琴之人的礼仪形态之美到古琴的琴音之美，再到琴人琴德的修炼，都深刻印证了古琴艺术所追求的天人合一境界。琴人弹奏时气定神闲，神与道通，经过历代文人的揣摩实践，在演奏技巧和理论水平高度凝练的基础上形成"琴器、琴曲、琴艺、琴学、琴道、琴人"一体的艺术体系。

上映于1996年的电影《秦颂》贯通始终呈现了整个体系的琴艺精神，是古琴艺术传播的典型之作。电影中，琴师高渐离形象的塑造不仅直接将琴器、琴曲和琴艺进行了演绎，更重要的是他作为前秦国人，历经时代变迁，一代琴人对琴学、琴道的践行坚守更透露出文人气节和深沉的家国情怀。嵇康在《琴赋》中有云："愔愔琴德，不可测兮，体清心远，邈难极兮。"古琴音乐是严肃的文人音乐，文人弹琴在于修身养性，因此对自身琴容和仪态都有郑重的礼仪。徐烘在《溪山琴况》写道："未按弦时先肃其气，澄其心，缓其度，远其神……"明代《太古遗音》中记载："未弹琴，先平定其心志，端庄其容貌。盖得以写其性情，乐其天真也。"古琴之美正是符合老子所言"大象无形，大音希声"的意境，是艺术审美之境也是人生之境。电影中琴师高渐离的人物塑造正是在细节行为中得以生动饱满，小到弹琴前必洗手正襟、气顺静心，大到为保族人安危忍辱负重、最终服毒砸琴自尽，琴人与琴器的命运宛若合二为一。

创作者将秦始皇嬴政和燕国琴师高渐离戏剧化地设计成儿时玩伴。影片一开始，幼时的嬴政沦为燕国人质，正是高渐离的母亲作为奶妈同时喂养他们两人长大，差一点被

灭口的少年嬴政正是在高渐离稚嫩的琴声中重获新生，阴差阳错地让日后两个地位悬殊之人成为生死之交，至此，古琴在电影中的审美形象都还停留在一个古代器乐之上。而后嬴政统一六国的过程中，始终难忘儿时旧友，想要召高渐离入秦为他的登基大典创作一曲《秦颂》。但是悲剧正是有不可调和的矛盾：两个人属于不同的国家，家国使命难违，高渐离作为燕国人额头上被铁印烙上"囚"字；好友荆轲刺秦失败，燕国废土；高渐离虽受嬴政特殊待遇出任秦国大乐府令，但要眼睁睁看着城外20000多燕国百姓被俘滥杀；后来高渐离和嬴政的女儿两情相悦，但也只能接受恋人许配秦军统帅自尽而亡，生死之交换来无尽憋闷和屈辱，高渐离只得将情感寄托于手中区区一把古琴。

《秦颂》的导演周晓文位列"第五代"导演之中，彼时受众对"第五代"导演普遍的精英意识和文人电影的审美追求饱有争议，中国正是经历20世纪90年代社会剧烈变革、人文意识动荡的时代，转型中的影人与电影中的乐人在精神意识上达成一致，荧幕外是导演对历史重新编排演绎被观众质疑的曲高和寡，荧幕内是无心政治、痴迷艺术与正义的落魄无力。宋维才教授评论说："影片中人物的命运向我们昭示了一种悲剧性的结局……影片格调古朴、凝重、雄浑、壮阔，富有东方的韵致，它于庄谐并生之中传达出现代人的生存困境，使它显得有些沉重。"❶ 作为一个琴师的高渐离本来一心想远离战乱纷争、专心琴艺，无奈嬴政求才心不死，造成了高渐离悲剧的命运，他在《秦颂》中填词"山必有缺"，不惧众臣不满他暗示嬴政功德不够圆满、统一大业不能成行，隐藏的也是他作为一代文人的风骨和气节。后来他委曲求全，为求奴隶不死、求爱人平安、求天下太平，同意写《秦颂》并出任大乐府令，但最终还是眼看着"嬴政的一只手怒杀20000多燕奴染红长城，另一只手把女儿裹上了红妆送出嫁"，然而当天公主便自尽身亡，一股悲凉之气借古琴奏成一曲悲歌，在乐声中留下一片悲壮。整部电影中都有高渐离的琴声相伴，古琴在剧中作为一个非常重要的情感寄托物，与高渐离相伴相生，共同刻画出一个中国古代矛盾苦闷、无法自保又努力抗争的理想化文人形象。

对于古代文人琴士而言，古琴是他们对人生感受和自身品格旨趣的寄托，"身心相安则德性善"，古琴所营造的审美氛围带人进入超功利的艺术审美境界，从中获得脱离世俗的解脱，也从侧面表征了中国古代文人的精神和品格。古琴音乐似山之高远、同水之流淌缥缈，与老子主张"道法自然"的玄妙之意相得益彰，亦如宗炳主张"山水以形媚道"，古琴之音中亦如一幅幅山水图景在眼前铺开，有巍峨险峻的胆识，也有涓涓细流的充沛情感。而作为当代影视艺术的精神内核的外在表现，当以古琴艺术为呈现中介应用到戏剧冲突创作中时，幽深高远的琴之意境则在视听语言的加持中得到极致的发挥，"迂回曲折，疏而实密，悠扬起伏，断而复联"之间，参透人生境味，获得通达古

---

❶ 宋维才. 历史的审美化和娱乐化：电影《秦颂》的文化解读[J]. 福建艺术，1999（5）：24-25.

今、独具民族特色的审美体验，由此才使得越来越多的影视创作者将视角投向以古琴作为古代题材创作的方向。

四、琴道之美：由媒介融合中的古琴形象见证"士文化"精神的变迁

古代时期，随着时代推演，古琴的社会功能逐渐丰富，春秋战国时期《礼记·曲礼》中写道："士无故不撤琴瑟"，描绘了琴人从市井民间向以琴会友、以琴养士转变的繁盛图景。可见，古琴从产生即步步追随文人修心修德的步伐成为艺德兼备之器，琴与士的关系在魏晋后也愈加紧密，东汉哲学家、经学家桓谭在《新论·琴道篇》中曰："八音广博，琴德最优"，正是描述古琴作为八音之首的地位。

然而，事实上具有3000年历史的古琴进入现代视听艺术的历程并不顺利，经历了几近绝响的阶段，在20世纪80年代才开始慢慢出现在大众传播视野。施咏教授对古琴在影视艺术中的传播进行梳理后指出，"1981年由北京电影制片厂出品的电影《知音》应该是较早出现古琴形象的电影之一。……由上海美术电影制片厂1988年出品的水墨动画片《山水情》则是早期较为成功的一部以琴乐传习为情节线索贯穿全剧的优秀国产电影。"❶再之后进入20世纪90年代乃至21世纪初，包含古琴元素的影视作品才开始增多。究其原因，中央音乐学院苗建华老师在《古琴美学思想研究》中着重谈到琴与士的关系，认为琴与"士文化"精神互相成就且共存亡，从中国古代"士文化"的变迁角度进行了阐述："古琴被士用于抒其心志、寄托情思，士的最终归宿是'溪山'，反映文人修身养性的工具，古琴在士离群索居、游于方外的生活中发挥了巨大作用。"❷投射到当代文化氛围，古琴审美形象在视听艺术作品中的回归演化成两方面的意义：一方面验证快节奏的生活之下，人们对于归隐田园的自然生活的向往，另一方面也因古琴艺术营造的离群索居的"高雅"冷感而在较长一段时间里与更广泛的大众拉开了审美的距离，从而凸显并不利于大众通俗传播的特质，古琴艺术在当代视听艺术中仍在快与慢、闹与静、浅与深之中寻找自洽的立足点。"随着科举的废除，新教育制度的兴起，新知识分子已出现，和传统士相比，他们意志自由，人格独立，在学术文化中找到了安身立命之地，不再走'学而优则仕'的道路，也不必隐于'溪山'，从琴中寻求精神寄托。"❸那么对于现代受众更加独立的人格与思想世界，人们对古琴赋予更多的也不再是归隐山林的向往和自我精神世界的探求，而是对中华传统文化的认同，打破文人高雅文化与民间

---

❶ 施咏.弦外之音：当代古琴文化传承实录［M］.北京：光明日报出版社，2011：180-181.
❷ 苗建华.古琴美学思想研究［M］.上海：上海音乐学院出版社，2006：66.
❸ 苗建华.琴与士同在：对古琴命运的历史考察［J］.音乐研究，2003（2）：44-51.

公共文化的边界，成为更开放、包容的情感诉求方式。

综上所述，一直以来，古琴追求"和雅""清淡"的审美情趣和艺术风格，在古时日渐脱离民间步入高雅文人艺术的过程中，也将传统士的部分局限的美学思想带入古琴文化中产生阻碍，随着古代朝臣更替，古琴也随士文化一同摆动沉浮，但不变的是其作为修身养性之器的属性价值。在此背景之下，历经衰落乃至消亡危机后的古琴重新回归大众文化中，脱去古代封建礼教的禁锢，留下更多的则是提纯净化的尚雅古乐艺术，给人带来更加纯粹、澄明的意象世界的审美享受。同时，应当避免古琴自然传承状态下的模糊性和反传播性，增强多层综合性，同时注意在古琴艺术的现代化应用过程中脱离形式化牢笼，保留原始韵味，在传统古琴文化内涵支撑之下获得更广泛、更深刻、更饱含生命力的传播和发展。古琴音乐的现代传播说到底还是讨论高雅艺术与通俗艺术的问题，如果说古琴在古代属于雅俗艺术中比较纯粹的"雅"的代表，那在当代信息化时代中，艺术与生活的边界尚且渐不明晰，连接雅俗艺术的桥梁也在逐渐搭建，在这个过程中如若牺牲掉传统高雅艺术的韵味或是仍局限于政治教化和文人士大夫阶层，都有悖于当代非物质文化遗产保护和传承的文化意义。音乐史学家黄翔鹏先生曾说过："传统是一条河流，而'流'与'变'的实质就是发展。"近些年各类电影、电视节目等影视作品中都在努力通过各种方式回望、打磨、重塑中国古代文艺中散落的珍宝，重拾传统文化，树立文化自信，其根本，就是要深谙古琴所蕴含的士大夫精神，围绕着"大道至简"的核心不偏离，借用现代传媒艺术语言披身亮甲、扬名正身，真正摆脱形式化、符号化、标签化的牢笼。

（作者李玥系中国传媒大学艺术研究院硕士研究生）

媒介融合下的传媒艺术"本体化"意识建构研究

摘　要：随着传媒艺术"本体化"的广泛应用和延伸，媒介融合成为社会文化艺术发展的必然趋势，在大众传媒的社会中，新的文化发展媒介催生了彼此交融的时代传媒创新，且传媒艺术的多样形式与互联网的高速传播构成了媒介融合的发展。因此，传媒艺术的"本体化"意识在媒介融合中表现为传播主体与客体技术文化的融合，它们彼此汇聚在一起的技术和媒介形式聚成了整个媒介融合下的"本体化"意识的体系。基于媒介融合时代下的传媒艺术的发展现状[1]，在思考媒介融合下传媒艺术的研究领域时，尤其是对于传媒的视觉艺术而言，艺术本体和审美客体的复杂关系使得传媒艺术成为一个独立的整体。总之，通过对传媒艺术在媒介融合的背景下所生发的"本体化"意识的探求，试图开辟出传媒艺术主体建构的新路径，为传媒艺术的创新发展做出回应。

关键词：媒介融合；传媒艺术；本体化；意识建构

一、媒介融合下的传统传媒艺术"本体化"话语

新媒体大势发展，传媒艺术面临着前所未有的危机和挑战，媒介融合背景下，改革和创新传媒艺术的形式成为新生态传媒艺术的首要前提。传统传媒时代的"语—图"互文现象将大众传媒与艺术媒介的交互作用引入形象思维和视觉图像的媒介，并在空间传播和接受美学中展现出传媒艺术的魅力。对于媒介融合下的传媒艺术理论的探讨，当代传媒艺术主要集中于传统文本资源的"汇聚、整合"等多方面的联结，随着各种媒介的交相融合，推进传媒艺术"本体化"话语建设显得尤为重要。当然，传统的传媒艺术在一定程度上有着自身发展的规律并以其固定的形式传递，而今高速发展的传媒艺术作为

---

[1] 高旭，桑莉君.媒介融合语境下传媒与艺术结合的时代意义：评融合时代的传媒艺术[J].染整技术，2018（11）.

一个新的跨学科理论话语与学科方向，涵盖了与技术、产业和艺术交融发展的完整的传播生态体系❶，并通过电影、电视、摄影等传统艺术领域多元存在，进而传媒艺术"本体化"的整体发展应引向更全面地设定人才培养和创新机制上，为传媒艺术发展的新形态产生决定性的话语力量。

在媒介融合时代，媒体的信息来源往往呈现多样化的趋势。当前传媒艺术在媒介融合中得到了新的发展机会❷，其媒介融合理念弃"全"用"融"的趋向在学界和业界均达成了一致。❸以上种种表明，传统的传媒艺术应顺应媒介融合之势，积极发挥信源充足的作用；在当代云计算、大数据的应用下，未来媒介融合创新的关键所强调的是"传媒艺术产品"，而不再只是图片、视频等系列概念。20世纪80年代"Convergence"一词盛行，媒介融合（Media Convergence）最早由美国马萨诸塞州理工大学伊索尔·索勒·普尔教授提出，指的是各种媒介呈现出多功能一体化的趋势❹，而"传播形态聚合"❺是指随着媒体的发展和边界打破，各类新闻媒体都将融合在一起。丁柏铨认为媒介融合表现在三个方面："一是物质层面的融合，物质媒介的融合使得传统传媒艺术发展空间有限，特别是在现代高科技等多媒介的传播形势下，媒介的融合基于物质层面；二是操作层面的融合，操作层面包括操作技术和操作人才，在整个一体化传媒传播机制的发展中，媒介融合背景下的传媒模式在操作层面上有待进一步探试；三是理念层面的融合，传媒理念的融合离不开整个传媒时代的主导方向，在传媒艺术的生态情境中深入传媒艺术的专业理论研究和实践探索。"❻新的传播方式促使媒介发展趋向多元化，因此，在当代传媒艺术的"本体化"建构中，媒介融合势必会受到传统媒体壁垒森严的行政管理模式、组织机构和人力资源等因素的影响，使得大量专业化人才在传统媒体中呈现明显不足的情形，所以传媒艺术真正需要的是"传媒人才"。作为传媒集团的核心生产力，传媒人才是媒介融合的重要推动力量，但传统媒介在此基础上已然发生了转向。通过现代科技和媒介的传播，多媒介融合下的传媒艺术经受着传承的生态危机问题，所以，传媒艺术所包含的摄影艺术、电影艺术、广播电视艺术、新媒体艺术等传统艺术形式在整个历史发展过程中有着传媒意识自身发展的"本体化"话语。无论是媒介融合还是艺术融合❼，传媒艺术的研究在于理解传媒媒介形式的清晰度和还原度，并通过视觉传达本体的

---

❶ 邢艳群.传媒艺术专业的架构与定位思考［J］.新闻知识，2019（2）.
❷ 许艳华.基于媒介融合背景下的传媒艺术探讨［J］.传播力研究，2019（10）.
❸ 栾轶玫，杨宏生.从全媒体到融媒体：媒介融合理念嬗变研究［J］.新闻爱好者，2017（9）.
❹ 张蓝姗.媒介融合：电视+互联网的跨界与转型［M］.北京：清华大学出版社，2019：2.
❺ 孟建，赵元珂.媒介融合：粘聚并造就新型的媒介化社会［J］.国际新闻界，2006（7）.
❻ 丁柏铨.媒介融合：概念、动因及利弊［J］.南京社会科学，2011（11）.
❼ 刘俊.论"艺术融合"时代影视艺术教育的拓展之维［J］.教育谘媚研究，2017（6）.

传播意识，突破其技术显现的媒介性和物性；与此同时，在既有的传统传媒艺术领域内以一种完全开放而自信的姿态不断发展，逐步完善传媒艺术自我的"本体化"建构。当然，传统艺术的接受与现代技术的融合正是在现实的媒介与精神的艺术结合中实现的。而所谓传媒艺术"本体化"命题的厘定，着重点在于突破传统传媒艺术的瓶颈，同时以一种多方位的发展模式彰显传媒艺术自身的价值。虽然现代传媒艺术与传统的传媒艺术在侧重方面有着明显的差异，尤其是在创意课程和培养创新人才方面有着不同的传媒理念，但在发展的过程中两者都离不开研究传媒艺术的本体规律，并要不断地在传媒艺术理论和实践中探索，以此推动传统传媒艺术在媒介融合的"本体化"语境的多元发展。

二、传媒艺术视野下的新媒体艺术"主体性"创新建构

新媒体艺术的"主体性"创新建构在"本位"追求中实现媒介融合下的传媒艺术新常态。当然，今天和未来的新媒体艺术还处于不断变化与生成的过程之中[1]，在传媒艺术的视野下，新媒体艺术的创新转型离不开科技的发展，而艺术与科技的紧密联结构成了新媒体艺术发展的中坚力量。新媒体艺术形式与内容的交互技术形成了一个有机的网络整体，媒介融合促使传媒艺术主体发展产生了艺术共鸣，共同推动新媒体艺术的崭新发展。互联网的全球化在广大接受者层面有着多元化差异需求，这种强烈的主体性意识在个体中扩展并延伸，而传统报纸、电视、广播、电视等形式在感受上产生了明显的文化结构落差。随着当代社会数字化技术的飞速发展，主体性传播的理念已深入到生活的方方面面，同时，解决生活的相关问题成为新媒体艺术创新建构的鲜明特点。基于主体受众心理意识的舒适满足程度，传统正确的传媒理念以新的方式发挥着时代"主体性"作用。与此同时，"时代感"的主旋律在新媒体时代中形成了自身主体发展的趋势，这趋势表现在三个方面：一是传媒大众的参与主体性加强，全民时代的文化意识推动了新媒体艺术的审美趣味和意象发展；二是多平台媒介的平等化主体辐射发展，根据其后台的统计数据，媒体的导向作用日趋明显，促进了整体传媒艺术健康创新竞争；三是利益的均衡分配机制，传媒艺术的成果和效益在整体资源整合下遵循均衡分配的原则，大大激发了新媒体艺术的平稳发展活力。当然，在传媒艺术"主体性"导向下，通过对新媒体艺术创新转型的路径探究，我们所强调的"主体性"职责转变主要体现在三个群体的主导性上：一是传播主体的职能转化，传媒艺术的发展离不开专业的主体教师在教学中实践传媒理念，但传播主体作为传媒艺术的表达者，在意识形态上应该有着明确的传媒艺术价值判断；二是受众群体的艺术水平，随着大众文化的繁荣发展，群众的主体导向引

---

[1] 李笑男.艺术与科技：西方新媒体艺术的生长[J].美术观察，2015（2）.

领着整个社会的传媒传播，而文化的受众转变更有利于全民传媒的发展传播；三是政府主体的调控参与，中央政府在整体大局的把控下，坚定传媒艺术发展的总航向，并带领各级政府部门积极承担社会传媒与艺术普及的责任，适时调控各级文艺力量，共同推动社会主义传媒艺术大繁荣。

在20世纪艺术与科学的结合中，最突出的发展就是图像技术。在这种特殊的艺术语言中，传媒艺术作为媒介在社会创造中寻找着一种新的发展方式，科学技术的发展使得人们在流行文化和商业驱动下实现新媒体艺术的功能价值。通过"主体性"视觉化的思考，多媒体艺术的各种视频、文字等超级文本呈现出多路径探求的趋势，尤其是在主体艺术家与使用者之间，新媒体艺术经由作品而产生的互动，造就了欣赏者和作品之间存在的"主体性"联结关系；这种联结是超越时空、跨媒介的社群。就艺术本身而言，新媒体艺术源于20世纪六七十年代的观念艺术❶，所以沟通和合作使得艺术家在新媒体艺术创作中不断改进自己的表达方式和艺术语言，并运用新的艺术传媒思维挖掘实践经验的传播理念。

总之，转型的新媒体艺术应建立在新时代中国特色社会主义的文艺理念之上，尤其是要使新媒体艺术的传播形式更丰富、更全面；在艺术传播的氛围中，新媒体艺术与新时代的"主体性"经济和社会环境密切相关，并且在当前社会整体发展的大体形势下，传媒艺术运用专业的视野将新媒体艺术推向一个新的发展高度，所以传播者应当有坚定的文化意识立场。

三、当代传媒艺术中大众文化的精神表现与审美界限

约翰·费斯克的媒介文化理论指出："大众文化的主体是'大众'（the People），而不是'群众'（the Masses）——大众文化并非体现支配性意识形态的文化工业产品，而是大众对于文化产品的解读过程。"❷ 由于大众文化所带有的一般贬损意味，更多的人喜欢用"通俗文化"来表述。在传媒艺术的发展历程中，大众文化经受着混合流变的多元趋势，而科技等媒介的运用将大众需求的审美化淋漓诠释。正是在大众文化与精英文化对立下，价值取向和审美意趣分处两种不同的文化意识形态，但它们都同时存在于一个社会传播体系内。而所谓的"大众文化"在精神表现中有着传媒艺术本体的主体意识，基于此意识形态的表述，传媒文化的生产力显而易见。多元发展的艺术形式经由传媒媒介在当代艺术中呈现出传媒艺术的精神视域，并折射出传媒艺术的本体美学观。科学技

---

❶ 黄婷.浅析数字艺术在博物馆展览中的有效应用：以中国电影博物馆为例[D].北京：中国人民大学，2011.

❷ 杜明艳.约翰·费斯克大众文化思想述评[J].东南传播，2007（1）.

术不仅仅代表的是文化生产力,更是体现出大众文化精神的反思性。在精神与审美的界限中,中国当代传媒艺术在摄影、电影、广播电视、新媒体艺术等形式由此有了融合发展的态势。

中华文化语境下的文化形态呈现出多元化复杂发展的趋势,作为社会深度转型的关键时期,当下中国社会存在着普遍的文化态度,诸多人关注的社会文化现实构成了他们对文化的思考,而关于人的问题思考,其本身就在于中国人本土的文化基因中自始至终存在着民族历史的记忆:语言、信仰、价值观和思维方式等都一定程度上影响着中国文化对于人的认识反省。"先立乎其大"的文化主体性让每个人都能在一个变化的世界中找到自己,所有接受文化的人在理解中国文化时,都认为中国文化是一种开放式的包容文化,所有的思想都可以接受,但在接受这些思想的同时,它没有离开自己文化的人文关怀与文化担当,在对文化命运的追求和坚持中启示着当前这个时代。"大众文化"是基于几千年的中国优秀传统文化和民族文化精神而存在的;在现代传媒艺术的大背景下,中西方文化相互碰撞;且传媒语境本身的局限将艺术无序且复杂的姿态展现出来,所以无法遑论中国当下大众文化的阐释问题;但中国当代传媒艺术的发展和中华文化"原创性"思维存在着一定界限,这是当下传媒艺术意识、体验等现实因素所造成的困扰。那么,"二元对立"的大众文化与精英文化的文化语境能否说明传媒艺术的现实界限在哪儿?诚然,中华文化的"原创性"离不开自身整体的文化氛围环境,在当代传媒艺术整体意识下,传媒艺术呈现的隐性因子会随着显性的诉求而展现。当然两者界限的定义属于不同的性质范畴,因为大众文化基因所代表的艺术类型在传媒艺术的"原创主体性"立场下阐释着中国人的艺术思维,并且有着审美界限之外的交叉融合。所以,大众文化的精神表现与审美要求在传媒艺术中的界限是十分明了的。其中"文化消费"的意识在传媒艺术的主体性建构中存在着相关的内核要素,而文化艺术的整体发展介于经济和社会的推进程度,可以说,在一定的经济条件下,文化自身的活力因子激发使得"文化"这一词汇在传媒艺术中的分量凸显。

传媒艺术经由艺术与文化的精神主体阐发着接受者的精神需求和审美取向。我们在其强调社会属性的差异时,"异质性"与"同质性"的社会性质通过传媒艺术在大众文化的意识中有所体现。当代传媒艺术在适应现代传媒机制中糅合文化艺术产业进行创新变革,由此进一步推动艺术史和传媒史的有机融合。当传媒艺术的"异质性"偏向于大众群体且具体到每一个个体身上时,两者彼此呈现出"相异"特点;但从整体上看,大众文化在传媒艺术的表达中又显现出"同质"的特点。诚然,"本体化"话语在传媒艺术的"大众性"中诠释,这似乎暗示着大众传媒的文化艺术在"传播"和"接受"中集合,因而,当代传媒艺术要结合文化具体要求进行全方位的发展。在传媒艺术与社会的发展关系中,大众社会体现着传媒艺术的平民化,并引领大众去了解、感受当今传媒艺术的发展现状,如果说传媒艺术的大众性与先进性统一表现于新时代中国特色社会主义文化中，那么，传媒艺术中关乎的大众文化成分明确了中华民族文化精神和审美界限，并传递出强大的凝聚力。所以，传媒艺术与大众文化的整体连接构筑成新时代中国特色社会主义文艺体系，其内在流动性与外在固化性在民族精神和审美界限下抒发着传媒艺术的"本体化"话语。

四、媒介融合下传媒艺术发展路径与中国本土语境的思考

传媒艺术在中国本土语境中有着明显的"典型性"。在媒介融合下，传媒思维和媒介整合因素被吸纳进传媒艺术的形式和内容中，当代中国社会力量和文化使命的责任使然，探索传媒艺术的发展路径可以突出中国高校传媒教育发展的建设性作用，成为推动传媒艺术积极的创新力量。各大高校作为传媒艺术的"工厂"，其主体的决定力量还是来自高校学子的学术深造，而"媒介融合"的理念驱使本土语境下的中国传媒艺术发展必须紧跟时代潮流，在媒介融合中不断挖掘与传媒艺术的共性。可以说其交互性、虚拟性、形象性赋予了传媒艺术的多元化发展，人们对于美的感受基于此范围内强调扩大传播辐射时，与之相对就弱化了媒介的属性，所以，在传媒艺术教学过程中要加强审美性修养教学的力度，不断跨越艺术门类的"间性"话语。对于其中的不足要意识到问题之所在：首先，要理清传媒艺术的意识问题。在中国文化、经济、艺术等方面的因素下的共同作用下，中华话语的"传媒艺术"实践在观览西方艺术中有着新的时代意味，我们在秉承中国精神传递的"传媒艺术"概念的核心要义时，同时要在人民实践基础上实践属于中华民族自身的特色的"传媒艺术"品牌。其次，在传媒艺术创作方面，传承与创新的问题在"主题性"中存在着现实与未来发展的更迭价值。进而，传媒媒介本身的自律与他律规则促成了传媒艺术的"艺术传播"概念在中国当代传媒发展体系中的延伸扩散。在新的时代下，习近平新时代中国特色社会主义思想和党的十九大精神对于繁荣中国特色文艺事业有了明确的要求，特别强调在传媒艺术中所体现的"文化性"，所以，坚守中国当代传媒艺术的原创性立场是每一个文艺工作者的基本底线，另外，在艺术、文学等创作中也体现着中国当代传媒艺术的独特魅力。

当然，媒介融合下的中国传媒艺术在本土语境中有多重解读机制。但其主要体现在三个方面：一是传媒艺术的本土生产机制，中国传媒艺术的发展是建设在意识形态的生产和商业策略下的多重"身份"的话语机制，其中起主旋律作用的传媒艺术呈现出主流常态，并以此在传媒艺术隐性或显性的方式上从传播入手，探索实践中国语境下的传媒艺术的主体责任；二是传媒艺术的操作机制，全球信息传播的时效性在思维的空间里传达出"发言人"的声音，而传统的传媒艺术形式在媒体受众的狭窄界限中，往往依靠创新主体的实践者阐释他们的传媒主张，并在体制系统内对于传媒艺术的本体化要求有着

真实的表达与操作；三是受众群体的接受机制，传媒艺术的发展在表达传媒者自身情感、思想和想象时，是基于传媒艺术对象的认识把握，而传媒艺术的传播旨在影响和改变人们生活，因此整个受众群体的接受程度往往取决于艺术和传媒的主导作用。艺术作为人类存在的审美形式，任何纯粹客观的生命在艺术性的领悟中都体现着情感和想象的成分，这更是生命与人类存在的本质流露，因而传媒艺术在直观的语言和内容中将媒介融合引向一种全新的思考，可以说传媒艺术的发展在艺术创作的过程中是属于心灵、是为感官而生的。所以，传媒艺术的接受群体在整个社会文化发展中将产生积极的推动力量，并适时适应媒介融合形势下中国传媒艺术的本土化传媒发展。

五、结语

媒介融合的实现源于对媒介自由的一种选择，视觉传播的交合使得社会文化与艺术的发展呈现一个开放、有诸多存在的样貌。媒介融合在外在与内在因素的驱动下，传统传媒艺术的发展在新的媒介形态中朝着体验性发展；随着AR（增强现实）、VR等技术的广泛应用，媒介组织在新的空间里实现了从一个自我走向另一个自我。在媒介化的社会转型中，媒介融合下的传统传媒艺术"本体化"话语与传媒艺术视野下的新媒体艺术"主体性"创新建构推动着传媒艺术的蓬勃发展；而传媒艺术中大众文化的精神表现与审美界限决定了中国传媒艺术的独特魅力；在媒介融合下，对传媒艺术发展路径与中国本土语境的思考正是未来发展的深度探究。探求传媒艺术的"本体化"意识的建构问题，就是将传媒艺术实现的本体需求与自身话语结合在一起讨论，中国传媒艺术的发展是在借鉴中吸收、在传统中挖掘。因此，媒介融合背景下的传媒艺术有着学术与实践的思考余地，我们在探索传媒艺术的内部结构时，更多的是对传媒艺术普遍性规律的把握。因此，传媒艺术的文化传播与跨界意识对"本体化"研究有着一定的启示作用，且传媒艺术的意识建构在媒介伦理道德建设方面也可看作社会法治建设的重要一环。在当下中国，传媒艺术的发展与整个政治、经济、文化、社会及生态文明建设的定位是分不开的。总之，"本体化"意识影响着传媒艺术的价值导向与追求，同时这种价值追求将使媒介融合发展由自在状态走向自为状态。❶

（作者徐典系云南师范大学美术学院硕士研究生）

---

❶ 杨翠芳.媒体融合语境下的媒介伦理问题[J].中国广播电视学刊，2016（3）.

论戏曲艺术在融媒时代的发展与传播策略

摘　要：戏曲艺术的发展与传播问题一直是戏曲学领域关注的热点。当前，随着传媒技术的发展，媒介呈现出多功能一体化融合的趋势，在此背景下形成的多元娱乐对戏曲形成了巨大的冲击，戏曲发展的困境进一步凸显。因此，在融媒体的时代，古老的戏曲艺术如何借助新媒体进行发展和传播成为戏曲所面临的问题和挑战。它不仅关乎戏曲的传承和发展，也关乎国家民族文化的繁荣复兴。文章在分析戏曲在融媒时代的发展状况的基础上，进一步探究戏曲艺术如何更好地借助抖音、网络综艺、微信、微博等新媒体和新科技实现传承、传播和发展，以推动中国戏曲艺术在新时代的创造性转化、创新性发展。

关键词：戏曲艺术；融媒时代；新媒体；戏曲传播策略

戏曲艺术拥有悠久的历史文化底蕴，是中华民族珍贵的非物质文化遗产，也是中华优秀传统文化的重要组成部分。但随着时代传媒通信的发展，融媒时代已经到来，在全球多元文化娱乐的冲击下，戏曲拥有的市场和生存空间被挤压，戏曲面临着前所未有的危机，戏曲的发展和传播也遭遇了困境和制约，出现戏曲边缘化现象。戏曲艺术在融媒时代如何借助现代互联网新媒体实现进一步传承、传播和发展，成为戏曲发展目前所面临的机遇和挑战，也是戏曲文化研究的热点问题和核心问题，正如著名京剧表演艺术家袁慧琴所说："戏曲文化艺术研究核心问题就是传承、传播和发展。必须突破戏曲研究方法，立足互联网技术和观念，以全新的、宏观的文化生态视角切入，以强烈的历史使命感和炽热的感情尝试运用数字化技术有效探索保留、保护、传承、传播和发展戏曲艺术。"[1] 2015年国务院颁布的《关于支持戏曲传承发展的若干政策》也指出，要实施地方戏曲振兴工程，并将其纳入国民经济和社会发展的"十三五"规划，还特别指出要"发挥互联网在戏曲传承发展中的重要作用，鼓励通过新媒体普及和宣传戏曲"[2]。

---

[1] 袁慧琴. 以新媒体手段对外传播戏曲国粹[N]. 中国艺术报，2015-03-13（003）.

[2] 新华网. 中共中央办公厅、国务院办公厅印发了《国家"十三五"时期文化发展改革规划纲要》[EB/OL].（2017-05-08）[2020-12-23］. http：//www.xinhuanet.com/local/2017-05/08/c_129593613.htm.

一、融媒时代的到来

融媒时代，即媒介融合的时代。媒介融合这一概念最早在 1983 年由美国学者伊契尔·索勒·谱儿提出，即"传播形态融合，用以指各种媒介呈现出多功能一体化的趋势"❶。一般而言，可以理解为在数字技术、网络技术和信息技术的推动下，不同媒介之间内容的融合、渠道的融合及终端的融合。媒介融合不仅仅是传媒艺术生产、传播与接收方式的变革，如传统的报纸杂志与网站、微信等新媒体的渗透与相融也将是人类感知方式、思维模式的跨越，如抖音、快手等短视频培养大众对视觉快感、感性需求满足的强烈欲望。

媒介融合早在 20 世纪 90 年代就初见端倪，随着互联网和通信技术的发展，各种媒介之间的合作与融合在进一步加深。2018 年《合作建设 5G 新媒体平台框架协议》的签约，标志着我国首个国家级"5G 新媒体平台"开建。而随着 5G 时代的到来，各种媒介之间多功能一体化的趋势将进一步加剧，现代科技与艺术的融合也将进一步升级，VR、电子感应技术及 4K、8K 超高清视频技术与传统艺术的新融合，将给艺术的发展开辟新的空间，也给艺术接受者带来不一样的视听等全感的新体验。

媒介融合的结果是新媒体的出现。新媒体形式层出不穷并进一步深入我们的生活，不断地更新信息传播方式和接受方式，特别是随着数字技术和网络的进步，逐渐形成了数字电视、数字报、手机报、手机电视等多种形式融合的新媒体。❷相对于传统媒体而言，新媒体有可移动性、可互动、跨越时空限制、无限容量、可融合多媒体形式等传播特点，这也使得它快速地成为新时代传媒与传播的主流方式之一。因此，在融媒时代的背景下，面对日新月异的科学技术和传播手段，戏曲如何在这新的环境下进一步借助新媒体之东风实现自身的发展和传播，不仅关乎戏曲艺术在当下的生存状况，同时也关乎中国传统艺术与文化的传承和弘扬。

二、融媒时代下戏曲的困境与机遇

科技是一把双刃剑，在科技推动下的媒介融合对于戏曲的发展与传播也呈现出利弊共存的现状。一方面，随着媒介传播方式的改变和传播内容的多元化，戏曲艺术逐渐被边缘化，成为小之又小的小众艺术，大部分"90 后""00 后"对于戏曲都逐渐陌生；另

---

❶ 李喆. 传媒艺术现状：媒介融合时代的到来［J］. 新闻研究导刊，2018（9）：65-66.
❷ 同❶.

一方面，媒介融合极大地增强了艺术创作和传播的便捷性和即时性，戏曲也可以运用新媒体进行创作和传播，展现戏曲艺术的独特文化魅力，吸引更多的人关注戏曲文化，从而使传统的戏曲艺术在新时代中焕发新的活力。

（一）戏曲发展和传播的困境

戏曲这门传统艺术产生于环境相对封闭、文化样式相对单纯的农耕时代，是极具民族特色的大众文化娱乐形式。一般是农闲时在村落场院、寺庙祭台等场所演出，或是在勾栏瓦舍、宫廷戏楼等休闲场所演出。在文娱形式不多的时代，戏曲是最受大众欢迎的文化艺术样态，因大众闲暇时间充裕，过去一台戏往往短则几十分钟、一两个小时演完，长则达到鸿篇巨制，需要十天半月才能唱完。于是，戏曲逐渐发展成为一门慢节奏的、精致的艺术，变化多端的脸谱可以喻指人物的性格内心，一招一式的舞台动作程式是对古代日常生活的提纯和艺术化，文学性的唱词也在中国深厚的文化底蕴中意蕴深远，字正腔圆的唱腔更是音乐上美感的极致表达。这是时代的选择，也是观众的选择。然而随着时代的进步和发展，戏曲逐渐走向边缘化。21世纪是一个信息大爆炸的时代，也是一个读图的时代，生活节奏的加快使得人们失去了品位这种写意和慢节奏艺术的耐心，传统的戏曲艺术也跟不上大众浅阅读和快节奏的审美需求，导致了戏曲艺术的生存空间被极大挤压，甚至被边缘化。

此外，随着现代传媒技术的迅速发展及动漫、网络直播、短视频等娱乐方式的多元化发展，内容丰富、效率更高、传播迅速的新媒体，因其"个性化突出、受众选择增多、表现形式多样化、信息发布及时性等多个特点"，能"以自身的通俗性、时尚性、商业性等功能迅速填补大众的精神需求的同时，最终有意无意地把传统戏曲文化逐渐逼进了大众传媒活动中的边缘位置"❶。戏曲艺术不仅不再是主流的娱乐方式，反而逐步走向危机的局面。戏曲的市场不断萎缩，传播的范围持续缩小，观众越来越少，而且面临老龄化、青黄不接等现象，艺人们自嘲："台上看去，台下一片白""台上的演员，比台下的观众还多"，不少戏曲艺人纷纷改行，戏曲团体也在公转企改制改革下纷纷解散，20世纪八九十年代戏曲界甚至存在戏曲将要灭亡的言论。而后，虽然戏曲借助电影、电视、广播等传统媒介之力有过短暂兴起，但随着电影、电视艺术的成熟和国外大量优秀影片的引进，戏曲电影真正进入院线的极少，戏曲电视剧和戏曲栏目的收视率也很低。随着融媒时代的到来，其所带来的多样化娱乐方式更是加剧了戏曲受挤压的状况。因此整体而言，戏曲艺术在融媒时代发展和传播的困境是非常显眼的，其情况并不容乐观。

---

❶ 王衡. 简析新媒体时代戏曲的边缘化 [J]. 传播力研究，2019（3）：193.

（二）戏曲发展和传播的机遇

危机是危险与机遇并存，戏曲在融媒时代遭遇的困境中也有极大的发展机会。有研究者指出："互联网时代的到来标志着观众自主的复制拷贝时代的到来。对于戏曲来讲，这更像是个机遇而非危机。如果对新技术善加利用，会给戏曲带来新的生机与活力。"❶ 纵观戏曲艺术的发展和传播历程可见，戏曲是一门极具可塑性、灵活多变的艺术，能通过自身形式的改变适应不同时代的审美需求。如早在明清时期，随着商品经济的发展，生活节奏的加快，戏曲就曾面临演出内容整体乏味、演出时长过长的问题，对此戏曲艺人主动求变，"打破每部戏剧的结构，将不同剧本中的折子戏放在一起进行演出，这些折子戏就像一个个艺术碎片，戏曲艺人以舞台演出的形式将它们组合在一起呈献给观众，观众通过点戏的方式选择自己感兴趣的折子戏来欣赏，有时也可以欣赏到同一主题诸折子戏的演出"❷。再如延安戏剧运动时期，针对当时的革命形势，戏曲通过借重秧歌剧等民间艺术形式，形成了"不拘场地，不拘整散，不拘专业与业余，不拘说、唱、演、舞等不同表演体式"❸ 的表演特点。可以看到，戏曲同样有适应当代传媒融合背景的内在动力和艺术属性。

20世纪自传播媒介发生改变以来，戏曲艺术的传播也在积极地寻求与现代科技的融合，"经历了'戏曲+广播''戏曲+电影'和'戏曲+电视'三个阶段，这三种模式分别满足了戏迷听戏、看戏和唱戏的愿望和要求，观众的参与性日渐加强。"❹ 进入21世纪后，戏曲也自觉地与互联网进行融合，出现了一些非常红火的网站，如"中国戏剧网""中华京剧网""河南豫剧网"等。在融媒时代，戏曲也积极地与新媒体相结合，不断调整和提升艺术本身，积极地寻求戏曲艺术的发展之路，如"中华戏曲""京剧戏曲""戏曲名家名段"等戏曲类微信公众号的建立，抖音"谁说传统文化不抖音"活动、"非遗合伙人计划"及快手平台推出的"非遗带头人计划"等。戏曲的现代化传承和传播也一直深受戏曲研究理论家的重视和关注，出现了《互联网与戏曲传播》《互联网上的戏曲传播研究》《中国戏曲网站的现状与分析》《地方戏曲的新媒体传播途径——以"有戏安徽"新媒体矩阵为例》《融媒体时代戏曲传承发展之路的思考》等一系列理论文章。如何将古老的戏曲艺术同新兴媒介有机结合，实际戏曲一直在不断地探索，也为我们研究戏曲艺术在融媒时代的发展与传播提供了丰富的经验。

---

❶ 王鲁鲁. 浅谈中国戏曲艺术的传播趋势[J]. 戏剧丛刊，2012（4）：21-26.
❷ 王省民，黄来明. 戏曲传播中的碎片化：论《牡丹亭》折子戏及其审美特质[J]. 戏曲艺术，2009（1）：119-122.
❸ 鲍焕然. 群体传播：从延安戏剧运动到"文革"样板戏[J]. 四川戏剧，2012（5）：46-47.
❹ 李小菊. 移动互联网时代戏曲艺术发展现状及对策[J]. 戏剧文学，2017（2）：67-71.

三、戏曲艺术发展与传播的策略

目前,戏曲艺术的发展与传播主要包含三个领域——艺术团体、戏曲人,教学研究机构、理论研究专家,新媒体传播平台。随着融媒时代的到来,戏曲的发展需要"三方加强合作、交流、融合,也只有三方携手共建形成合力,才能在传统戏曲创造性转化和创新性发展中取得共赢"[1]。要做到这点,需要将戏曲艺术自身的特点与新媒体的特点相结合,寻求共生共赢之路。戏曲艺术是一种高度融合的综合性艺术,包含音乐、杂技、美术及舞蹈等多种艺术样式。融媒体时代下,新媒体的发展呈现出个性化、互动性、自由化及短暂性等特点。新媒体与戏曲艺术的结合,需要激活戏曲艺术的多种基因,如运用新媒体的技术将戏曲中杂技、舞蹈等基因单独剥离,或借鉴其他艺术门类的成果,对其进行逐一的合成,创新传统戏曲的面貌和形态,以适应现代观众的审美需求。

(一)融媒时代下的戏曲创作与传承

1. 综合运用新媒体技术进行创作创新

在戏曲文化的传承发展中,戏曲创作是重点。传统戏曲在融媒体时代中,需要重视对新媒体和新技术的运用。

一方面,戏曲可以在遵循自身艺术规律的前提下,适当借用诸如VR、3D投影技术、LED多媒体显示屏等新技术,进一步丰富戏曲舞台的表现力,使得戏曲焕发新的生机和活力,更加适应新时代观众的审美需要。如《梁山伯与祝英台》中"十八相送"的场景,可以通过VR或3D投影技术,将十八里路途中樵夫砍柴、鸳鸯戏水、蝴蝶成双对等各种场景仿真出来,营造出三维立体的逼真画面,增强舞台视觉观感,使得戏曲更受年轻群体的青睐。

另一方面,戏曲创作应该针对现代青年的娱乐习惯和审美需求,结合融媒时代媒介传播碎片化的特点,通过创作一些短小精致的作品,或者是利用剪辑等手段创作"形碎而神不碎"的戏曲短片,将戏曲的魅力展现出来并传递给观众。如京剧演员王梦婷利用抖音短视频平台录制戏曲题材视频,分享戏曲表演、戏曲化妆的过程,并介绍和讲解戏曲道具、服装、表演技巧等,让年轻人了解戏曲,喜欢戏曲。截至2020年4月,"京剧演员王梦婷"抖音号已发布了223条视频作品,拥有93.3万粉丝,获赞616.2万次,播放量更是数以亿计。[2] 这便是传承和传播戏曲文化的一种非常有效的方式。

---

[1] 程宇豪. 融媒体时代戏曲传承发展之路的思考[J]. 新闻世界,2019(4):73-76.

[2] 数据来自抖音"京剧演员王梦婷"账号主页。

值得注意的是，戏曲在结合现代科技手段和传播方式进行创作时，需要建立在对中国戏曲艺术的尊崇态度之上，需要在遵循戏曲自身的艺术规律基础之上创作出符合戏曲行当和程式规律的精致作品，引导和提升观众的审美。只有这样，才能实现戏曲"与时代同行，与民众共生"，才能保持戏曲的魅力和活力，实现戏曲的传承与传播。

2. 运用新媒体进行戏曲的教学和传承

戏曲传统的教学方式采用师带徒、口传心授的方法实现戏曲的教学与传承。但随着新媒体技术的进步，电视、网络及移动客户端的运用使得戏剧的教学传承模式有了一定的改变。通过电视教学、网络教学，戏曲爱好者有了更多与戏曲名师大家学习、交流、互动的机会和平台。如中国中央电视台戏曲频道的《跟我学》《名段欣赏》《戏苑百家》《快乐戏园》等栏目，河南电视台的《梨园春》《好戏天天看》，山西电视台的《走进大戏台》等电视节目都是非常好的戏曲教学材料。在互联网视频网站上也有丰富的戏曲教学资料，如在弹幕视频网站哔哩哔哩中，昆曲就有大量专业的学习视频，有中国台湾蓬瀛曲集主讲《昆曲入门课程》，有香港中文大学昆曲公开课《昆曲之美》，有苏州大学公开课《昆曲艺术》和清华大学公开课《昆曲艺术与经典剧目欣赏》等，戏曲学习者不仅可以在视频中学习戏曲的史论知识，也能从专门的戏曲表演中学习戏曲表演技巧。

此外，在手机应用上也有专门戏曲类的 App，如戏缘 App 中的"名人堂"就是戏曲名家大家在线教学的板块，学习者不仅可以在教学视频中学习唱念做打的技巧和方法，还可以通过关注他们进行互动交流。戏缘中还有"超级擂台"的板块，作为戏迷打擂的平台，每月评比出第一名，奖金 10 万元，每年评选年度冠军，奖金 100 万元。2016 年，河南三门峡市的戏迷何青青拿自己录制的《小二黑结婚唱段》参加比赛，1 个月内该视频被播放了 5 万余次，并受到了贾文龙、王红丽等名家的点赞支持，何青青一跃成为当月的冠军。于是，作为普通戏迷的何青青不仅领到了 10 万元的奖金，而且还在戏缘 App 的引荐下拜在了豫剧名家王红丽的门下。"像这样足不出户就可以打擂的情况，即使是在电视戏曲擂台红极一时的时候也是不可能出现的。因此，移动互联网极大地方便了戏迷参与到戏曲的各项活动之中。"❶ 而其中的各项活动中就包括了戏曲的教与学及戏曲的传承和传播，大大地拓展了戏曲教学和传承的方式与途径。

3. 戏曲数字化工程

融媒时代最大的优势就是储存技术和方式的丰富便捷，建立戏曲数字化工程是顺应时代的要求。数字化工程即"利用信息可视化设计手段可以对我国戏曲资源进行有效整合、整理和归纳，将优秀的戏曲作品制作成数据资源库，供大众在网络上在线欣赏或下

---

❶ 李小菊. 移动互联网时代戏曲艺术发展现状及对策 [J]. 戏剧文学，2017（2）. 67-74.

载"①。对戏曲进行数字化处理，不只是对传统戏曲的整理和录像，更是抢救和保护，有利于更好地传承戏曲文化。据笔者所知，近些年由文化和旅游部艺术司组织建设、中国艺术科技研究所负责实施的"中国民族音乐数据库"项目已经结项，该项目由"乐人""乐团""乐曲""乐事""乐论""乐谱""乐器""乐种"8个专题板块组成，目前收集整理的资料已逾17万条，并在不断更新和增长中。同样，戏曲也可以建立相应的数据库，将戏曲各剧种的曲目、经典唱段、程式绝活儿等资料进行数字化整合。

中国戏曲种类丰富，根据最近一次戏曲普查结果显示，全国共有348个剧种，但"近年来，很多地方戏曲面临失传的困境"②，因此戏曲的数字化工程迫在眉睫。与此同时，数字化工程可收集、整理的数据和资料也是相当庞大的，但目前已经有机构正在逐步落实这项工程，以戏曲普查为例，截至2017年6月，全国普查基础数据复核工作已经完成，所有数据正式入库。这些数据都是戏曲数字化工程的基础，可以在此之上进一步建构戏曲数字化的框架和网络。

在戏曲资料收集方面，一些艺术研究机构和高校也有丰富的资源有待进一步的整合和梳理，如中国艺术研究院，该机构"已收到40000多张戏曲唱片、15000多小时的戏曲录音、2000多小时的戏曲录像"③，其中有些资料都是濒临灭绝的剧种最后的影像，异常珍贵。因此，戏曲数字化工程不只对传统戏曲剧种的抢救和保护，更是为戏曲的研究建构平台，提供互通有无的途径。

（二）融媒时代下戏曲传播的策略

在融媒时代，戏曲的传播显得尤为重要，有研究者指出："在传统社会中，戏曲的重心在创作者和演出者，而在现代新媒体时代，传播媒介逐渐取代戏曲创作成为传统戏曲生存发展的重中之重。"④戏曲在融媒时代的传播，可以根据当下较为常见的媒介方式，简单地分为短视频平台、手机应用、电视（网络电视）、微信、微博等通信软件及与动漫、电影等其他艺术形式结合的手段和途径。

1. 借用以抖音为例的短视频平台进行戏曲传播

短视频，一般指在互联网新媒体上传播时长在5分钟以内的视频。短视频不仅可以通过短视频类App进行传播，还可以通过微信、微博等社交媒体平台实现信息的转发与分享。⑤短视频有从图文到影像全方位覆盖的特点，且能够将文字、图片、视频融为一

---

① 程宇豪.融媒体时代戏曲传承发展之路的思考[J].新闻世界，2019（4）：73-76.
② 江冰.新媒体对我国传统戏曲文化的影响[J].新闻战线，2019（2）：129-130.
③ 赵云波.网络与戏曲传播刍议[J].中国戏剧，2018（10）：52-54.
④ 王春阳.论新媒体时代传统戏曲传播的碎片化[J].戏曲研究，2015（3）：59-67.
⑤ 白小琼.试析短视频对传统戏曲的传播与解构[J].四川戏剧，2020（1）：87-90.

体,因此迅速地成为"碎片化"阅读时代的主要传播方式。近些年是短视频井喷式发展的时代,根据《2019年中国网络视听发展研究报告》显示,"网络视频用户规模达7.25亿人,作为网络的'C位'应用,随着5G的普及,网络视听行业将再次迎来突破性发展"。❶ 以抖音为例,35岁以下的用户超过80%,短视频平台呈现出年轻化的特征,因此它也是众多艺术及商业都急于抢占的领域。

戏曲与抖音、快手等短视频平台的融合,是顺应时代发展的选择。自2018年起,有大量戏曲工作者入驻抖音平台,掀起了一拨戏曲抖音热潮。如2018年11月,由抖音平台与中央广播电视总台《文化十分》栏目组、光明网等联合发起"粉墨新声"话题挑战,不仅大量知名表演家参与其中,还有大量戏迷也积极参与,其中涉及了京剧、昆曲、越剧、豫剧等多个剧种,艺术家们通过抖音的平台传播戏曲文化。截至2019年4月,"'粉墨新声'话题挑战下的移动短视频播放量已超16亿次,'英气十足似少年'话题挑战下的移动短视频播放量已超57亿次,相关视频总点赞数超过1000万"。这种传播效率及范围广度是传统传媒方式所无法比拟与想象的。根据《2018抖音大数据报告》显示,戏曲等传统文化在抖音平台中脱颖而出,成为新时尚。其中,相关戏曲视频播放量达12亿,一些经典戏曲选段的"点赞"量超过500万次。截至2019年7月,"抖音平台上戏曲类短视频数量已超过167万条、播放量超68亿"❷。此外,各大短视频也积极推出了推广传统文化的策划活动,如抖音的"谁说传统文化不抖音""DOU艺计划""非遗合伙人计划",快手平台的"非遗带头人计划"等。这些活动无不吸引了广大用户的关注和参与,是戏曲创新型传播的范例。通过短视频的传播方式,不仅让大量年轻人在轻松愉悦的氛围中了解了戏曲的文化和魅力,而且也潜在地为戏曲艺术的良性发展培育了全新的、年轻化的市场和观众土壤。此外,值得一提的是一些综合视频网站,如作为新媒体代表的哔哩哔哩在戏曲传播中的作用同样不容忽视。

2. 开发和运用戏缘为例的戏曲类手机App

当下随着智能手机的日益普及,各种手机应用软件填满了大众的生活,从衣、食、住、行到文化休闲娱乐等,手机应用渗透到了现代生活的方方面面。目前在App市场上,以戏曲为专题的软件有戏缘、听戏曲大全、央视戏曲、京剧迷、黄梅迷、云剧场、广州大剧院、江苏大剧院、东方大剧院等。其中,戏缘App是其中开发较早,也是较为引人注目的一款。2015年11月30日,戏缘App正式上线,它是"一款针对戏迷和戏曲爱好者看戏、听戏、唱戏、学戏的手机软件,用他们的宣传语来说,是'用最先进的

---

❶ 腾讯网.2019年中国网络视听发展研究报告[EB/OL].(2019-07-19)[2020-06-09].https://xw.qq.com/cmsid/20190719A034RT00.

❷ 满山.抖音让世界看到戏曲之美[N].山西经济日报,2019-09-11(006).

互联网科技为媒介，用最平民化的海选方式，推广宣传中国最古老的戏曲艺术'"❶。在这款 App 中，包含了"戏小段""大戏""戏号""直播""唱戏"等板块，戏迷不仅可以欣赏戏曲视频，学习戏曲文化，还能通过关注戏曲名家的"戏号"与名家学习互动，也能在唱戏板块中发出自己的声音，甚至参加"超级擂台"的打擂挑战。戏缘 App 利用自身平台为艺术家和戏迷们搭建了交流、连通、互动的桥梁，充分利用移动客户端和新媒体的技术传播戏曲文化，"打响了中国'互联网＋戏曲'概念的第一枪"❷。目前，戏缘中已有 500 多位一线艺术家、2000 多家院团、200 多家戏曲机构入驻并建立专属网页（即戏号），有 60 余万戏曲从业者加入，拥有 3000 万用户，是戏曲类 App 中较为成功和典型的范例。

尽管如此，戏曲专题的 App 仍拥有进一步挖掘和提升的空间，如"戏缘""京剧迷""黄梅迷"等软件推广普及方面仍有不足。运用 App 的方式传承与传播戏曲文化是融媒时代的选择，不仅可以进一步满足戏迷的文化娱乐需求，而且能进一步培养新的戏曲观众，有助于推动戏曲的传承与发展。

3. 借用以《叮咯咙咚呛》为例的电视戏曲真人秀节目传播

戏曲与电视的联姻起步较早，早在 20 世纪 90 年代就有戏曲专栏的电视节目，如河南电视台 1994 年开播的《梨园春》，而后戏曲栏目、戏曲电视剧、主题片、戏曲综艺节目等多种文艺样态逐渐产生，使得电视戏曲"成为我国电视文艺中最重要的也是最具文化特色的、最独特的一种形式，是传播中国戏曲的主渠道"❸。随着网络的发展，"台网联动"也成为传统电视市场发展的新方向，如《梨园春》《非常有戏》《空中剧院》等戏曲栏目就依托互联网、移动客户端等网络平台实现多屏传播，以覆盖网民观众。近年来，百度、腾讯、阿里巴巴三大互联网巨头强势进军影视文化产业，推动了网络电视综艺、网络剧等新形式的发展，同时也推动了电视戏曲真人秀的诞生和发展。"2015 年 3 月 1 日，中国中央电视台推出了戏曲真人秀《叮咯咙咚呛》，这也标志着'真人秀'戏曲演绎节目正式面世。"❹

戏曲真人秀采用了"传统艺术＋真人秀"和去专业化的平民化形态，赋予电视戏曲以现代综艺节目的神，使得节目轻松好看。以《叮咯咙咚呛》为例，节目采用了"传统艺术＋中外明星＋游戏"的形式，邀请了跨国明星担任嘉宾，借助当下流行的"跨界"噱头，让没有戏曲演出基础的演艺明星学戏和舞台竞赛，以此来传播戏曲文化和知识，

---

❶ 李小菊. 移动互联网时代戏曲艺术发展现状及对策 [J]. 戏剧文学，2017（2）：71.

❷ 同❶：68.

❸ 李金兆. 从电视戏曲真人秀节目看中国戏曲艺术的传承与创新 [J]. 中华文化论坛，2018（6）：115-119.

❹ 同❸.

从而培养和吸引大量的新粉丝。其中，跨国明星的加入使得外来文化与中国戏曲产生碰撞，从而产生戏剧冲突，让节目更加好看。目前《叮咯咙咚呛》的平均收视率突破1%，全网播放量达2亿，网友弹幕互动超过10万条，微博粉丝49.6万，话题阅读量达24.1亿，337万讨论量，与传统的电视戏曲节目相比有了飞跃式的进步与提高。戏曲真人秀的形式是戏曲与电视、网络电视融合的一次大的尝试，在坚守戏曲和电视艺术内核的基础上，大胆地运用娱乐化、大众化、平民化的方式，为中国戏曲拓展新的传播路径，让大众在逐渐了解戏曲的同时，进一步关注戏曲的传承与传播。

4. 借用微信、微博等新媒体进行戏曲推广与传播

现如今，微信已经是生活中必不可少的交流工具，根据《2019微信数据报告》显示，微信月活跃账户高达11.5亿，其受众群已深入社会群体的各个阶层。其中微信公众号作为自媒体平台，也广泛运用到各行各业的推广和营销之中，其时效性和便捷性无疑大大地改变了人们获取信息的渠道和手段。举例来说，2016年，著名京剧艺术家梅葆玖先生去世的消息不到12小时就在手机微信上迅速传播，微信朋友圈立即被这一消息"刷屏"。紧接着，各种纪念梅葆玖先生的文章和研究资料就在各种戏曲类和文化类的公众号和微信朋友圈上传播和转载。微信这类通信工具大大地增强了戏曲艺术和观众之间的互动性，也进一步拓展了戏曲传播的渠道，强化了戏曲传播的效果。戏曲类公众号比较多，其中知名的有"中华戏曲""CCTV戏曲频道""京剧戏曲网""戏曲与俗文学"及各种戏剧院线的公众号，戏曲大众不仅可以通过关注而获取戏曲相关知识文化，还能及时地获取戏曲行业发展的相关信息，也能获得戏曲演出信息甚至直接购票。此外，微信上还有各种戏曲类的微信群，如看戏群、名家粉丝群、戏曲研究群等，为戏迷们和戏曲研究者们提供交流互动的平台。

与微信相似的平台是微博，微博也是自媒体平台的代表，是融媒时代中较为迅速的传播媒介。在微博上，用户可任意浏览和搜索信息，及时交流、获取信息。微博在中国具有巨大的影响力，有高度的曝光度，因此成为演艺明星和网络红人营销的重要平台。现如今，很多戏曲演员也在使用微博，他们通过运营自己的微博账号与粉丝群体进行互动交流，客观上也为戏曲的发展传播起到了很好的宣传效果。在融媒时代，戏曲的发展和传播借助微信、微博这种互动性、时效性强的通信工具进行传承、传播，不仅能够提高戏曲的曝光度，扩大戏曲的影响，同时在一定程度上也能促进戏曲演出市场的繁荣。

5. 戏曲与动漫、电影、游戏等其他艺术的融合

在传播媒介大融合的时代，戏曲的发展与传播也可以拓展思路，与其他艺术形式相融合，实现戏曲的"跨界"发展传播。戏曲本身就是综合性强的艺术样式，涵括了文学、美术、舞蹈、音乐、杂技等多种艺术因素，因此戏曲本身就有较强的包容性和可塑性。如戏曲与动漫的融合，通过戏曲科普动漫的制作和传播让小朋友们了解戏曲艺术，

甚至让年轻的观众群体喜爱戏曲。例如，2015年的一档综艺节目《出彩中国人》中，北京大学研究生京古身穿戏服，戴一个Q萌大头，将戏曲与动漫相结合，并在现场玩起了Cosplay，不仅让三位评委叫好，也深受观众的欢迎和喜欢。再如拍摄戏曲电影以实现戏曲的院线化传播，戏曲电影曾在中华人民共和国成立后有过辉煌的成绩，如黄梅戏电影《天仙配》，"1956年7月，香港地区有两家影院连续35天放映了280场《天仙配》，观众超过22万多次，打破了所有曾在香港地区放映的欧美影片的卖座纪录。"❶现如今要重现这样的票房奇迹虽然有很大的难度，但也可以积极尝试，如采用4K高清的拍摄手段拍摄一些经典的戏曲剧目，使其影视化，如近两年由珠江电影集团有限公司、广东粤剧院、佛山文化投资管理有限公司联合出品的首部4K全景声粤剧电影《白蛇传·情》就取得了一定的成果。该影片获誉颇丰，2019年11月荣获第28届中国金鸡百花电影节暨第32届中国电影金鸡奖"最佳戏曲片"提名奖，此前该片还获得了第3届平遥国际电影展类型之窗单元"最受欢迎影片奖"和第4届加拿大金枫叶国际电影节"最佳戏曲歌舞影片奖"，并在第76届威尼斯国际电影节VPB单元展映，赢得了很多海内外观众的喜爱。❷

此外，戏曲与游戏也可以相结合，2015年开发的游戏《王者荣耀》就有戏曲元素，游戏人物甄姬着戏曲"游园惊梦"的皮肤出场，并伴随着一段昆曲念白："晓来望断梅关，宿妆残。不到园林，怎知春色如许？春哪春，得和你两留连，春去如何追。"该设计集戏曲表演、戏曲服装、戏曲服装为一体，将戏曲元素与游戏融合，不仅满足了青年人的审美需求，也在客观上增强了年青一代对戏曲的直观感受，为戏曲培养了潜在的观众群体。

戏曲与音乐的结合也是艺术互融和跨界中较为常见的形式。如戏腔歌曲与戏曲风音乐目前深受年轻人的青睐，《离人愁》《琵琶行》《清明上河图》《出山》《女驸马》《梨花颂》等作品在抖音上均有各种翻唱视频或舞蹈视频，其播放量均以亿次计。再如2003年的大型交响京剧《大唐贵妃》的首演引起了极大的轰动，导致2016年重排时一票难求，其中主题曲《梨花颂》被广泛传播也证明了戏曲与音乐的融合实际大有可为。

总而言之，戏曲与其他艺术门类的结合有多种方式，不仅可以利用其他艺术来表现戏曲艺术，也可以将戏曲元素融入其他艺术门类之中，以提高戏曲艺术的传播率和曝光率，最终达到戏曲的传承与发展。

---

❶ 金芝，杨庆生.黄梅戏［M］.北京：中国文联出版社，2008：87.
❷ 南方网.粤剧电影《白蛇传·情》获金鸡奖"最佳戏曲片"提名奖［EB/OL］.（2019-11-26）［2020-04-07］. http://news.southcn.com/gd/content/2019-11/26/content_189630649.html.

四、结语

戏曲艺术的生命力在于随着时代发展不断进步创新，不断满足人民的文化审美需求，戏曲文化本就来自民间大众，还戏于民理所当然。在融媒时代，戏曲的发展与传播不断地与新媒体有机融合，实现戏曲艺术进一步传播和传承，是顺应时代发展的需求，是满足中国人民日益增长的美好生活需要的需求，是提升中国文化软实力的需求，也是传播中国优秀传统文化、讲好中国故事的需求。总体而言，戏曲事业在融媒时代积极发挥新媒体的科技优势，深入挖掘戏曲文化的价值内涵，以实现自身的传承、传播和发展，是我们这一代戏曲工作者和研究者所面临的问题和挑战。

（作者余国煌系中国艺术研究院戏剧戏曲学硕士研究生）

媒介融合背景下个体记录与表达方式的嬗变

——以微录（Vlog）为例

摘 要：从日记书信到网络博客，再到微录的出现，文字从电子化到可视化，人们开始利用影像语言代替文字语言来"书写"个体回忆与情感。从文字到影像，人们不只在使用新的信息传播载体，并且实际上利用这种新样态进行积极的创作与自我表达与记录，进而汇聚成为一篇承载人类情感与记忆的"时代日记"。基于互联网诞生的微录是一种新的表达形式，本文以微录这一文化现象为论述主体，对微录的产生背景、现状分析、风格特征、叙事方式及动因进行阐释，并从微录呈现出来"异化"现象入手进而反思其生产机制。

关键词：微录；文字；影像；记录

从私密的个人日记到半公开性质的网络博客日志，再到公开与私密兼并的网络视频博客微录，互联网及科学技术的发展使得人类记录自身生活、情感、经历的形式发生了更迭，从纸笔文字、摄影相片到视听影像，传播载体发生了由平面、静态到立体、动态的变化。斯图亚特·霍尔在他题为《文化、传媒和"意识形态效果"》的著名文章中指出，现代传媒首要的文化功能便是选择建构"社会知识"和社会影像。大众是通过传媒建构的这类知识和影像来认知世界，来体味他们曾经经历过的现实世界。❶由此，为了留住更丰富立体的记忆，人们做出了各种踊跃的尝试。

一、微录：个体记录与动态展示

（一）何为微录

微录是互联网时代的产物，主要指自互联网出现以来的视频博客或视频日志，一种

---

❶ 陆扬，王毅. 大众文化与传媒[M]. 上海：上海三联书店，2000：6.

以私人影像视频代替文字表述的博客形式。在剑桥网络在线词典中，微录是在互联网上拍摄和发布的思想、观点、经历的记录。微录的制作者通常以第一人称的视角来记录并拍摄自己的生活内容，时长大都在 20 分钟以内，是一种真实并私人的影像记录。自 2012 年优兔视频网站上出现第一个意义上的微录以来，经过短短几年的发展，无论在国内还是国外，微录这种用影像替代文字语言的表达方式受到了大众的接受与肯定，"人人都是视频博客的制作者"成为当代大众的集体创作宣言，一场全民的记录狂欢正在悄然展开。纵观微录的出现及发展，"生活"这个非具象的客观存在从文字中剥离出来，从日记、网络博客到视频博客，可以看出微录发展的规律及必然性，媒介环境的更迭变迁大大扩展了社会个体进行自我表达方式的边界。

（二）我国微录发展现状

微录作为"舶来品"，在我国真正意义上进入大众视野引起关注和注意的时间是在 2018 年。在这一年，如"大概是井越""你好_竹子"等国内新一批微录博主将微录这样一种新的记录生活的表达方式带到大众的日常生活中，在明星加持之下，一时之间，微录成为一种社会潮流、一种新的彰显自我的方式，无论是网红、明星还是各行各业的素人，大家都开始谈论微录，而为了赶上这趟列车的各大媒体平台也抓住此次机会做出了相关的计划与行动。

2018 年 9 月，微博推出了微录招募计划，腾讯 Yoo 视频宣布补贴视频博客制作者；12 月，哔哩哔哩视频弹幕网开展"30 天微录挑战"，由此激发用户的创作积极性；2019 年 4 月，抖音短视频平台推出"微录十亿流量扶持计划"；5 月，微博宣布发起"首届微博微录大赛"，百度好看视频也发布针对创作者的"微录蒲公英计划"；7 月，微博发起"全明星微录大赛""超红微录挑战赛"，爱奇艺出品一部名为《微录营业中》的网络综艺等。在微信、微博、哔哩哔哩视频弹幕网及抖音短视频、快手、一闪等各大社交媒体平台的政策及资金加持下，微录呈现出不容小觑的发展势头，获得了极大的关注，社会中也掀起创作个人微录的热潮，大众参与度极高。其中尤其受到千禧一代❶、Z 世代❷（Generation Z，或缩写为 Gen Z）等青年群体的青睐。

据统计，2019 年 7 月微博中带有"微录"的话题，大众的参与讨论共 814.9 万人次，

---

❶ 千禧一代：Y 世代（Generation Y），又叫千禧世代（Millennials），源自美国文化对一个特定世代所习惯称呼的名称，一般指 20 世纪 80 年代和 20 世纪 90 年代出生的人，是在 20 世纪的最后一个世代诞生成长。会被误指新千年（即 2000 年）之后出生的人。

❷ Z 世代：盛行于美国及欧洲的用语，特指在 20 世纪 90 年代中叶至 2000 年代中叶出生的人，大约是 1995—2005 年。受到互联网、MP3 播放器、手机、智能手机、平板电脑等科技产物的影响，可以说是生活在电可虚拟与现实世界的原生世代。

同时话题的阅读量达到了85.2亿次。截至2020年4月,"微录"话题已有1231.7万讨论,阅读量增至141亿次。微录的话题度与关注度仍呈持续递增的趋势。可见,在当代形式多样的媒介环境下,带有明显"人格化"特征的微录正逐渐成为互联网时代人们进行自我意识表达与记录的新载体。可以说,用视频影像代替文字表述这一表达意识的转变,是在当今媒介融合时代下主体表达方式的嬗变。

(三)微录的"破茧出圈"

微录给人的直观印象是属于年轻化小众圈层的,而随着媒介融合时代的到来,传统媒体纷纷建立融媒体中心与时代接轨。在2019年两会召开期间,人民日报、央视新闻、中国日报社、中国青年报等主流媒体制作的两会微录系列引起社会热议,以更"接地气"的视角切入改变了公众对以往传统电视媒体报道的刻板印象,新闻记者、两会代表、主持人在微录中展现出了更为生动、丰富的精神面貌。

2020年年初中国农历春节之际,当人们都沉浸在迎接新年、与家人团聚、与旧友相逢的期待与喜悦之中时,一场没有硝烟的战役在人们不知情的情况下已经慢慢展开。新型冠状病毒肺炎疫情的暴发,让有着"九省通衢"之称的武汉失去了其原有的活力。自1月23日武汉封城之后,仍有千万人口生活在这座城市。全国上下用举国之力驰援武汉,无数医护人员奔赴一线。在社会重大突发事件中,承担着信息传递重要职责的媒体工作者们担负起重任。官方新闻报道及民间信息流动(如微博、微信、抖音、快手等)成为获取信息的最主要渠道。原本在各大新媒体平台上取得热度的新的视频类型——微录,在此次疫情之下再一次成功"出圈",央视新闻、新华社等主流媒体平台及各省市的官方报道和宣传,微录逐渐成为当今时代记录社会重大突发事件的重要形式之一。身处疫情一线的医护人员、普通市民、外地援鄂支援者、留守武汉的外国人等用视频记录下疫情期间的工作和生活景象,如在中央广播电视总台纪录频道播出的融媒体系列作品《武汉:我的战疫日记》,以及个人制作上传的《武汉日记2020》等。人们渐渐习惯于拿起手机用影像记录当下的万物众生相,这些由个体记录的视频影像拼凑出一幅"时代日记"。新闻媒体对重大主题的报道中对微录的使用为这种新的艺术样态拓宽了边界,不仅使其成为人们从不同视角观察了解我们所共同生活着的这个世界的一种更为直观的重要方式,在社会其他领域也能够发挥其独具特色的作用。

(四)微录的特征与类型

1.第一人称的叙述视角

20世纪90年代,第一人称纪录片的创作者们将镜头对准了自己的亲友,如王芬的《不快乐的不止一个》、杨天乙的《家庭录像带》、焦波的《俺爹俺娘》及近来的何苦自编自导的《最后的棒棒》等。而微录采用的第一人称为叙述视角这种主观的视频书写方式使其成为一种接近于纪录片形态的影像作品。微录创作者们在进行创作的时候将镜头"对准"了自己，以第一人称视角的记录与叙事方式使得影像作品具有"私人影像化"的审美特征，风格更接近于个人日记、散文等主体意识的表达，这也是区别于其他影像作品的一大显著特征。

2. 作品时长均较短

微录的时长大多在5～30分钟，其中十几分钟不等的视频时长占大多数。微信、微博、微电影、微纪录片、微综艺、微小说等一系列以"微"为特征的事物层出不穷，社会普遍存在的注意力缺失现象在近来1分钟以内的短视频兴起愈发显著。大众"碎片化"式信息读取习惯驱使影像作品在内容与形式上都做出了实质性的改变。微录通过后期处理与剪辑，将内容凝练与升华在较短的时长之内，更有助于观众对影像中有效信息的提取和接收。

3. 非虚构影像化

不同于现实物理上的实际存在，上传至互联网的文字、图片、声音、影像经过数字化技术处理作为超文本模型而存在，微录的内容本身使其仍具有真实性特征。公众"自下而上"的个体视角进行非虚构的内容纪实与创作，使得微录具有了非虚构影像化特征，为当今媒介环境下人们提供了广泛书写和记录真实的契机，为实现人类共同体的集体记忆建构提供了更为便捷的途径。

4. 拍摄主题丰富

微录的主题类型丰富，在创作层面上有很大的空间进行生产与创作。在我国微录发布最为集中的视频平台哔哩哔哩视频弹幕网上进行检索，视频内容大多以一天的流水账、旅游日记、美妆、好物分享、物品开箱等为主，明星微录也多以个人日常生活为主。但也有这样一类题材的影片，其所表达的内容是其个人的见解、看法及他对某些事物的独特看法。

二、从文字叙事到影像叙事：个体表达方式的嬗变

在微录的兴起背后，我们或许要思考是什么原因导致人们不再书写日记而变成视频日记呢？如今的人们为何倾向于用影像语言代替文字语言来进行自我表达呢？从最初用笔墨纸砚来直抒胸臆，到印刷时代的报纸等传统大众媒体的出现，以及进入Web时代日新月异形式各异的新媒体的出现，微录以个体为中心，给予了一种新的传授互动的视角，由此促进了信息流动格局的变化。继Web 3.0时代博客之后，微录的出现成为当代互联网下公众进行网络交流的新方式。

作为语言的文字与影像，二者在表达的逻辑和方式上有着十分明显的差异。语言、文字作为人类社会长期交流工具构成了其独特的符号语言系统。人们通过"阅"来接收并处理物理信息，通过"读"将文字符号进一步抽象解读。文字语言的阐释与运用需要长期学习并掌握其抽象符号的特殊语义，人们使用文字需要进行从"编码"到"解码"的过程，从而理解文字"符号"背后的意义所在，进而实现社会信息的有效流通和传递。在这一解读过程中，受到集体差异与个体差异的影响，不同的社会环境、文化背景、语境场域中存在着约定俗成的文字符号的规定性前提条件与符码生成规则，同时会不可避免地受到个体生活阅历、知识水平、思维逻辑及情感因素的影响，因此文字语言在与他者的传授互动及传播中具有相对的局限性。而自19世纪上半叶摄影术的诞生起，电视及网络成为人类生活不可或缺的一部分，影像符号逐渐在日渐激烈的信息传播格局中占据了个体表达的主导权。图片与影像以具象化样态直截了当地记录与展示着个体与社会的生活变迁，国内外著名文学作品的影视化改编，如我国的《红楼梦》《西游记》《水浒传》《三国演义》等，便是在此基础上进行了从文字叙事到影像叙事的介质转变。在如今互联网介入后媒介载体的革新下，文字向影像之间的转化改变了个体表达及叙事层面的潜在逻辑。浩瀚宇宙与银河苍茫、外星生物横行的异世界、人类历史的重大变革还是无法想象的人类世界末日的到来，天马行空的想象和历史记忆的重现在影像叙事下成为"实在"的景象，《星际穿越》《地心历险记》《世界末日》《阿凡达》等一系列科幻影片利用技术手段突破文字叙述的限制，给人们呈现了一场声势浩大的视听盛宴。《浩劫》《奥斯维辛集中营》《南京大屠杀》等纪录片依存于事实记录和表达对人类所共同生活世界的观点。而除艺术创作之外，影像符号无不充斥在人们的身边，大到品牌标识、宣传图册、店铺招牌、楼宇广告，小到智能手机的浏览界面及社交软件中表情包的使用等，以短视频碎片化阅读为特征的文化风潮下，无不映射着当今影像化生存时代的到来。

影像叙事所带来的便是彻底改变了人们以往视觉、行为、思维习惯和认知方式。文字叙事与影像叙事建立在两个不同的叙事语境场域之下，涉及叙事载体、叙事语境、叙事手段及传授互动等多个方面。当人们从使用文字语言过渡到用视听影像语言来进行自我意识的表达时，第一人称的叙述方式便将个体置于话语中心，从而掌握了话语表达主动权。在当今多元的媒介环境下，个体与社会间进行互动与表达的方式多样化，从伏案写作到静态影像的记录、储存、重现，再到观看与互动相交织的"视频日记"，微录正是个体自我表达方式嬗变的结果。微录作为一种用画面、声音代替文字语言的表达方式，通过个人第一视角的生动讲述与直观的画面相配合，在互动与传播中得到了更为有效的信息交流。微录的画面、声音、音乐与介绍性文字的协调统一，使得微录能够十分直观、准确、快捷地再现现实并传递信息，视频中主体人物、背景、环境、位置等客观信息，以及情绪、氛围等抽象信息传递使得创作者与接受者二者之间的互动关系更为紧密。在影像化生存的时代是影像符号与文字符号的一场博弈。如今人们下意识地使用手机、相机来记录当下，用影像回忆过去，记住过往，使之成为记忆世界的方式，在一幅幅图像与影像中建立自身与过往的联系。

同样，影像符号本身也具有相应的局限性，影像画面中的信息含量庞大、芜杂，反而使得人们对信息的细节性把控不足，相较之下文字符号更为凝练，文字所提供的信息更为翔实、准确和细致，对于人物、环境的描写能够进行更为有效、精准的信息传递。如法国文学家雨果的作品《巴黎圣母院》中对教堂的结构布局等细致入微的描述，使得人们能够充分发挥分析力、联想力、想象力、创造力，文字符号给予人们更多的想象空间。但这并不意味着影像符号限制了大众的想象力，两种不同文本意义上的解读在思维惯性上有着不同的方式。从文字到影像，表达方式的嬗变并未将个体记录与社会生活分割开来，用文字书写回忆与情感同用影像记录生活二者无论承载其情感、价值本身的载体为何，进行表达这一行为过程本身就是对生活的重新建构，在符号本质内核上，都是主体积极而主动地进行信息交流的一种方式，同样具有深刻的意义。

三、媒介融合时代微录产生的动因分析

在人类社会文化生产系统中，新的生产样态的出现受到时代背景、社会变迁、科技进步、文化风貌、经济发展等多重因素的影响，微录的诞生有以下几方面的原因。

（一）技术动力：互联网和数字技术的催生

从网络博客（也称为网络日志）到微录，是人们自我表达方式从文字语言到视听语言的又一次巨大跨越。智能手机与移动通信网络技术使得微录这种视听影像作品的创作门槛被大大降低，高清手机拍摄、存储空间提升和剪辑软件性能的开发使得大多数人都可以更为简单、随性、便捷地制作个人私人影像作品。在当今媒介环境下，万物互通、万物可联，社交距离的缩短大大提高了人们自我表达的欲望，由于影像具有更为动态而又立体的审美特征，因此更倾向于使用影像符号来进行自我意识的表达与记录。微录不仅将社会公共话语空间进一步扩大，并且在实际意义上减少了人与人之间的区隔，放大了个体的公共话语权，使得社会个体之间的交流以一种更为生动、直接的形式得以实现。

（二）主体动力：表达、展示与交流

在远古时期的结绳记事、洞穴壁画中便透露出了人这种生物使用影像符号来进行个体表达与记录意识，基于人类这种主动表露意识的行为形成了语言、文学、艺术等不同样

态的个体表达形式。生活于社会中的人往往需要在与他者、社会的交流互动中得以存在，现如今各大社交平台上由个人上传的照片、影像为社会交流的互动与传播提供了多重路径，在信息接受过程中更容易使人们获得直接的视听感官快感，并不同程度上刺激了影像符号建构的世界中个人自我表达与展示的欲望。在微录的传授互动关系中，创作者与受众两个主体之间不仅仅是单向的输出与接收，而是主体意识在影像作品中的双向重构过程，二者在"群体性孤独"中找到了情绪释放出口。创作者面对镜头对"假想观众"进行积极而又主动的交流沟通，受众则在影像构筑的文本之中与创作者在彼时彼刻进行共时性体验和互动，二者在时间、空间的相对断层之中获得了情感共鸣与亲近的互通之感。

（三）市场动力：资本驱动

在优兔视频平台上，即使不进行商业植入等推广，创作者依然能够依靠视频点击量获得网站广告的贴片分成，拥有1000多万粉丝的视频博客制作者凯西·奈斯泰德，其视频百万级的播放量意味着他仅靠播放量就能获得数百万美元的收入。而国内微录的盈利模式主要以平台的粉丝打赏、广告投放、线下品牌活动为主。MCN（Multi Channel Network，多频道网络）作为"中介"，在各大主流媒体平台与创作者之间架起资本"链条"，专业化、程序化的运作机制保障内容生产的持续输出，并最终实现商业的稳定变现。各大媒体平台紧随这一视频行业的新风口，相继投放大量资金补贴扶持微录的创作与传播。市场及资本的注入在不同程度上刺激了微录的发展速度，拓宽了其发展空间，更激励了人们创作的积极性。

四、记录的异化

马克思主义哲学的观点中认为，"异化"是人类物质生产与精神生产及其产品反过来统治人的一种社会现象。当今日常生活的影像化展现形式愈加丰富、立体、生动，从文字博客（如新浪微博、腾讯微博、QQ空间等）、摄影图片到短视频、微录等动态立体的视听呈现，视频影像的介入使社会个体的日常生活被赋予了"被记录"的目的。"人们谋求自己的生活在公共化的媒介世界里曝光，以此追逐公共媒介里的话语权，人们常常会以如何进行媒介化表达来审视自己的生活，甚至会为了媒介化表达来调整生活。如同'为赋新词强说愁'一样，为了获得在媒介世界里的表达素材，人们会在某些时候制造一些行动与情绪。"[1]因此，日常生活在这样一种"被记录"的目的下则会出现记录的"异化"现象，个体逐渐与物质现实剥离开来，反而被一个由影像符号建构起来

---

[1] 彭兰.视频化生存：移动时代日常生活的媒介化[J].中国编辑，2020（4）：34-40.

的世界所"吞噬",继而受到其影响造成个体的改造与重塑,失去其个性与能动性。

(一)真实与表演

是生活决定了微录拍什么,还是微录的脚本与素材决定了你的生活呢?现如今在各大媒体平台上,关于"怎么拍微录""微录剪辑"的教程数不胜数,包括分镜头的处理、镜头的摆放、拍摄器材、剪辑软件的选择、音乐的配合等,微录的创作似乎更像是经过剧本设计的小型戏剧舞台,这时的创作者既是导演编剧,又是一个表演者、一个局外人。微录也因此不再是对生活单纯的记录,而是对个人生活利用影像符号进行解构、重塑的过程。在欧文·戈夫曼的拟剧理论中,他认为个体在社会生活中总是有意识或无意识地以各种方式塑造在他人心中的形象,对自我形象进行"印象管理"。而这种充满戏剧性的社会行为正在微录中得到了完满的体现。在发布的微录中我们看到最终呈现出来的个人形象及生活状态具有了相应的社会文化符号象征,镜头下的人会不自觉地将自我转化为一个公开表演者和独白演说家。"台前"与"幕后"的边界逐渐被消磨,"台上人"与"台下人"对此乐此不疲,现实的个体和拟剧的人格塑造交织形成了一个复杂的自我,在这场表演之间,生活的真实性也被重新定义,实质上这是"真实"与"虚拟"之间的博弈与共生共存。

(二)私密与公开

作为个人回忆载体的视频日记微录,具有极强的私人化影像特征,但又因其公开发布具有了公开化特征,在私密与公开之间的矛盾中,往往伴随着极高的大众关注度。互联网时代下,每一个公开发布在视频媒体平台上的微录,画面主人公的生活被前所未有的大面积暴露在公共视野中,其播放量并不仅仅是一个数字指标,如同电影《楚门的世界》中的观众,是一个个真实的观看着的人。在明星和演员的工作日常,世界各地的人文风光,各种不同身份年龄与社会背景的人所展示出的生活不仅满足了大众的好奇心,与此同时也满足了大众的窥视欲望。社交网络鼓励每一个人表现自我,也允许人们沉溺其中,但仍要在私密与公开之间把握好"度",保持个体空间在社会公共话语中的独立性。

新的媒介及科学技术正在使我们的生活发生天翻地覆的改变,人们可以同时用文字、图像、影像等传播载体进行多元化表达。微录是顺应时代潮流应运而生的新的表达形式,也是人葆有鲜活记忆的一种手段。但是在使用这种新的记录方式记录生活时,不要忘记生活本来的意义。毕竟,日记、博客、微录等记录的最终目的仍然是留住人们对生活最丰富的情感和热爱。

(作者郑丽婕系中国传媒大学艺术研究院硕士研究生)

媒介融合背景下国产纪录片的跨界生产

摘　要：自2014年媒介融合上升至国家战略，无论传统媒体抑或新媒体，都在不断探索新的内容样态，国产纪录片的各个环节也在积极寻求与其他形态和内容的跨界合作，无论是创作主体、生产内容还是传播渠道，都在广泛汲取、借鉴各行业优势来拓宽国内纪录片的新形态、新内容、新类型，不断以跨界的思维持续创新发展。

关键词：跨界生产；纪录片；互联网

媒介融合步伐的加快给传媒影视行业带来了剧烈的变革，传统媒体不断涌向新兴媒体寻找新的出路，新的媒介环境呈现出开放包容的姿态，推动着各传媒领域展开跨界融合的火花，同时也为纪录片行业的发展提供了积极的跨界生产新思路。纪录片的跨界一直存在，只是在进入了媒介融合时代之后，纪录片的跨界思维、跨界行动展露的更加明显。尤其是近几年国内纪录片以多样的跨界融合样态丰富着影视产业，其跨界融合主要表征在生产、制作、传播的方方面面。本文以媒介融合为大背景，从纪录片的边界开放性入手探寻当下国产纪录片的跨界生产现象，主要从纪录片的生产创作、传播渠道等方面进行阐述。

一、纪录片"界限"的开放性

1926年2月8日，约翰·格里尔逊首次以"Documentary"来概括对现实事件进行记录的电影作品，并用"对现实的创造性处理"来定义纪录片，将"是否使用自然素材"作为纪录片与故事片相区别的标准，到20世纪60年代，主张"静观默察式"无干涉记录的"直接电影"极力降低了记录主体的介入成分，至此纪录片的真实性内涵得以确立，外延属性也开始明晰。但随着人们对"真实"概念理解的深化，20世纪60年代的真理电影、"新纪录电影"等派系将真实从客观扩展到主观，随之纪录片的内涵和外延属性开始逐渐模糊，让·鲁什似乎"主导"了《夏日纪事》这部纪录电影的走向，"演员"通过采访路人的形式去挖掘隐藏表层的深层真实，在记录真实的过程中不排斥采用虚构的、人为的手段和策略。但无论纪录片概念怎样的丰富化，属于纪录片标志性特点的"真实"始终作为纪录片的本质性原则毫不动摇。这是我们循迹的西方对纪录片"边界"的研究道路。而中国纪录片的发展可分为三个阶段："从诞生到 20 世纪 80 年代的'格里尔逊'纪录片时期；90 年代的纪实主义纪录片时期；世纪之交以来的多元化发展时期。"❶ 因其特殊的文化历史、价值取向、政治制度等因素，中国对纪录片边界探讨的问题较多局限在类别的探讨方面，最为典型的就是纪录片与"专题片"之分，但是不管中西方侧重点有何差异区别，两者的共通之处就是"他们的兴趣并不在于描绘一条清晰而明确的纪录片边界，而在于通过某种程度的否定，不断地为前行的纪录片开拓更为广阔的发展空间"❷。

对"真实"的遵守、对"虚构"策略的运用、对两者之间平衡的拿捏，不同时期的纪录片人有不同的认知，这就使得纪录片的边界呈现出一个开放的、动态的特点。尤其是随着技术的进步，媒介融合的步伐不断加速，纪录片也开始将"融合"与"突破"作为创新的着力点，不断用"跨界"的思维在学习和借鉴、在探索和创新，使得小众化、精英化的纪录片开始走向大众化的视野之中，滋养着纪录片鲜活的生命力，不断丰富纪录片在当下的发展。

二、国内纪录片的跨界生产现状

小众化的纪录片相较大众化的"影剧综"来说，生产规模、投资规模都比较小，就电影领域来说，2019 年中国电影总票房达 642.66 亿元，全年影片总产量共计 1037 部，纪录电影仅占 47 部；但是单从纪录片的纵向时间梳理，中国的纪录片市场在 2012 年历经《舌尖上的中国》引发的热潮后，开始在大众的视域内被激活。据《中国纪录片发展研究报告 2020》数据显示，2019 年中国纪录片生产总投入为 50.36 亿元，年生产总值仅仅约为 66.60 亿元❸，与此同时，国内纪录片在创作上，不断将视野放宽、将视线放远，力图为大众呈现出"耳目一新"的混搭融合感。

（一）纪录者的跨界尝试

近年来，国内纪录片市场规模稳步增长，自 2016 年以来"每年市场增长率保持在

---

❶ 赵曦. 纪录片边界问题研究［D］. 北京：中国传媒大学，2008.
❷ 同❶.
❸ 张同道，胡智锋. 中国纪录片发展研究报告（2020）［M］. 北京：中国广播影视出版社，2020.

10% 左右，预计在 2020 年市场规模将突破 78 亿"[1]。纪录片产业繁荣的发展前景，给予国内纪录片人很大的信心，过去从事纪录片创作的大多是传统的主流媒体人及极具个人风格的独立纪录导演，人才、资金、制作规模都相对缺乏、紧凑。但在媒介融合火热进行中的国内影视市场，纪录片这一领域逐渐受到重视，开始从小众走向大众的视野，这也吸引了不同领域、不同机构的纪录片创作团队开始纷纷跨出平台界限进行纪录片的创作，这主要表现在以下几方面。

1. 传统媒体人的跨平台尝试

近几年，由于新媒体对传统媒体的冲击，迫使一批优秀的纪录片人投身新媒体。2017 年，陈晓卿离开了供职 28 年的中国中央电视台，一年后入职腾讯视频，创办稻来传媒，双方共同制作的"风味"系列美食人文纪录片成为继"舌尖 1"后的另一美食纪录片标杆。《风味人间》第一集上线后就获得了 1.7 亿次的点击率。除了陈晓卿，同供职于传统媒体的纪录片人李炳、干超则纷纷就职优酷，在新媒体领域整装开启新的纪录旅程。可以说，人才的流动很大程度上决定着优质内容的流向。

2. 新媒体平台的内部跨界也在发生

中国互联网络信息中心（CNNIC）发布的第 44 次《中国互联网络发展状况统计报告》显示，截至 2019 年 6 月，我国网络视频用户规模达 7.59 亿人，占网民整体的 88.8%。新媒体在纪录片创作方面呈现繁荣发展之势，制作、传播、影像都大幅增长，爱奇艺、腾讯、优酷及哔哩哔哩都加大对纪录片创作的投入，当传统的纪录片影像形式与互联网的开放、平等、碎片、互动等特性融合在一起，国产纪录片开始呈现出新的光彩。

中国的新媒体纪录片总投入约 11 亿元，创历史新高。网络视频公司优酷、腾讯、爱奇艺等视频巨头逐渐看到纪录片巨大的产业价值，开始不满足于仅仅作为纪录片的宣发工具和传播平台，也要抢占先机将"资本之手"伸向纪录片的创作领域。从腾讯视频来看，它积极与国内优秀创作人合作，招揽了陈晓卿，还与金铁木导演共同打造了《战国风云录》，同时积极寻找跨国合作，

不仅与国家地理频道、美国历史频道、NHK 等纪录片平台合作，购买版权上线优质国外纪录片资源，而且与 BBC 联合制作《王朝》《地球脉动 2》《蓝色星球 2》等高质纪录片；中国的社交媒体巨头之一新浪微博成立酷然纪录片频道，与百家机构建立合作，发力纪录片领域；以"二次元"著称的哔哩哔哩网站与探索频道深度合作，上线百余部优质纪录片，其自制的纪录片《人生一串》第一季收获了哔哩哔哩评分 9.8 分、豆瓣评分 9 分的口碑外，至 2020 年 3 月，节目总播放量突破 7437.8 万，第二季更

---

[1] 艾瑞咨询.2019 年中国纪录片产业研究报告［EB/OL］.（2019-10-14）［2020-05-01］. https：//baijiahao.baidu.com/s？id=1647326079389125073&wfr=spider&for=pc.

是收获了 9173.4 万的播放量。

三、纪实内容的跨形态融合

进入 21 世纪的中国，消费文化、大众文化盛行，"娱乐"因素在影视创作中的地位再度凸显，一直以严肃著称的国产纪录片为了能在竞争激烈的影视行业争夺发展空间，开始放下"高冷"姿态，走向接地气、解人情、娱乐化的融合之路。

（一）"纪录片+"综艺

陈晓卿曾说："纪录片综艺化是挡不住的，因为只有这样，才会吸引更多观众去看。"综艺节目的趣味元素和纪录片的人文性、普识性相结合，是美食纪录片《风味人间》的成功之道，同时也是纪录片在冗长、枯燥叙事道路上突围的一条行之有效的路径。"这些新兴样态打破了固有的纪录形式壁垒，纪实手段的广泛运用不仅使纪录片在形式上不断创新，也为其他节目类型开辟了新的发展空间。"[1]

我国较早将纪录片与综艺节目结合的还有被称为"新生态纪录片"的《变形记》，它于 2006 年开始制作播出，为纪实类节目打开了跨形态生产的思路。2015 年，云集将来传媒（上海）有限公司制作了亚洲首档自然探索类纪实真人秀《跟着贝尔去冒险》。没有使用剧本，而是将贝尔和明星嘉宾放置于野生环境之中进行探险，让节目天然地带有了纪录片的基因。除此之外，节目还加入了不少综艺元素，这种以全纪实方式和真人秀方式拍摄的综艺节目，虽然两种形态的跨界在融合度上尚有欠缺和争议，但也让很多业内人士看到了纪录片和真人秀相结合的潜力，这既是对纪录片的全新探索，也是对综艺节目的一种创新。

2018 年，一部采用"纪录片+真人秀"形式为嘉宾定制旅行的节目《奇遇人生》，在一众纪录片与真人秀节目中展现出不同的风格气质，使观众耳目一新。真实记录的理念、电影质感的影像、饱含温情的主题，使节目一经播出便在豆瓣收获网友 9.2 分的高评价，与其说其定位为真人秀，更不如说它是披着真人秀的综艺外衣去展现纪录片的真实和力量，是真人秀趣味"真实"和纪录片严肃"真实"融合的产物。节目在内容、形式、理念上都在力图革新当下的创作模式，在理念上向内在开掘，以真实感取胜，在内容上，兼顾生死哲学、社会等话题，引发受众思考；形式上向纪录片拍摄风格借鉴，制作精良。纪录片《奇遇人生》的综艺化特点使得其自身的真实性大打了折扣，反过来说，作为综艺节目的"纪录片风格"也为该节目增添了更多的深度和厚度。

---

[1] 赵曦，秦基伟.2018 年中国纪录片发展综述[J].当代电视，2019（4）：15-19.

（二）"纪录片+"动画

数字技术的成熟发展为纪录片的创新提供了新视角，通过用虚拟数字技术制作的影像，填补了因特殊原因无法拍摄的瓶颈，将已逝的历史、人物、事件用虚拟动画的形式展现出来。

2006年，《圆明园》借助三维仿真技术，将实景与动画结合，再现了令人震撼的皇家园林的原貌，同年的纪录片《大国崛起》将国外商船的航行壮阔景象借助数字技术展现得淋漓尽致。动画纪录片《中华五千年》结合二维与三维动画，再现中华五千年的历史面貌。在探索"纪录片+"动画这条路上，值得一提的就是纪录片《大唐西游记》，片子讲述了唐朝僧侣玄奘去印度求取真经的传奇故事，从形式上来看，画面影像包括绘画、CG 技术、纪录片等，这样将多种类型的优势进行中和，将历史的质感与历史的真实完美再现。

（三）"纪录片+"VR

VR 技术，利用计算机技术、电子信息技术、仿真互动技术营造一个虚拟的三维空间，使用者佩戴眼镜、头盔等智能穿戴设备为视觉、听觉、触觉营造出一个沉浸式的虚拟空间。VR 技术求"逼真"再现的诉求与纪录片的本质性内涵"真实"不谋而合，两种形态的融合，突破了人们对纪录片展现"真实性"的认知，也使得媒介融合背景下的"融合"有了新层面的内容，开始走向"虚拟"与"现实"的有机结合。

2015年的VR纪录片《山村里的幼儿园》由财新传媒发布，整部片子时长为9分多钟，以关爱"留守儿童"为主题，全景式展现了大山里"留守儿童"最为真实的生活画面，带领观众沉浸式走进孩童的内心。2016年作为VR元年，VR纪录片作品层出，其中有记录临终人群生活的《摆渡人》、聚焦佛教僧尼真实生活的《参见小师父》、关注军事题材的《出击！猎鹰突击队》《制胜！中国海军陆战队》，还有讲述清华学府的《触摸清华》、关爱西藏盲童的《盲界》等。

VR 纪录片作为一个新的事物，是纪录片创新的一种手段，尤其是伴随 5G 技术而来的高速率、低延迟等基础网络环境，VR 纪录片有望在接下来的发展中突破技术壁垒走入更多人的视野中。

（四）"纪录片+"小剧场

2018年，哔哩哔哩网站制作的纪录片《历史那些事儿》，以 8 个历史故事为起点，勾勒出中国浩瀚的历史卷轴。在影片的叙事形式上，加入了不少有趣、带梗的网络文化，借助二次元的小剧场诙谐幽默的表演形式来演绎历史，其中包括用热门广告、穿越、脱口秀、默片等各种脑洞大开的形式,在纪录片部分细致严谨地展示源自史书的历史真实与细节,话题性与知识性兼具,极大地调动了观众的观片兴趣。第一集《在下东坡一个吃货》极具搞笑元素,其中既有贴近史实的苏东坡人生经历的呈现,又有诙谐搞笑的穿越小剧场,极力发掘史料中有趣的故事进行改编,为观众呈现出真实鲜活的历史。这部纪录片打破了往日人们对历史类纪录片的印象,选择用一种更贴近年轻人的方式讲述千百年前发生的历史故事。

《历史那些事》作为试验性纪录片,其形式也饱受一些业内人士的质疑和否定,认为其过度戏说历史,有过度"娱乐化"之嫌。但无论如何,《历史那些事》作为一种对历史类纪录片的大胆创新,为国内纪录片的创新探索开辟了新的方向。

综上所述,新的媒介环境使得纪录片有了更多的机会面向新的观众,不断推陈出新也是国产纪录片在当下维护观众黏性的有效方式,国产纪录片与综艺、动画、VR、小剧场等形式进行结合是国产纪录片在类型上的跨界尝试。总而言之,随着人们对纪录片真实性内涵由表及里、由浅及深的理解,为国内纪录片的跨界动能提供了"合理化"的基石。

四、纪实作品的"跨领域"传播

(一)"跨界"营销思维的树立

何为跨界思维?就是用多维的角度、多元的视野去看待问题,打破原有领域的规则和标准,广泛借鉴其他领域的内容,在保有原领域的本质基础上进行合理的创造。可以说,跨界思维的本质就是创新,是创新思维的一种。在当下媒介融合的大背景下,纪录片以"真实"为本质的影像类型也亟待通过不同的创新形式来完成自身的转型,在"跨界"上的钻研,有助于纪录片题材、形式、类型、风格的变化,只有不断地创作多样态的纪录片,才能使国内纪录片的发展枝繁叶茂。进行纪录片的优质"跨界",需要做到以下几点。

(1)将跨界的意识作为基础。2013年之前的国产纪录片与之后的纪录片相比有极大的差异,一部《舌尖上的中国》开启了国产纪录片的春天,而其在内容、题材、风格、IP化运营等方面的颠覆,让一众国内纪录片人意识到纪录片在"跨界"创新后的产业化潜力。

(2)对跨界人才的启用。纪录片题材来源于生活,拥有不同领域多元视角的纪录片人才是每一个行业都竞相争抢的,跨界人才作为创意激发的本体,是纪录片保有活力的手段。

(3)对纪录片本质的坚守。不论纪录片如何跨界,最为重要的一点就是以"真实"为本质内涵,只有真正理解了"真实",纪录片方可为纪录片,失其本质,再怎么跨界,也只能是其他物种。

（二）纪录片跨平台的传播

媒介融合使得新媒体之间的合作日益密切，关于媒介融合最常见的实践就是传统媒体与新媒体播出渠道的合作。过去国产纪录片以两种渠道对外输出为主：第一种是独立纪录片，它较多以海外各大纪录片影展为自己的"秀场"；第二种就是以电视为主要播出平台的电视纪录片。可以说，电视纪录片是中国纪录片播出的主要形式。但是媒介生态环境的变化使各大传媒渠道呈现出多渠道融合的现象，中国的纪录片开始积极地从电视荧屏走向移动屏和大银幕，进行着传播路径的融合转变。2013年《舌尖上的中国》第一季、第二季、第三季的节目首播虽然采用独家播放的模式，但后期通过视频网站和网络自媒体进行的传播是其成功无法缺少的原因。不仅有从电视向网络平台输出播放的，而且还出现反向输出的例子，如搜狐视频的纪录片《大视野》就因其网上火热的播出而反向输出至上海电视台播出，优酷自制的《了不起的匠人》反向输出至中国中央电视台科教频道。

随着新媒体优势的凸显，各大网络视频网站成为当下最主要的纪录片输出平台。2009年以来，搜狐视频、爱奇艺视频、网易视频、乐视网、凤凰网、腾讯网、激动网、酷6网等视频网站都相继开通了纪录片频道，2013年土豆纪实频道、新浪纪录片频道也已开通。❶ 不仅电视纪录片有这样的跨平台融合，纪录电影、网络纪录片、微纪录片均实现了多平台、多终端的播出。

（三）营销推广的新跨越

在商业化运行的当下，一部纪录片的成功不仅要求有过硬的品质保证，营销推广也成为其中的重要一环，现在已经不是那个"酒香不怕巷子深"的时代，优秀的作品不仅要用内容说话，有针对性的宣发也非常重要，《舌尖上的中国》的火热离不开播出前后的运营团队的运作，《人生一串》的热议也离不开各大媒体、网站的推广。

目前国内纪录片的运营开始突破低收视、低关注度的"中国式困局"，表现如下。

在受众上，开始关注不同层次观众的喜好和需求，对受众群体进行类型的细分，不再拘泥于"纪录片为精英人群服务"的狭隘观点，不像只重创作而忽略受众的创作时期。

在策略上，注重纪录片品牌的培育、打造和推广。

---

❶ 孙平，张国飞.纪录片产业媒介融合的实践现状、特点及问题分析[J].现代传播（中国传媒大学学报），2015，37（2）：103-106.

在推广上，进行垂直化的营销推广。从纪录片的作品出发，开发周边衍生价值，大力挖掘纪录片的商业价值，如纪录片《茶界中国》，观众开启了"一边看茶、一边买茶"模式。

五、结语

媒介融合使得当下媒介环境开始重新洗牌，对于国内的纪录片行业来说，既是一个新趋势，又是一个新挑战。多种因素的共同作用在推动国内纪录片行业的一系列跨界行动，影视行业的媒介深度融合为纪录片行业的跨界生产提供了同行业的借鉴经验，媒介技术的革新、国家政策的扶持、人民大众的需求、多行业资本的助力为纪录片带来了多维度的跨界创新。当下大众对纪录片广泛多元的需求可以说是纪录片跨界的最大助推力，众多国内纪录片在表达上的年轻化、视觉化与这些新兴的消费群体脱不开关系，纪录片单一化的表达已经无法满足现代观众日益"刁钻"的眼力、心力，"如何由一到多，再由多到一，打通多渠道、多行业、多文化、多领域进行融合创新，是纪录片适应当下生态的智慧生存方式。"[1]

但是，无论纪录片如何跨界，其最本体的"真实"必须予以坚守，跨界创新新样态、跨界碰触年轻化固然重要，但是纪录片不论如何跨界，都不能丢了它的"镜子功能"——映照人类现实之境况和"锤子功能"——鞭策敲打人类良知之利器。

（作者刘媛媛系中国传媒大学艺术研究院硕士研究生）

---

[1] 陈宏. 纪录片+行业：跨界与反哺[J]. 当代电视，2018（11）：1.

游戏 IP 衍生的网络文艺现象解读

摘　要：随着互联网的发展和游戏用户的增加，衍生自游戏 IP 的相关网络文艺作品也拥有了更高的话题热度和商业价值。通过对游戏 IP 在网络文艺大背景下衍生的网络剧、网络小说、网络综艺、互动影像作品、UGC 等代表作品的梳理，本文试图归纳媒介演变与"泛娱乐"助力、游戏自身的沉浸属性、游戏用户群的内容再生产等，让游戏 IP 在泛娱乐语境中产生大量衍生作品的原因，并对衍生网络文艺作品中存在的粗浅嫁接而非深度融合、过度"架空"与简化奋斗、内容生产草根化、作品意义浅层化等问题进行了讨论。在这个"泛娱乐"的时代，质量依然应当作为游戏 IP 衍生网络文艺作品成功的关键。

关键词：游戏 IP；网络文艺；青年亚文化；游戏文化

2019 年 8 月，中国互联网络信息中心（CNNIC）发布的第 44 次《中国互联网络发展状况统计报告》显示，截至 2019 年 6 月，我国网络游戏用户达 4.94 亿，占网民整体的 57.8%。[1] 中国音数协游戏工委发布的《2019 年中国游戏产业报告》也显示，2019 年，中国游戏市场实际销售收入 2308.8 亿元，较 2018 年同比增长 164.4 亿元，增长幅度达 7.7%，中国游戏用户规模达到了 6.4 亿人，女性用户突破 3 亿人。[2] 无论是否直接参与游戏，游戏的影响早已潜移默化地渗透到了观众的日常生活中。随着网络文艺的兴起与快速成熟，以网络为载体，在《仙剑奇侠传》《古剑奇谭》等衍生作品被热播、热议后，如今，国内游戏 IP 衍生又有了新的可能性。而在数量庞大、形态多元的游戏 IP 衍生背后，对作品的类型进行梳理、对其火遍全网的成因进行探寻、对其内容存在的问题进行剖析，就具有了意义与价值。

---

[1] 中国互联网络信息中心（CNNIC）.第 44 次《中国互联网络发展状况统计报告》[EB/OL].（2019-08-30）[2020-03-02].http：//cnnic.cn/hlwfzyj/hlwxzbg/hlwtjbg/201908/P020190830356787490958.pdf.

[2] 中国音数协游戏工委.2019 年中国游戏产业报告[EB/OL].（2019-12-20）[2019-12-20].http：//www.cgigc.com.cn/gamedata/21649.html.

一、形态多元化：游戏 IP 衍生网络文艺的现状

网络文艺种类繁多、前景繁盛。游戏 IP 及游戏元素目前在网络文艺的各个形态中都有出现，并在很大程度上成为各形态中画龙点睛的一笔。这些衍生内容赢得了众多网络文艺参与者特别是青少年用户群体的喜爱。目前，比较具有代表性的游戏 IP 衍生内容有网络剧、网络小说、网络综艺、重制游戏与 UGC（Use Generated Content，用户生产内容）等。

（一）游戏 IP 衍生网络剧

2017 年腾讯出品的《逆袭之星途璀璨》是 RPG（Role Playing Game，角色扮演游戏）类游戏衍生网络剧的一个代表性尝试。原游戏《逆袭之星途闪耀》自 2014 年上线以来，累计在橙光游戏网站排行榜上在榜 278 周，总人气接近 5000 万。❶ 该剧请到了泰国演员普提查·克瑟辛担任男主角，在腾讯视频上取得了近 20 亿的播放量，并被上传至腾讯视频海外版 WeTV 上，在东南亚地区也取得了不错的传播效果。除此之外，2016 年肇始，各大视频网站上还次第出现了以竞技类游戏为背景的网络剧，如分别以 MOBA（Multiplayer Online Battle Arena，多人在线战术竞技游戏）类游戏 DOTA 2、《英雄联盟》为背景的《梦想 X 计划》《倔强的王者》，以 FPS（First Person Shooting Game，第一人称射击类游戏）类游戏为背景的《电竞纪元》等。此类网络剧多以游戏爱好者为主人公，讲述其如何在游戏中逐渐变强；或是把当下最火热的游戏元素融入"段子剧"式的情景喜剧中，抑或是通过现实与游戏相结合，构筑一个虚幻的世界，给观众带来一种奇观化的视觉体验。

（二）游戏 IP 衍生网络小说

近年来，基于游戏，特别是竞技类游戏的网络小说数量在不断增加，也出现了一些受到关注的作品。为了避免读者对于主人公原型的猜测，在各大网络文学平台上，部分作者愿意将游戏背景进行再创作，但这不能割裂一些游戏 IP 与网络小说之间的关系；而另一部分作者则为了降低玩家读者的违和感，直接在文中写明主人公参与的游戏，网络小说《你是我的荣耀》《般配》《他为暗夜而声》、AWM 就分别基于《王者荣耀》《英雄联盟》《绝地求生》、DOTA 2 的相关行业和赛事等。这些

---

❶ 橙光游戏. 我是 YT:《逆袭之星途闪耀》[EB/OL].（2014-05-28）[2020-03-06］. http://www.66rpg.com/game/61414.

网络小说一般都将主人公设定为某款游戏的职业选手，描述主人公在经历各种挫折后，在电竞比赛中找到自己的价值，重燃热血，并且一般以获得事业、爱情双丰收为标准结局。除此之外，部分衍生自游戏 IP 的网络小说还被继续衍生至网络剧作品，2019 年热播的网络剧《亲爱的，热爱的》与《陪你到世界之巅》就分别改编自网络小说《蜜汁炖鱿鱼》（FPS 游戏背景）和《电竞恋人》（MOBA 游戏背景），两部网络剧都在春夏档期引发热议，辅之以同档期相关赛事的加成，很多观众都开始逐渐了解电子竞技这一在主流视野中相对陌生，却在青少年里备受关注的领域。

（三）游戏 IP 衍生网络综艺

2017 年以来，互联网直播市场快速趋于冷静。多家直播平台推出的基于狼人杀、阿瓦隆等既有社交功能又有竞技因子的 BRPG（Board Role Playing Game，桌上角色扮演游戏）类纯网综艺节目热度却在持续走高，直到 2019 年下半年才逐渐恢复平静。2015 年，战旗直播平台率先推出狼人杀节目 *Lying Man*，第一季首播在线观看人数即突破 300 万。熊猫直播平台于 2016 年推出的 *Super Liar*、*Panda Kill* 在播出期间观众人数峰值超过 350 万。2017 年暑期，战旗平台推出以阿瓦隆游戏为背景的《旗门镖局》，熊猫平台的《决战阿瓦隆》也紧随其后上线。虎牙直播平台于 2017 年年底推出的狼人杀节目 *God Lie* 自上线以来也一直好评不断，到 2019 年年底，已经连续推出四季，成了虎牙直播平台一个重要的 PGC（Professional Generated Content，专业生产内容）网络综艺。同时，基于竞技类 MOBA 游戏的网络综艺也在主流视频网站上取得了一席之地，2017 年年底，腾讯视频推出了《王者荣耀》的实景真人对抗版网络综艺《王者出击》；2018 年年底，腾讯视频又推出了以《英雄联盟》作为比赛内容的《超越吧！英雄》，在明星粉丝与游戏爱好者中都取得了不错的口碑。除此之外，针对各个游戏赛事而创作的网络综艺也可圈可点，2019 年夏天，在上海举办的 *DOTA 2* 国际邀请赛上，主办方就在每天比赛结束后，安排了以对知名选手、教练的访谈为主，兼之以让电竞明星与玩家进行见面、互动的网络脱口秀《刀塔之夜》，在赛事观众中引发了强烈反响。

（四）游戏 IP 衍生互动影像作品

2019 年 1 月，Steam 游戏平台上线了一款名为《隐形守护者》的国产影视互动式游戏（游戏内将其命名为创新性互动影像作品），让"互动剧"这一概念再一次进入观众视野。这款介于游戏与影视之间的作品改编自橙光游戏平台上的《潜伏之赤途》，是在原作游戏基础上进行的重制与创新。《潜伏之赤途》丰富的支线剧情与判若云泥的多种结局，极大地增加了游戏内容的多样性和游戏的可玩性，给重制与创新提供了足量的内容素材。基于这种原因，New One Studio 工作室对《潜伏之赤途》这一游戏 IP 进行了创新开发，创作出了《隐形守护者》这款在2019年年初火遍全网的互动影像作品。通过真人的演绎与游戏化的设置，《隐形守护者》将影视剧与游戏这两种艺术形式结合到了一起：对于影视剧观众来说，加入互动元素可以让观众更有代入感，而对于游戏玩家来说，真人的演绎相比CG（Computer Graphics，计算机图形学）制作或原游戏粗糙的立绘更具真实感，更容易让玩家产生一种沉浸式体验。这种"游戏+影视"的联姻尝试既让观众通过游戏体验了影视化的叙事，又赋予了观众自主选择权，让他们成为决定剧情走向与故事结局的主角、编剧、玩家。

（五）游戏IP衍生相关UGC

各种游戏爱好者所制作的短视频、动画、漫画、同人小说等也是游戏IP衍生的重要组成部分。在哔哩哔哩上，UP主逍遥散人解说的《逆袭之星途闪耀》点击量高达2150万，某幻君解说的《隐形守护者》点击量也达到了404万。❶ 此外，一些对游戏配音或选手直播片段进行鬼畜剪辑的视频在网站上也是红极一时，有些还被认为是网络音乐而进行进一步传播。在乐乎（Lofter）上，关于各大游戏与游戏战队、职业选手的同人小说、同人漫画等也层出不穷，以"#守望先锋"为标签的内容浏览量接近1000万，很多与游戏《守望先锋》相关的子标签都曾在一段时间内占据过乐乎排行榜单的榜首。尽管这些UGC相较于其他文艺形态来说显得略微小众，在资本市场上的表现也没有PGC制作来得稳健，但在小范围的用户中却拥有很强的号召力：衍生作品极大地提高了相关平台和游戏核心用户的热情，也在这些具体形式中积累起了一定的文化资本。同时，这些UGC还建构了一个富有价值的场域，为之后的PUGC（Professional User Generated Content，专业用户生产内容）、PGC等提供了丰富的材料。

二、青年亚文化"入场"：游戏IP衍生网络文艺的缘由

游戏文化是青年亚文化的重要组成部分，目前，游戏已经在网络文艺中扮演了愈发重要的作用。"泛娱乐"时代下用户社会心理的改变、游戏文化在全球范围内的跨文化传播与广泛接受、游戏自身的属性，加之以网络游戏受众年龄与用户规模的成熟，都是游戏IP衍生网络文艺逐渐入场的缘由。

---

❶ 某幻君.《隐形守护者》大型抗日谍战游戏［EB/OL］.（2019-03-05）［2020-03-06］.https://www.Bilibili.com/video/av45390701？from=search&seid=11659721718411883926.

（一）媒介演变与"泛娱乐"语境的助力

伴随着社交媒介的不断发展与移动终端的快速成熟，微博、微信等 App 已然成为当下国内最具用户流量的 App。此外，各类为趣缘群体提供集结空间的 App 的次第出现与发展壮大，也为不同类型的用户提供了创作、评论与再生产的平台，同时也丰富了用户数据库，给 PGC 提供了用户画像的可能。互联网发展与社交媒体的兴起，使得用户的参与度得到了显著的提高。

游戏与其衍生的游戏文化在国内本是亚文化圈的产物，与主流文化如电影、电视剧之间有着明显的区隔，但娱乐化的媒介空间使游戏文化的商业价值得到了挖掘，游戏文化已不再作为小众文化而失语。"泛娱乐"一词在此背景下出现，指以网络游戏为核心，以影视剧、文学作品、动漫为外延的多领域跨界 IP 联结。❶ 在泛娱乐语境下，不仅娱乐日常生活化了，日常生活也娱乐化起来。媒介真实和现实真实高度重合，导致现实生活就是"娱乐"行为发生或再现的场域。依托这种全民狂欢的背景，游戏和其衍生品也作为亚文化的一种，开始向主流文化舞台进行了一系列从边缘到主流的文化漂移运动。❷

（二）沉浸、交互、及时反馈：游戏自身的属性

游戏的叙事性是早期游戏衍生的必要条件。RPG 类游戏的文学化叙事空间建构和多点叙事、多支线剧情、自由叙事等特征，使这类游戏天然具有了影视化的机会。代入自身情感的玩家在具有宏大、奇观化叙事背景和叙事线索的游戏中极易产生共鸣。《隐形守护者》中，男主角肖途在潜伏过程中要与至少五名不同类型的女性角色产生剧情，这些女性差异化的性格让观众在游戏过程中，通过自己的选择实现了对剧情的沉浸式完型。

同时，游戏的互动性给叙事成分更少的竞技类游戏提供了衍生可能。这种互动包含了玩家与游戏、玩家与玩家之间的互动。自 MOBA 类游戏出现以来，以《英雄联盟》《王者荣耀》等为代表的游戏的"多人在线""社交账号登录"等特性，让游戏的社交互动性和用户黏性大大增强。手机游戏《王者荣耀》还简化了端游 MOBA 类游戏的操作难度，吸引了大量女性玩家，给玩家间的互动提供了更多可能。

此外，游戏是一种综合艺术，本身就具有审美性。❸ 游戏所建构的"真实的"虚拟世界带给游戏爱好者一种沉浸式的欣赏体验。游戏世界提供区别于三次元空间的二次元

---

❶ 中华人民共和国文化和旅游部.2013 中国网络游戏市场年度报告［EB/OL］.（2014-04-11）［2020-03-06］.https://www.mct.gov.cn/whzx/bnsj/whscs/201404/t20140411_751838.htm.

❷ 彭文祥.一个"熟悉的陌生人"［N］.光明日报，2017-06-27（008）.

❸ 闫英林，刘钊.论网络游戏中存在的审美性［J］.电影评介，2011（17）：81-82.

式的虚拟空间，实际是对现实世界的一个降维，在这里，观众们可以免去现实世界中阶层划分的困扰。[1] 在这种从三次元到二次元的降维作用之下，游戏与其衍生作品世界中善恶情感等二元对立因素就更具张力，更容易带给观众充满浪漫主义色彩的审美享受。

再者，游戏的实时反馈会给观众带来轻易获得的"爽感"，这种"爽感"获得的机制与充满压力的现实生活中获得"成就感"的机制相比，所需付出的现实努力更少，需要努力的时间也更短。在生活、工作、学习等多重现实高压之下，游戏给属于都市无产阶级的年轻人带来了一种最迅速、轻松获得满足感的方式，这也是游戏 IP 衍生网络文艺作品愈发火爆的原因。

（三）扩张与反哺，成熟的用户自发再生产

游戏中组队模式的加入、游戏社区的搭建等，都为竞技游戏的社交化提供了更多可能。游戏玩家的增多也为游戏 IP 衍生网络文艺带来了潜在的用户。MOBA 游戏目前已经衍生出的诸如网络综艺《王牌对王牌》、网络剧《不要怂英雄》等作品，都在游戏玩家中产生了一定反响。过去，游戏爱好者通常只能在相对小众的趣缘群体中对游戏进行讨论传播。而借助论坛、微博等社交媒介和微信等即时通信媒介，这种讨论开始进行了超越传统范围的传播。游戏用户有了交流的渠道，潜在用户开始接触到了游戏。传统的、相对较高的准入壁垒俨然已被打破。游戏用户和他们所裹挟的世界观、价值观等不再局限于特定圈子内的共享，资深游戏用户开始逐渐在其他用户中取得话语权。

同时，随着越来越多女性玩家在各个游戏领域的参与，游戏，特别是竞技类游戏只属于男性这一观念已经被彻底地改变，女性选手、女性战队经理、女性主播、女性自媒体从业人员等都逐渐在游戏领域中变成 KOL（Key Opinion Leader，关键意见领袖）。通过赛事、直播、短视频的助力，过去常处于失语状态的女性游戏玩家开始聚合成为群体，并且逐渐将游戏 IP 的影响扩大化，同时也带动了对于游戏 IP 及其衍生网络文艺作品的消费。

此外，游戏玩家的自发再生产活动也日趋成熟，玩家不仅会对游戏自发进行 Cosplay、舞台剧表演、同人小说创作、同人漫画绘制等再生产活动，还会充当个人媒介在社群中分享自己玩游戏的体验及对游戏的测评、对赛事的解读等。这些内容的反馈与再生产实现了游戏玩家从"他者"到"主体"的蜕变与自我建构的过程。意义生产的转向使游戏用户对游戏和衍生品产生归属感，并让他们成为游戏和其衍生作品的一部分。

---

[1] 郭春宁．"囚徒"：二次元世界的链接性与平行结构 [J]．当代电影，2016（8）：136-138．

三、证候与反思：多元形式下的内容同质化与意义浅层化

然而，在游戏 IP 衍生作品日渐成熟的过程中，一些问题也开始浮现。资本的逐利性使得游戏衍生的网络文艺作品开始出现过于商业化、虚拟化、草根化的问题，这些现象值得被关注，而现象背后所反映的社会心理变化也值得反思。

（一）粗浅嫁接而非深度融合，逐利性削减衍生作品的艺术性

随着"数字原住民"们逐步走向成熟，变身成为消费市场的主力军，游戏 IP 无疑将会衍生出更高的商业价值：2019 年春节档电影《飞驰人生》就在上映前专门发布了游戏《守望先锋》版本的海报，并在片尾添加《守望先锋》彩蛋，吸引无数游戏玩家走入电影院观看影片。❶ 然而，游戏本身和其衍生网络文艺作品的艺术性却不能被忽视。除叙事性较弱的游戏 IP 衍生网络综艺之外，目前，游戏 IP 衍生的叙事性作品如网络剧、网络电影等反响都比较一般。同时将 2019 年暑期档的网络剧进行对比后可以发现，游戏内容含量更高的《全职高手》相对于内容更加偶像剧化的《亲爱的，热爱的》来说，在市场上的反馈就相对平淡，《亲爱的，热爱的》与《全职高手》分列腾讯视频 2019 年度集均播放量第一、第十，在腾讯视频平台上，前者的总点击量达到了 76.4 亿次，后者只有 34.1 亿次。❷ 在游戏 IP 具有蓬勃衍生力的表象之下，如何在泛娱乐语境下保证作品的艺术价值与商业价值，而不是让衍生品仅仅成为急于实现 IP 套现而胡乱编造出的价值匮乏的产物，就成为一个必须被重视的问题。在《逆袭之星途璀璨》的评论中，游戏粉丝表示从剧中看出了困于资本压力之下游戏精神内核的缺失与走样。《梦想 X 计划》虽然获得了游戏玩家的好评，却因理解准入过高，没能将影响力扩大到网络剧观众中，从而在资本市场遭受冷遇，直接导致第二季的流产。实际上，游戏用户希望看到的衍生作品不只是对游戏 IP 的重述，而是在游戏 IP 的基础之上满足玩家的创新期待视野。非游戏玩家则在期待一种共鸣，通过这种共鸣，他们能够进入游戏爱好者们的精神世界，与他们共享新颖的精神图景。

（二）过度"架空"与简化奋斗，迎合观众趣味导致价值错位

由于游戏艺术的特殊性，很多游戏 IP 及衍生的网络文艺作品的世界都是"架空"的，这类非现实背景的设置在一定程度上可以满足接受者的想象，给观众提供暂时躲避

---

❶ 游民星空.《飞驰人生》发布《守望》版海报 追忆 1246 战队［EB/OL］.（2019-02-01）［2020-03-06］.http：//ow.gamersky.com/201902/1151096.shtml.

❷ 2019 腾讯视频年度指数报告［EB/OL］.（2019-12-27）［2020-03-19］. https：//v.qq.com/dokiact/annual_report_2019/index.html？channel=tv&ptag=meun_home&ovscroll=0&hidetitlebar=1.

现实的避风港。然而，部分游戏 IP 衍生作品也表现出了过度追求形式创新，而对内容进行无意义的架空的趋势。这种架空在一开始可能会给观众带来一定程度的审美惊奇，但在同质化的趋势之下，对于此类作品的过度消费则有可能给观众带来不良影响。网络剧《电竞纪元》中，主角可以自由地进入虚拟世界，并在其中进行真人对抗。对抗结果会导致主角在现实世界待遇的变更，这一架空存在明显的崇尚暴力的价值观失范问题。

此外，游戏 IP 衍生作品内容的低龄化、儿童化也是只重趣味而带来的价值错位。大部分游戏 IP 衍生网络文艺中，主角通常都是得不到家人理解从而隐瞒良好家境、只身一人追求电竞梦想、最后取得冠军的同时也得到家人理解的"天选之子""人生赢家"。对已有是非甄别能力的成年观众来说，可能会感到作品的失真，但对判断能力尚未成熟的青少年来说，这类以游戏 IP 为背景的作品很可能给他们的三观带来不良影响。部分游戏 IP 衍生的网络文艺作品淡化了奋斗的困难，使青少年沉溺在游戏本身和衍生作品所构筑的虚拟世界中，殊不知现实生活并不像游戏或剧集、小说中那样容易成功。与大众媒介会加速"儿童成人化"论点相反，网络使得成人语言结构儿童化、网络娱乐方式儿童化。❶ 目前，市场上过度架空与简化奋斗的游戏 IP 衍生作品的持续产出将很大程度上持续增加这种"成人儿童化"的风险。

（三）内容生产草根化、作品意义浅层化，衍生不能成为低质量借口

作为青年亚文化的一种，近年来，国内游戏文化在逐渐向主流文化舞台偏移的过程中，也产生了一定的价值融合。为了扩大受众范围，目前的游戏 IP 衍生产物，无论是游戏爱好者们自主进行的 UGC 生产，还是专业公司进行的 PGC 生产，欣赏准入都相对较低，同质化现象也比较普遍。但即使是市场化后的艺术作品，其所具备的艺术性也不应轻易被削减：作品不能只强调娱乐功能而消解艺术应该具备的社会功能，艺术作为一种审美的意识形态需要担负起相应的文化价值，而这种价值不能仅仅通过贴上"衍生"这一标签就被抹去，"衍生"也不能成为低质量网络文艺作品泛滥的借口。实际上，很多主机游戏有很高的艺术性，但却不能成为游戏 IP 市场上的宠儿。游戏 IP 衍生的网络文艺作品始终面临着降低准入与提升意义的冲突，许多游戏衍生作品都只是粉丝们的狂欢：作品在形式上充满了支离破碎的后现代特征，内容上却又缺乏积极向上的精神内核。这样的产物在丧失作品意义深度的同时注定不能承担起艺术的美育作用，还违背了游戏 IP 及其衍生品"寓教于乐"的初衷。

---

❶ 蔡立媛. 网络行为的变异："儿童成人化"与"成人儿童化"——以"涵化理论"为分析框架[J]. 电视研究，2015（12）：33-35.

四、结语

质量是决定游戏 IP 衍生能力的关键。但目前，高质量的游戏 IP 衍生网络文艺作品的缺席，一定程度上也反映出了我国娱乐行业，特别是网络文艺行业创新能力的欠缺。此外，在现有的游戏 IP 衍生网络文艺产品中，风格和价值取向"为游戏而游戏"也需要警惕，许多作品只是为了吸引游戏玩家而加入一些游戏元素，创作者实际上对于所选游戏的了解并不深入，这种衍生作品与游戏本身之间的错位会让游戏玩家产生一种"失真感"。游戏 IP 不同于几年前大热的叙事类 IP，它更加注重与观众的互动性和自身的新颖性。一味从游戏内容中借鉴、模仿甚至抄袭形式，而不是从中汲取最关键的创作理念，会给我国的网络文艺生态带来可以预见的负面影响。在今后的游戏 IP 衍生创作中，创作者需承担起艺术家应该具有的社会责任，将鲜活的时代精神注入网络文艺作品中，将作品与互联网文化紧密结合，创作出叫好又叫座的游戏 IP 衍生网络文艺作品，让狂欢的青年拥抱积极向上的主流文化，引领我国的网络文艺与网络空间走向更加健康、清朗的发展道路。

（作者刘怡男系中国传媒大学艺术研究院博士研究生）

融媒体时代电视综艺节目的融合创新研究

摘　要：融媒体时代，在电视综艺创新能力不足的客观形势下，在网络综艺、微综艺等综艺新样态的强烈冲击下，原生于传统媒介平台的电视综艺陷入了内忧外患的发展困境。破除困局的关键在于顺应媒介发展趋势、直面创新问题，在明确融合创新的必要性与必然性的基础上，认清电视综艺节目融合创新的主要形态与基本现状，深入探索深化电视综艺融合创新的路径与方法。

关键词：融媒体；电视综艺节目；融合创新

媒介技术的飞速发展推动着互联网自制内容及节目形态走向成熟，视频网站、短视频平台、微博、微信等互联网平台已成长为不可或缺的媒介载体。受众获取信息的渠道愈加多元，视听产品的形式愈加丰富，毋庸置疑，融媒体时代已经到来。媒介融合给电视媒体及其内容生产带来了崭新的机遇，也提出了全新的挑战。

媒介的融合与杂交可以释放新的能量，"正如原子裂变和聚变要释放巨大的核能一样。"[1] 自2015年《国务院关于积极推进"互联网+"行动的指导意见》发布以来，一方面，媒介技术的更新及媒介观念的发展共同推动着电视平台与网络平台深度沟通、融合交互的进程；另一方面，网络综艺节目形态的成熟及多种类型现象级网络综艺节目的出现给电视综艺的创作与创新带来了巨大的外部压力。

一、融媒体时代电视综艺节目融合创新的必要与必然

扎实的积淀与时代的召唤助力网络综艺元年成功到来，电视综艺节目制作团队也加快了投身媒介融合实践的步伐。PC端和移动端视频平台的蓬勃发展及短视频生产力的极大提升，一方面扩充了"融媒体"之"媒"之范畴，加大了"融"之难度，另一方面

---

[1] 马歇尔·麦克卢汉. 理解媒介：论人的延伸[M]. 何道宽，译. 南京：译林出版社，2011：67.

也以创新综艺节目媒介形态的方式拓展着综艺节目的外延,甚至重新编辑着综艺节目的内涵。在此背景之下,对于在生产、传播、受众定位等多个环节面临着多重挑战的电视综艺节目而言,融合创新既是其持续发展的必要之路,也是其不断革新的必然选择。

(一)融合创新的必要性:电视综艺创新面临困境

媒介融合背景下,拓展创新理念、加快迭代速度本是电视综艺节目对战新形态综艺的关键,却恰恰成为当前电视综艺发展的难题。相对于网络综艺而言,自主原创能力不足的电视综艺逐渐流失其既有优势,借助引入其他媒介相关因子的方式激活电视综艺创新能力成为必然。

1. 节目模式的更新迭代缓慢

过去十年间,一大批国外电视综艺节目模式活跃于中国电视荧幕,一定程度上促进了国产综艺节目模式化生产及中国电视节目模式观念的发展。然而,短暂的繁荣之后,在国家广电总局发布的"引进模式管理"及"920时段编排"相关限令引导之下,国外综艺节目模式在中国中央电视台及卫视平台的比重大幅缩减。这一态势为国产原创综艺留出了更为充足的成长空间,却也进一步暴露了中国电视综艺节目原创力的不足。与依托于网络环境发展起来的、具有鲜明的原创精神的网络综艺不同,近年来中国电视综艺节目在形式、题材等层面的突破甚少,步入了原创动力不足的创新困境,具体体现为:优质原创国产电视综艺节目的数量较少;电视综艺节目的更新迭代速度变缓;国外综艺节目模式仍以"综N代"的形式影响着中国电视综艺;少数号称原创综艺的电视节目被指疑似抄袭国外同类节目等。

2. 传统媒体的资源优势转移

电视平台综艺节目生产、制作与传播的资源优势正在逐步转移。首先,电视节目制作人及金牌制作团队转战网络综艺市场。其次,电视平台的首播先机逐步流失。"'先网后台'源于年轻人群体,但落点是节目与平台的共赢"❶,事实上,这种共赢通常以电视平台出让首播权为前提。《见字如面》《咱们穿越吧》等节目采用"先网后台"的播出策略,首先在腾讯视频、爱奇艺等网络平台上线试水,黑龙江卫视和四川卫视等电视平台一周之内跟播。再次,网络综艺IP反向输入电视平台。优酷短视频真人秀节目《侣行》输出到中国中央电视台,芒果TV网络综艺《明星大侦探》落户到湖南卫视改编成为《我是大侦探》,后者的播出效果却远远不及前者。

---

❶ 林夕. 综艺"先网后台"的播出模式,媒介融合才是背后真正的原动力[EB/OL].(2017-12-16)[2020-04-01].https://www.sohu.com/a/210911594_100033150.

3. 分众传播的定位能力不足

有学者称，广播电视人要破解媒体融合之局，"受众用户化是核心命题"。❶ 然而，平台传播特性影响着电视节目与受众的直接互动及电视节目接收受众反馈的渠道与效率。大数据时代，网络综艺凭借着对于网络节目受众群体的精准定位、偏好把握开启了小众综艺节目的创新之路。"垂直深耕"理念在网络综艺节目的制作过程中得到了切实的落实，为网络综艺点明了垂直题材大众化、化小众为流行的发展方向。《奇葩说》《中国有嘻哈》《中国新说唱》《这！就是街舞》等热门网络综艺的成功恰恰得益于此。以《中国有嘻哈》为例，爱奇艺在将节目受众群体定位为"90后""00后"年轻人之后，联合了与该节目受众群高度重合的抖音为节目宣传造势，收获了良好的宣发效果，为节目从小众走向流行奠定了坚实的受众基础。与之相对应的是，电视综艺节目的受众定位、分众"窄"播能力不足。因而，当前电视综艺倾向于抓取多元受众群体的目光。某种意义上而言，慢综艺与文化类节目的流行恰是电视综艺制作团队竭力满足多层次、多类型受众群体需求的结果。

（二）融合创新的必然性：融合与创新的内在关联

电视综艺的发展离不开创新，而电视综艺的创新避不开融合。从历时维度上看，电视综艺创新发展历程中每一个关键节点都有"融合"的烙印；从共时维度上看，电视综艺节目每一次创新实践无不包蕴着融合观念。

1. 电视综艺节目发展历程背后的融合观念

在中国电视节目发展历史上，电视综艺节目及其创作观念经历了栏目化、制播分离、模式化生产等几个重要发展阶段。从"综艺"这种电视艺术类型的形成，到节目形态的整合与栏目化发展；从制作方与播出平台的分离，到电视节目模式概念及其观念的发展，电视综艺节目及其创作观念的发展历程上每一次较大的飞跃都与融合式创新息息相关。电视综艺节目本身便是电视文艺类节目的融合形态；栏目化的创作与播出是相对孤立的单期节目的组合与融合；制作方与播出方的分离是节目制播环节的重新组合；综艺节目的模式化生产是以融合式内容为基底、以融合传播为目的，对于电视综艺栏目形态的进一步整合。综观电视综艺节目演进历程，驱动电视综艺节目形态与类型、制作与播出走向成熟的恰是融合创新。当前的媒介融合形势是推动电视综艺节目的一股重要驱动力，或可激发电视综艺节目概念及内涵的全新升级。

---

❶ 瑞丰．一线卫视布局"跨界"，但在媒体融合上，广电总比纸媒慢半拍［EB/OL］．（2017-08-10）［2020-03-04］．https://www.sohu.com/a/163682335_570250

2. 电视综艺节目创新实践蕴含的融合观念

"融合"是一种改变，改变即是创新。创新的实质是变形，变形程度的不同恰意味着创新方式的差异，"改造""整合""原创"是电视节目创新的三种主要方式。❶ 从网络平台到卫视平台，《我是大侦探》是对《明星大侦探》的改造式创新，糅合了网络综艺节目《明星大侦探》的基本模式与卫视平台的受众需求。相亲节目《非诚勿扰》在成为现象级电视综艺节目之后，又整合节目主创团队与节目类型特色，相继推出了《新相亲时代》《我们恋爱吧》等风格相似的节目。《中国好歌曲》《演员的诞生》等热门原创综艺本质上仍是在结合节目创作形势与市场需求、全力整合相关资源的基础上得以成型并取得成功。部分原创综艺节目竭力想要摆脱对于经典综艺模式和节目元素的借鉴追求"标新立异"，却以失败告终。总的来说，融合与综艺节目创新相伴相生，某种意义上来说，综艺节目的每一步创新，都是对既往的生产与播出方式、内容与外在形式、固定结构与可变元素的重新组合。

媒介融合是媒介技术发展的必然趋势，电视综艺节目创新的困境亟待改进。"融媒体"概念本身就蕴含着融合与创新的意味，其本质主要指向了坚守与创新之间的相伴相生。当前的媒介融合，自然也是电视综艺节目进行全方位、多维度、立体式创新的大好机遇。

二、融媒体时代电视综艺节目融合创新的形式与现状

本文探讨的电视综艺节目融合创新之"融合"，其实质意指电视媒介与纸质媒介、广播媒介、网络媒介等媒介之间的交融、互动，主要指向了电视媒介与新媒体的融合联姻，具体体现为：媒介层面的传播平台之间的融合或是内容层面的依托于不同媒介的节目形态之间的融合。

媒介融合势在必行的时代背景下，电视综艺节目制作团队尝试使用多种方法、利用多种渠道向其他媒介伸出友好的橄榄枝。整体而言，电视综艺节目拥抱媒介融合的方式主要有如下几种：一是营销融合，主要是指电视综艺在商业营销方面大力引入电商品牌；二是传播融合，具体体现为电视平台原生的电视综艺节目在广播、互联网等媒介平台上传播效果甚佳；三是IP融合，指某电视综艺节目IP源自其他媒介或延伸至其他媒介；四是内容融合，即电视综艺节目不定期地引入借其他媒体平台及其资源辅助于内容呈现；五是制作融合，即电视综艺节目充分借助于其他媒介平台的特质与优势完成节目制作；六是模式融合，简言之就是某些电视综艺节目模式原本就包含着不可磨灭的网络

---

❶ 杨乘虎.中国电视节目创新研究［M］.北京：中国传媒大学出版社，2014：54.

基因或其他媒介基因。

（一）营销融合：单一元素商业属性的开掘

基于商业目的而亲近其他媒介平台的原生品牌是当前电视综艺节目常用的营销方式之一。2017—2019 年，大量的互联网平台入驻电视综艺节目。仅 2018 年，电商品牌拼多多以独家冠名的方式赞助了《奔跑吧第二季》《欢乐喜剧人第二季》《我家那小子》《是真的吗》等中国中央电视台及各大卫视的当红节目；同年，抖音也赞助了《歌手2018》《高能少年团第二季》《我就是演员》等多档电视综艺节目。目前而言，绝大多数营销融合并不深刻影响或直接作用于电视综艺节目的内容创作，酷狗音乐、QQ 音乐与《蒙面唱将猜猜猜》《无限歌谣》《幻乐之城》等音乐类综艺节目的高度匹配当数特例。单纯的营销融合大多是为互联网品牌做嫁衣，然而客观上说，深度的营销融合能够在一定程度上启发电视综艺节目类型创新的思路。珍爱网等相亲网站较好地契合了《新相信时代》《中国新相亲》等节目的功能与定位。以《我家那闺女》为代表的明星生活观察秀的出现为更美 App、唯品会等互联网时尚品牌充分契合于电视综艺节目留足了空间。

（二）传播融合：台网受众群体的兼容地带

电视综艺与网络综艺此两种文艺形态并非泾渭分明，电视综艺节目与网络综艺节目的受众群体自然也有重合地带。电视综艺节目的传播融合具体体现在两个方面：一是部分电视综艺节目在电视平台反响平平，在网络平台二次传播时反而获得较大成功；二是电视综艺节目通过引入互联网品牌等方式，主动引导受众关注其他媒介以在多媒介平台取得良好传播效果。部分文化类综艺节目在电视平台预热较慢却在短时间内走红网络是对融合传播效果的最佳印证。《国家宝藏》瞄准"90 后"受众，其受众定位与哔哩哔哩的受众群体十分契合，因而该节目在哔哩哔哩收获了可观的弹幕评论和点击率数据。科技类电视节目也是颇受互联网受众喜爱的节目类型。中央广播电视总台的《机智过人》在同名微信公众号、西瓜视频、快手央视影音 App 等 9 大网络平台同步直播，单个节目平台点赞数超过 50 万。❶《王牌对王牌》的游戏环节经常要求失败一方的明星嘉宾在节目播出当天发送特定内容的微博，以便助力节目的多平台宣发。《奔跑吧第二季》《极限挑战第三季》《亲爱的客栈》《快乐大本营》等节目与抖音、火山小视频、快手等短视频平台合作，为节目的融媒体传播穿针引线。

---

❶ 李冰，林芳. 2019 年中国电视综艺节目的守正与创新 [J]. 中国电视，2020（3）：19-23.

（三）IP 融合：双向融通受阻的生硬嫁接

曾经在影视业界红极一时的 IP 概念虽然已散去些许荣光，但却仍然影响着影视作品的孵化与生产。IP 概念对于综艺节目生产的影响亦是毋庸置疑。除了直接引进网络节目，以网络综艺节目或者网络 IP 为参照模本打造电视综艺节目也是电视平台引入网生内容的重要方式。湖南卫视的《七十二层奇楼》《我是大侦探》是电视平台嫁接网络 IP 的典型案例。湖南卫视受到盗墓题材网络小说的启发，曾携手知名网络小说作家南派三叔打造原创文化探秘类节目《七十二层奇楼》。这档被网友称为"2017 年最受期待的节目"的电视综艺却仅播出一周后就遭遇停播危机。节目停播背后的原因是错综复杂的，盗墓网文风格不适合于落户电视平台无疑是至关重要的原因之一。情境类电视益智互动推理秀《我是大侦探》脱胎于芒果 TV 自制网络综艺《明星大侦探》，嫁接至湖南卫视之后在嘉宾选择、场景搭建及激励机制等方面做出了诸多调整，然而在豆瓣仅获 6.0 分的《我是大侦探》的受众满意度却远不及四季节目平均豆瓣评分高达 9.0 的《明星大侦探》。相较于网络 IP 登陆电视平台，电视综艺 IP 在网络平台的落户较为顺畅。现象级电视综艺《爸爸去哪儿》稍加改造后转至网络平台播出，热度不减。知名 IP 在电视台与网络平台之间实现双向融通仍非易事，就现阶段的表现而言，卫视平台的包容度远不如视频网站。

（四）内容融合：节目形态融合的初步尝试

内容融合的主要方式有两种：一是引入原生于其他平台的嘉宾人物、视频作品等内容元素；二是借助其他媒介平台完成部分内容的制作。基于对于流量明星收视效应的认可，第一种内容融合在电视综艺节目中十分常见。"2019 年浙江卫视秋季盛典"携手抖音引入了大量网红元素，搭建了以短视频达人为代表的素人方阵；抖音入驻《蒙面歌王第三季》，将抖音红人输送至《蒙面歌王第三季》的舞台。这种集多种流行元素于一体式的内容融合方式并非媒介融合时代的特例，更非先例。在第二种内容融合中，电视综艺节目挖掘了新媒体的特质，借助了互联网平台的优势。《奔跑吧兄弟第四季》第九期节目的第三关设计了"从善如流"撕名牌环节，兄弟团成员发布实时撕名牌微博，由微博网友的评论决定每位兄弟团成员撕名牌的对象是谁。《开门大吉》研发了同名手机 App，以便观众便捷地参与到猜歌、互动、赢奖品等环节中去。《暖暖的味道》等美食类节目则将核心的食谱元素放置于微信公号之上以供观众反复查看。上述节目在一定程度上打破了电视节目单线性、不间断的传播规律，展延了综艺节目的叙事空间。电视综艺节目借助多媒介平台创新节目内容的方式是台网融合初级阶段电视综艺制作团队的积极尝试，为电视综艺节目的模式融合式创新奠定了坚实的基础。

(五)制作融合：受众影响创作的融合前置

所谓制作融合，是指电视综艺节目制作团队在制作环节便充分融合了其他媒介平台，具体体现为：一是节目制作方兼具电视节目与网络综艺制作经验；二是节目在制作过程中充分借鉴了其他媒介技术；三是节目在制作过程中利用新媒体技术收集观众的反馈信息并据此改变制作观念、明确节目定位。横跨电视平台和网络平台的综艺制作团队不在少数，《今夜百乐门》的制作公司笑果文化推出了《周六夜现场》《吐槽大会》等网络节目。全民携手抗疫的背景下，第二种融合制作方式频繁出现在电视荧幕之上。湖南卫视的王牌音乐节目《歌手·当打之年》采用"云录制"方式邀请观众参与评判。《中国新相亲》推出为期三周的"云相亲"节目，为男女嘉宾和亲友团搭建线上交流的桥梁。❶ 第三种融合制作方式对于现象级综艺节目的打造至关重要，新媒体平台是《极限挑战》《爸爸回来了》等热门综艺制作团队准确把握受众审美趣味的重要渠道。《奔跑吧兄弟》前三季导演岑俊义曾透露，基于对于《爸爸回来了》官微网友留言的了解，第二季便可清楚知道什么样的话可以在网上激起涟漪。《极限挑战》总导演任静也曾在接受采访时表示，弹幕与网友评论帮助节目组将嘉宾组成了"三傻"和"三精"组合的卖点。花字本身也恰是受众心理出发的弹幕式的嵌入。中央广播电视总台综艺频道的《你好，生活》也首先在网络平台推出了"你好，民俗"的短视频先导片。互联网渠道便于收集网友评论回馈，"在完善节目设置上有着更大的优势。"❷

(六)模式融合：多重媒介平台的深度联动

模式融合是电视综艺节目融合创新的成熟形态，具体体现为多媒介平台的融合构成了电视综艺节目模式的核心要素和创意要点。当前防疫背景下的所谓云综艺，诸如湖南卫视的《天天云时间》《嘿！你在干嘛呢》及浙江卫视的《我们宅在一起》等节目，正是综艺节目模式融合创新的代表。此类综艺节目在制作方式及内容风格方面都有其自身独特的特点——"'云综艺'脱离了节目录制的仪式感，让嘉宾回归普通生活状态……"且此类节目中嘉宾的受众意识更加突出，注重与观众的交流。❸ 云综艺节目借助于新媒体技术将节目嘉宾"聚集"在同一虚拟空间之内完成与主持及观众的互动交流，以期在特殊时期以独特的沟通渠道、简洁的交流方式与受众达成心理共鸣。这一类电视综艺节

---

❶ 吴翔."三无"云综艺也可以做得简单却有意义［EB/OL］.(2020-03-08)［2020-03-16］. https://www.sohu.com/a/378439099_267106.

❷ 万佳."互联网+"时代的综艺探索：电视综艺与纯网综艺比较谈［J］.南方电视学刊，2015(5)：40-41.

❸ 赵晖,于欣彤.电视"云综艺"的探索、问题与对策［J］.当代电视，2020(4)：61-65

目虽然是特殊时期电视综艺节目制作团队不得已而为之的被动创新，客观上却有力地推动了电视综艺节目模式融合的进程。早在"云综艺"出现之前，电视综艺节目模式融合也曾有过经典案例。湖南卫视的大型互动音乐节目《我想和你唱》充分采用了"互联网＋电视"及联合微博、微信和芒果TV客户端的"两微一端"的跨屏互动模式。❶跨屏社交节目《一键倾心》是湖南卫视融合创新实践的另一例证。这类节目充分贯彻了媒介融合的观念，却也应与互联网媒介保持适当的距离，以避免电视沦为"网红"风格综艺节目的传播平台。

以上六种融合形式分别从不同角度、不同程度上推动了电视综艺节目模式、类型、内容及形态的改变与更新，相关案例虽然未必能够同时在多种媒介平台收获良好的播出效果，却也切实从多个侧面及多重实践维度启发了电视综艺节目的融合观念和创新理念。

三、融媒体时代电视综艺节目融合创新的提升路径

融合创新意味着"协同"创新，即联合新媒体、全媒体平台共同创新、携手进步。对于电视综艺节目而言，融合创新的本质是在其他媒介平台的激发下通过各种途径借鉴和吸收他者优势完成节目创新并使之更好地融入多种媒介平台。融合创新并非易事，媒介融合现状对于电视综艺节目的创作及创新提出了一系列要求，为了更好地融入时代，与网络综艺相抗衡，电视综艺节目需要更具纪实性、日常性、社交性及话题性。为实现真正意义上的融合创新，电视综艺节目及其制作团队应当升级创新理念、打通生产链条、开拓交集领域、发挥平台优势、坚持内容为王。

（一）全面升级创新理念

媒介融合时代，电视综艺应当顺应潮流升级创新观念。创新本不是一个孤立的概念，融合创新更是要求多维度、全方位的媒介融通、内容融合。电视综艺节目的融合创新不仅是置前端策划与末端传播于不顾的单一内容要素的更新换代，也并非一定是完全颠覆传统、扭转乾坤式的彻底改变。电视综艺节目的融合创新不应过于被动地静待其他媒介内容的生硬移植，也不应过分主动地迎合于其他媒介平台反失电视节目的本色。电视综艺节目的融合创新意味着积极拥抱新的媒介平台和媒介内容，同时也意味着以开放的姿态接纳、借鉴广播节目等更为传统的综艺节目形态。芒果TV和快乐阳光基于广播节目的表达方式、电视节目的形态风格及网络节目的传播特点进行融合创新，创作了内

---

❶ 王晓宇.媒体融合时代电视综艺节目"互联网＋"的探索[J].视听界，2019（1）：90-93.

容充实、模式新颖、既符合电视平台传播特征又契合互联网平台传播需求的原创声音互动陪伴真人秀节目《朋友请听好》。创新本就意味着打破旧俗、突破界限，融合创新更需要电视综艺节目制作团队有开阔的眼界和包容的姿态。在媒介融合时代，比不断更新创新策略更为重要的是全面升级创新理念。

（二）通盘打通产业链条

融媒体时代的到来不仅意味着传播生态的改变，还意味着电视综艺节目的生产和制作方式的改变。实践证明，仅拘泥于传播链条末端的营销式融合和传播式融合难以直接推动电视综艺节目的创作和创新。而知名综艺IP在不同平台之间的嫁接与融合如不能参照落地平台的媒介特性做出适当的改编和转换也很难在新的平台上延续已有的成功。韩国金牌综艺制作人罗暎锡推出的新形态节目《星期五晚上》包括美食、科学、美术等六个板块，以多个短视频组合制作而成。该节目在模式策划及内容制作方面都充分体现了融合创新观念，却忽略了传播平台与该节目的契合度及短视频受众专注于某一特定领域而相对排他的接受习惯。即便该节目中短视频的质量较之普通短视频高出许多，却并未达到预期的播出效果。与之相反，情景喜剧《爱情公寓第五季》的第35集"微信战争"是剧集内容与传播平台充分融通的最佳体现。"微信战争"以剧中主角之间的微信聊天记录为剧集内容，并建议观众使用竖屏观看本集内容。该案例体现了"媒介融合"理念对于剧作内容生产的深度影响，更是在竖屏播放状态演绎了内容与传播媒介的完美融合。从策划到编排，从制作到播出，唯有将融合创新观念贯穿于电视综艺产业链条中的每一个关键环节，才能集多媒体平台之大成，实现真正意义上的融合创新。

（三）深度开拓交集领域

电视综艺节目的融合创新能力不仅体现为融合能力，还体现为"可融"潜质。媒介融合既是双向的相互交融，电视综艺节目的融合创新自然应当在主动拥抱其他媒介平台的同时吸引他者融入并为他者的融入留足"融合"的空间。融合空间的开拓一则源于综艺节目模式的更新迭代，二则源于题材与内容的重叠相交。电视平台原生的综艺节目与网络原住的综艺节目有其磨灭不掉的媒介基因，但电视媒介与互联网媒介的关注焦点并非完全相斥。近几年电视综艺节目集中发力的文化题材恰恰也是视频网站和短视频平台的主攻方向之一。《见字如面》由黑龙江卫视出品，却走红于腾讯视频。而《见字如面》成为网红后，中国中央电视台推出了与之风格相近的文化类电视综艺节目《朗读者》。《上新了，故宫》不仅在电视平台取得了良好的播出效果，还深耕电子商务、占领社交媒体。文化题材与文创产业息息相关，兼具鲜明的文化色彩和无穷的商业潜质，是电视及短视频平台都十分青睐的创作创新领域。上述案例足以证明电视与网络媒介之间的确存在渊源颇深的交集领域。"文化"主题是交集领域的典型代表,却也只是代表之一,电视与其他媒介平台之间还有很多有待发掘、值得开拓的交集领域。

(四)充分发挥平台优势

正如胡智锋教授所说,当前电视媒体依然保持着几点鲜明的优势:信息发布的权威性、直播的日常化、高端大制作。❶ "信息发布的权威性"主要指向了电视新闻节目,而"直播的日常化"和"高端大制作"都与电视综艺节目密切相关。"只强调融合却不考虑电视自身的技术、艺术和媒体优势……很难调动电视已有的、充分的技术和艺术积累,这显然是不合适的。"❷ "直播"概念本身就具有融媒体气质,且网络综艺在"直播"层面尚未做出突出贡献,电视平台在直播技术仍占据得天独厚的优势地位。直播技术的发展恰恰与综艺节目的创新一脉相承。大型直播晚会、直播真人秀是电视综艺节目的探索点与发力点,而网络综艺经历了十年的沉淀也在综艺直播方面跃跃欲试。腾讯视频曾倾力打造大型户外真人秀节目《我们十五个》。该节目曾以"首次24小时直播的综艺节目"为噱头赚足了眼球,却终因制作粗糙而迅速耗尽了前期宣发积累的热度与人气。某种意义上说,《我们十五个》的失败意味着网络平台向电视媒介优势领域进军仍然路漫漫其修远,"直播的日常化"和"高端大制作"仍是电视平台的特有优势和制胜法门。

(五)始终坚持内容为王

融合创新的根本目的在于打造顺应媒介时代潮流、符合受众审美需求的电视综艺精品。融合创新的起点及其终点本质在于内容的创新。无论是就其内涵而言,还是就其目的而言,融合创新都始终与内容的品质息息相关。"置身于全媒体的传播生态中,变的是传播路径,不变的是'内容为王'"。❸ 因而,从理论角度来说,媒介融合及融合创新的关键路径在于始终坚持内容为王。从实践角度来说,坚持内容为王对于电视综艺的创作及其融媒体传播有着至关重要的意义。纯网生内容与互联网媒介之间最为关键的先天契合点之一在于纯网生内容本身是趋于碎片化的、段落性的,符合网络传播的特点和网络受众的需求。当然,对于"短而精"的短视频与"小而美"的微综艺而言,"短"与"小"只是其外在形式,它们制胜的核心终究在于"精"与"美"。当前,电视综艺节目为了适应网络媒介的传播特点而不惜忍痛对于内容做片段式的切合和处理,摘取经典段落放置于网络平台吸引受众,这本质上是秉持着择优传播的原则在传播环节对于节目

---

❶ 胡智锋.电视节目的关键在于讲好中国故事[EB/OL].(2018-01-09)[2020-03-16].http://www.ce.cn/culture/gd/201801/09/t20180109_27638118.shtml.

❷ 胡智锋,何昶成.2018年电视综艺节目发展创新扫描[J].电视研究,2019(3):11-13.

❸ 闫伟.电视综艺在互联网生态下的生存路径解析[J].中国电视,2016(9):19-22.

文本进行二次处理和筛选。这恰恰是对于"内容为王"观念的切实践行，却也颇有舍本逐末之嫌。

融媒体注重各个介质之间的融合[1]，简言之，就是打通多种媒介平台。介质与平台之间的融通不仅是指传播层面的融通，除了传播互融，融媒体还意味着资源融通、内容兼容。[2]"融合"并非单向的输入或输出，电视综艺节目融合创新的关键在于在坚持电视综艺的媒介特质的基础上，与其他媒介平台及综艺节目形态实现全方位的互惠互通、双向兼容，以融合为手段、以创新为目标，在坚守电视媒介的优势领域、继承电视综艺一以贯之的创新传统的基础上，紧跟媒介融合的潮流与趋势，借助多种媒介技术与平台，激发电视综艺新的生机与活力。

（作者高云系浙江传媒学院电视艺术学院教师）

---

[1] 栾轶玫.建议用"融媒体"代替"全媒体"[N].光明日报，2014-12-27（010）.
[2] 庄勇.从"融媒体"中寻求生机的思考与探索[J].当代电视，2009（4）：18-19.

浅析移动终端新型视频应用对戏曲传播的影响

摘　要：随着互联网技术与移动设备的迅速发展，智能手机成为人们连接互联网的主要媒介，其中的新型视频应用使用时长的大幅增加促进了移动互联网的使用频率。在全媒体时代，戏曲艺术如何借助新的宣传阵地，利用新型视频应用的优势实现传播与发展的新突破，是当前学界的一项重要课题。移动终端视频应用的戏曲传播具有"放大镜式"、创作主体多元化、精准化投放的优势，但在传播过程中存在内容杂芜、产权争端、泛娱乐化的问题，为解决这些问题可从加强监管、网络化包装、掌控传播节奏等方面入手，以期促进当前戏曲艺术的发展。

关键词：移动终端；视频应用；戏曲；传播

传统的戏曲传播方式如广播、电视、影剧院其创作权局限于少数戏曲工作者的手中，而且需要更为专业的创作团队与之配合，创作质量较高但是数量较少，而且与当前新型的视频平台相比，较为古板呆滞，难以对人们尤其是年轻人产生强烈的吸引力，其传播力不断被削弱。所以，借助传统传播方式的戏曲艺术其传播效果并不理想。而移动终端的日新月异，手机、平板电脑、笔记本成为当代人的必备产品，尤其是随着手机功能的日渐强大，手机已经成为现代人的一种生活必需品。手机中的新型视频应用平台（以下简称"视频应用"）十分广泛，抖音、快手、腾讯、小红书、哔哩哔哩等平台可以满足用户的不同需求，方便、快捷、互动等特点使其成为当代人们尤其是年轻人聚集的网络社区。

通过分析各个视频应用的特点，可以将他们分为两类。一是以抖音为代表的短视频平台，其视频时长较短，一般不超过5分钟，是当前最受欢迎的视频应用。二是以哔哩哔哩为代表的综合视频弹幕网站，它是中国年轻人高度聚集的文化社区和视频平台。作为中国第二大综合视频网站，2020年3月哔哩哔哩活跃用户数达到1.2亿，月人均使用时长达到978分钟，在综合视频应用中内容创作排名第一。戏曲艺术发展到今天面临着诸多的困境，亟须与时俱进地利用视频应用的优势，在各个平台积极发布适宜迅速传播的创作内容以抢占宣传先机，规避传播中存在的问题，采取适宜的策略扩大传播范围、增强传播效果、提升传播影响。

一、视频应用中戏曲传播的优势

视频应用相较传统的戏曲传播方式，充满了现代特色，具有前所未有的优势。一是传播内容更加丰富，突破了文字、图片、视频之间的壁垒，将三者融为一体，让用户不受时间与空间的束缚最大化地获取信息。二是现代人快节奏的生活与工作习惯使人们渴望在短时间内获得可供消遣的内容，于是视频时长较短且内容往往着重于细节的宣传。三是视频应用互动性、社交性的设计目标使传播者与受众之间的界限逐渐模糊，同时受众之间的共享交流又加强了相互之间的紧密关系，传播者与受众之间的黏性较强，甚至创造出一种仅属于这一群体的社群文化。四是随着大数据技术的发展，视频应用凭借精准的算法进行推荐，使得同类型视频能够及时准确地推送给受众，增强了视频的针对性和准确性，提升了受众的体验感。"当下，随着科技的迅猛发展，移动短视频在国际化的过程中也被赋予了更多的社会价值，肩负起输出中华优秀传统文化的重任，甚至成为中国文化输出的新一代重要载体。"❶借助新兴视频应用的东风，戏曲艺术不仅在国内焕发了生机，甚至被越来越多的外国年轻人所接受。

（一）"放大镜"式传播

视频应用尤其是短视频应用在传播戏曲艺术时，大都是围绕戏曲表演的某个细节或是戏曲理论的某个知识点展开，具有"放大镜"式传播的优势。传统的戏曲传播媒介往往从整体性、全局式的角度对内容进行完整推广，重点在于让受众了解事情来龙去脉或前因后果。而视频应用着眼于受众的兴趣点，为了能够获得更多的关注、点赞甚至资金打赏，不强调全貌式的展示，往往选取最精彩、最精华、最有趣的戏曲内容进行创作分享。且囿于视频时长的限制，短时间内最大化需传播的内容，还要让观众看懂又要让其感兴趣，于是聚焦细节和局部的"放大镜"式的作品不断被创作出来。

2018年，共青团中央宣传部联合抖音短视频，在平台上发起"我要笑出国粹范"的话题挑战。京剧名家王珮瑜通过抖音平台，向大家展示了老生开怀大笑、阴笑、冷笑、暗笑等不同的笑法，展现了戏曲"无声不歌"的艺术特色。此类传播内容是传统媒介无法想象的，然而这种细节化的传播反而更能引起大众的兴趣，迅速得到大众的热烈反

---

❶ 王旭. 戏曲艺术在抖音平台的传播与影响［J］. 四川戏剧, 2019（7）: 34-36.

响,纷纷加入到话题挑战中来。一个个短小精悍的作品被创作出来,使得原先湮没在巨量戏曲元素中的部分展现在观众面前,让高居在象牙塔的国粹艺术重新焕发原本属于自己底层色调的生命力,使大众了解戏曲之美,感受戏曲魅力,最终爱上戏曲艺术。

(二)创作主体多元化

传统的戏曲传播媒介的创作者都是行内的专业人士,而视频应用为了扩大受众的参与度,大大降低了创作生产的门槛与难度,人人都可以借助移动互联网进行戏曲内容的创作与传播,呈现了主体多元化的优势。而且应用平台在技术上进行了大力创新,可以方便创作者在镜头语音及剪辑技术、字幕设置等方面灵活选择相应功能。对硬件设备及所需技术要求不高,却能创作出较高水平的视频内容。强调互动性也使得视频应用逐渐模糊创作者与受众之间的界限与距离感,人人都是传播者也是受众。通过弹幕与评论,创作者与受众、受众与受众之间能够获得良好的化学反应,相互交流、相互促进,形成具有共同社群语言且归属感强烈的开放型群体,使得创作内容的质量不断提升。

视频应用的用户可以借助手机随时随地制作、编辑视频,能够及时地将创作内容分享给受众。截至 2019 年 7 月,抖音短视频平台戏曲类短视频数量已经超过了 167 万条,播放量超过了 68 亿次。作为"谁说传统文化不抖音"系列活动的一部分,"谁说戏曲不抖音"话题吸引了超过 7.8 亿用户的广泛参与,其中既包括专业院团的戏曲演员,也有热爱戏曲艺术十分的票友,更有仅对戏曲艺术初体验的戏曲小白,充分体现了视频应用创作主体多元化的特征。这种非科班式的生产创作方式,能够最大限度调动用户的参与积极性,创作出更多更好的精彩内容,有利于人们对戏曲艺术的个性化表达与诠释。

(三)精准化投放

各个视频应用基于定位的差异,分别吸引类型不同的受众。如戏曲短视频可以满足戏曲知识较为薄弱的用户甚至零基础的受众,让他们能够清楚地了解并喜欢戏曲;而哔哩哔哩的戏曲长视频尤其是许多专业性强的 UP 主创作的戏曲理论知识的视频内容,对于有一定基础并有兴趣深入研究的受众有着更强的吸引力。当然,随着视频应用的发展,这种差异性也正在走向交叉混合,互补性和统一性逐渐增强。此外,精准化投放还具体体现在每一个视频应用中,它会以用户的浏览记录、喜爱程度等为基础进行大数据分析,精准化地为每一个用户推送自己喜爱的视频内容。如果用户对戏曲的某一类视频较感兴趣,如脸谱类、唱腔类、戏腔类、武戏类等,视频应用会在后台进行精确计算并及时予以推送。

随着互联网的深入发展,增量用户的增长速度逐渐趋缓,存量用户的竞争成为各个视频应用争取的对象。于是将受众作为研究对象并分类,这种分众化、差异化的趋势成为新时代传播的特征。于是戏曲艺术的传播也逐渐适应时代的要求,在各个视频应用上针对不同的用户群体传播不同类型的创作内容。2019 年,抖音与北京师范大学艺术与传媒学院、启功书院宣布联合启动"DOU 艺计划",旨在向大众进行艺术传播和全民美育,随后许多专业的京剧院团如河南豫剧院也加入其中。2020 年,哔哩哔哩利用自身优势举办了春节戏曲晚会,吸引了许多名家如王珮瑜、史依弘、曾昭娟、杨少彭等联袂演出,为广大戏迷送上了一份视听盛宴。二者根据受众的不同,举办不同类型、层次各异的活动以飨用户。

二、视频应用中戏曲传播的问题

随着移动互联网技术的迅猛发展,视频应用也出现了新的发展趋势,需要一定的时间进行总结、研究与完善,所以戏曲视频在传播过程中难免会出现一些问题。一是内容杂芜,质量参差不齐;二是产权意识淡漠导致的产权争端;三是过度娱乐导致的泛娱乐化倾向。这些问题必须引起高度重视,否则会在戏曲大众化传播过程中产生广泛的不良影响。

(一)内容杂芜

戏曲视频内容杂乱,水平较低的作品充斥在许多平台,甚至有戏曲常识错误的视频也堂而皇之地进行大范围的传播,导致戏曲视频整体质量有待提升。视频应用创作门槛较低的特点是一把双刃剑,虽然提高了大众的参与度,但也使得因创作者戏曲专业水平有限导致戏曲视频内容杂芜的问题。除了视频本身的问题,评论与弹幕也存在着许多质量堪忧的内容,甚至低俗、反智的情况也时有发生。"由于是随感而发,未经理性思考,有些弹幕为了吸引关注,难免信口开河,出现不文明用语。就内容而言,弹幕所涉及的往往是一己一时的观剧感受,可能会造成与戏曲本身的疏离。有的观众凭着一时的印象率性而谈,缺乏对文本深入细致的分析,没有全面考辨视频内容,显得十分零碎而不成系统,甚至为招人注意而有意哗众取宠、夸大其词,有失公正。"[1]导致这一问题的根本原因是视频应用的快速发展及创作内容的大量生产,监督职能很难在巨量的信息面前做到条条把关。加之受众缺乏关于戏曲的基本知识,许多人不能对视频内容做出正确判断,导致质量低下的戏曲视频得到了本不应有的传播能力。

---

[1] 王莳雅.年轻化与多元化:从 B 站看中国戏曲的传承与突破[J].语文学刊,2020(2):99-104.

(二）产权争端

戏曲艺术是一门古老的艺术，一直以来戏曲从业者及爱好者在版权意识上比较淡漠。因为产权概念是来自西方的一种舶来品，然而随着现代社会的发展，知识产权在许多领域引起广泛重视，戏曲行业对于产权概念也逐渐明晰。但仍有部分戏曲人士不以为意，因此容易产生产权争议。曾有昆曲爱好者将某一昆曲院团新创作的一部作品进行了剧场录像，未经院团授权的情况下上传到哔哩哔哩，遭到了院团官方账号的投诉，引起了双方关于视频产权的争端。昆曲爱好者出于交流传播的目的上传了视频，期望引起更多人对昆曲的喜爱，在情感和出发点上是可以理解的；院团看到自己的劳动成果在未经自己允许的情况下被上传网络，考虑到这会减少人们进入院团的可能，损害了自身的经济利益，在理性角度上维权也应当予以支持。二者的争端便是因为产权意识淡漠引起的，故在戏曲艺术传播过程中，如何实现产权保护与传播效果的双赢是一个应当引起足够重视的问题。

（三）泛娱乐化

视频应用的市场化属性要求其需遵循"流量为王"的标准，得到更多的关注、吸引更多人的转发才是衡量其成功与否的前提。于是戏曲视频在迎合受众需求方面，存在做群众尾巴的情形。无序竞争导致许多肤浅、恶搞、歪曲甚至以偏概全的戏曲视频在多个应用平台大行其道，出现了娱乐至上乃至"娱乐至死"的错误倾向，泛娱乐化问题突出。这种情况如不得到有效遏制，戏曲传播效果会大打折扣。"由于短视频平台上信息瞬息万变，信息传播效果的持续时长短，导致许多传统戏曲短视频的传播效果局限于认知和态度，难以抵达行动层面。"❶ 出现问题的主要原因在于一切以经济效益为根本，未能兼顾社会效益，在艺术引领还是迎合人民群众欣赏水平的问题上走向了极端，使得价值导向有误、丧失底线的创作内容有了生存空间。

三、视频应用中戏曲传播的策略

作为新的宣传阵地的视频应用，戏曲艺术必须为己所用充分利用此次机遇，解决在传播过程中存在的问题，采取适当的传播策略，将戏曲艺术与现代先进的传播方式相结合，在保证质量的同时提升趣味性，对其进行网络化包装，取得更好的传播效果，让戏曲艺术走进大众视野。

---

❶ 白小琼. 试析短视频对传统戏曲的传播与解构［J］. 四川戏剧，2020（1）：87-90.

（一）加强监管

戏曲视频在发布之前要进行层层审核，需多方通力协作进行监管。政府要制定并完善相关法律法规，在制度层面对审核提供依据。视频应用借助计算机智能技术与人工相结合的方法进行把关，创新技术手段发展人工智能，对创作内容进行第一层审核与把关，将可疑问题视频提交给人工进行审核，二者相互协作既保证了效率也具有质量上的可靠性。视频创作者要提升自身关于戏曲知识的专业能力，同时提高传播素养，自觉抵制粗制滥造、三观不当、博人眼球的创作内容。以上方法也是当前积极推行的举措，不过仍需要走很长的路才能达到预期效果。此外，努力发挥广大受众的监督职能，视频应用设置一键举报功能，遇到问题视频及时反馈。人人既是信息接受者也是监督者，可以有效提升戏曲视频的水平。加强监管是解决目前戏曲传播中出现问题的有力举措。

（二）网络化包装

互联网是一个虚拟社会，存在着不同于现实社会的网络语言。而各个视频应用受到不同分众的喜爱，也逐渐形成了属于各个平台的网络社区文化，产生了不同的话语体系。受众与创作者之间具有较强的认同感，存在一定的对外排他性与对内包容性特征。所以戏曲视频在传播过程中要进行网络化包装，掌握并融入各个平台的话语体系中，用已经形成文化共识的语言表达戏曲艺术，引起受众的共鸣。以一种喜闻乐见的方式与其进行沟通，增强与用户间的亲密度，构建共通的文化意义空间。在包装过程中，要注意形式贴近观众，而内容要保持戏曲艺术的独立性，避免只注重迎合观众歪曲戏曲内核的情况出现，努力达到"旧瓶装新酒"的效果。

（三）掌控传播节奏

为了更好地利用视频应用传播戏曲艺术，要有计划、有目的地制定完整的传播策略，掌控传播节奏。在充分研究受众特点的基础上，依据不同阶段的受众反应制定相应的传播方式，让传播效果实现从认知到态度再到行动层层递进，实现深度传播。戏曲是一门有门槛的表演艺术，首先，要大范围宣传、普及戏曲知识，增强大众的了解；其次，在此基础上传播趣味性强的戏曲视频，唤起观众的兴趣，提升大家对戏曲的喜爱程度；最后，通过设置相关实践活动，激发大家的参与热情，让受众加入实践环节中来，从而实现从认知到实践的跃升。掌控传播节奏还体现在借助线上与线下互补的传播优势，让爱上戏曲的受众走进剧场，亲身观摩剧目演出，使越来越多的人关注戏曲的传承发展，形成戏曲艺术振兴的良好氛围。

Quest Mobile 发布《2020 中国移动互联网春季大报告》显示，截至 2019 年 6 月，中国移动网民规模达到 8.47 亿，其中网民使用手机上网的比例高达 99.1%。《2019 年中国网络视听发展研究报告》显示，中国网民平均每天用手机上网 5.69 小时，其中视频应用的使用时长增长迅速。抖音短视频与哔哩哔哩是当前互联网新型的头部流量平台，散点开放式的传播优势使得用户增长十分迅速，24 岁以下的青少年与 45 岁以上的年长用户数量逐渐增多，使二者逐渐成为老少咸宜的视频应用。戏曲艺术需要乘此东风，借助视频应用扩大传播范围、提升传播效果。在戏曲传播过程中解决出现的各类问题，制定相应的传播策略，政府、平台、创作者与受众共同努力，为戏曲理念和戏曲实践提供新的可能，支持戏曲艺术走一条现代化的传播路径。

（作者高文超系天津市艺术研究所助理研究员）

第四章 传媒艺术与高等教育发展

新时代影视艺术高等教育困境与
人才培养策略浅析

摘　要：深化影视艺术产业发展、着力提升国家文化软实力，离不开人才的智力保障。当前，中国影视艺术的高等教育整体处于粗放型阶段，制约了人才的有效持续供给。未来，应该积极探寻以教育创新为核心的影视艺术人才优化培养路径，全面打造新时代影视艺术高等教育的新气象。

关键词：影视艺术；高等教育；现实困境；人才培养

随着视听文化传播与移动互联技术的迅速崛起，影视艺术的人才培养已成为中国高等教育事业格局中不可或缺的组成部分。近年以来，"习总书记在关于文艺工作的一系列重要讲话中，对包括电影在内的中国文艺的发展方向提出了一系列的新思想、新观点和新论断，为新时代中国影视艺术高等教育的改革提供了根本遵循"[1]。影视艺术的高等教育，不仅能够为影视行业的持续发展培养和输送专业人才、为繁荣文化产业夯实队伍基础，也肩负着促进中国由影视大国向影视强国顺利过渡、提升文化"软实力"竞争地位的历史使命。可以说，新时代影视艺术人才的优化培养日益成为相关从业者、教育者、研究者与管理者必须正视的现实问题。

一、影视艺术高等教育困境分析

"影视艺术以其视听综合、时空综合、艺术与技术综合的绝对优势而引人注目，被誉为最年轻最富有潜力的新兴艺术，它的发展直接影响着社会进步与精神文明建设。"[2] 建设优化人才队伍，是促进影视艺术行业良性发展、发挥社会效用的关键因素之一，也是产业化运作的重要力量。当前，中国影视艺术创作与产业发展态势整体兴旺，但与之

---

[1] 张宗伟.浅谈新时代的中国高等电影教育[J].当代电影，2018（12）：15-18.
[2] 周星.21世纪艺术教育格局中的影视教育发展分析[J].电影艺术，2004（5）：100-104.

相较，影视教育和人才培养却面临着尴尬的困境。

（一）人才供给之困

近年来，中国影视产业化发展呈现井喷态势。规模升级换代、增长速度稳中求进、内部结构持续优化、产品质量不断提升等优势凸显。互联网产业的联姻更加速繁荣了中国影视产业格局的发展。可以说，发达兴旺的中国影视产业无疑构成了文化产业格局中一道亮丽的风景线。然而，从业者过剩、优质人才供给不足的尴尬状况却也难为掩盖，并成为制约中国影视产业转型升级的关键症结。

艺术魅力与经济利益是影视产业能吸纳众多从业者的重要原因，但是复合型人才的紧缺也暴露出产业的弊端，即艺术性与商业性在影视产业化过程中的割裂。一方面，管理经营者拥有市场运作能力、投资话语权和巨额资本支持，但是缺乏艺术的积淀与追求，过分看重影视产品的经济利益，追求市场价值与增值空间。另一方面，创作者虽拥有专业的素质经验，却因缺乏资金支持，或沦为游走在边缘的独立创作者，或委身于商业利益与市场话语，创作一些应时、应景却缺乏文化意义的快消产品。由此导致的市场资源配置偏颇、社会文化价值浪费，既显现出从业者结构扁平化的硬伤，更推波助澜了影视产业的畸形发展。

事实上，影视产业的持续兴旺，扩张了就业市场的需求，也对人才发展提出了更多、更高的实质性要求。高水平、高层次的影视艺术人才队伍是产业持续运行的根基。倘若产业的进化中出现人才断档，发展便无从谈起，这便是产业生态思维的客观规律。艺术天赋、理论储备、业务技能、职业理想无疑是新时代优质影视人才必备的基本素质。

（二）生源质量之困

火爆的招生是现阶段影视艺术高等教育的表征之一。在高等教育产业化发展的语境下，影视类专业成为最受欢迎的学科，因此综合院校、师范院校、外语院校、理工院校、独立院校、高等职业院校等各类院校都争相开设了相关专业。但生源质量偏低则是另一客观问题。受制于传统高考观念，许多艺考生通常是因为文化课成绩不足而选择艺考，以谋求升学机遇。因此影视艺术类考生文化课成绩普遍不高。尽管成绩不能决定一切，但仍具有一定参考性，偏低的文化成绩无疑会限制影视艺术高等教育的全面发展。

兴盛的专业教育与蓬勃的产业发展理应带动就业率的飙升，但影视艺术专业的就业率却偏低。盲目地扩大招生使得影视艺术专业的毕业生缺乏基本技能和综合素质，同时产业不断提高的就业门槛造成了就业缺口大、毕业生就业率持续走低的问题。看似难以调和的矛盾制约了影视艺术高等教育的向好发展，使其尚处于粗放型阶段。

（三）专业教学之困

相较传统的文史哲专业，影视艺术类专业属于新兴专业，在教育资源的分布与配置上仍有许多问题。众多高校不顾学校定位、教学基础、教育资源、发展趋向等前提条件，只顾抢设相关专业。可以说，大多数院校的教学模式并不匹配影视艺术产业的人才需求，毕业生无法与用人单位直接对接。影视艺术的高等教育仍处于理论教学与研究的传统思路中，缺乏真正的实践教学。假期见习、毕业实习等实践课程多流于形式，学生的实战经验微乎其微。教学与产业脱钩，使多数毕业生难以在短期内胜任实际工作。此外，虽然影视艺术产业发展迅猛，但人才的培养具有周期性，由此也在二者间产生了断裂。

大同小异又模棱两可的培养定位也是不容忽视的现实困境。综观多个院校的培养定位，基本以依靠学校优质教育资源、宽口径的教学为目的，培养一专多能的高级型复合化影视艺术人才。其本意是让学生能够迅速在传媒影视艺术等领域工作，实现多元化就业。但是看似恢宏大气的专业培养定位实则忽略了影视艺术教育的针对性、具体化与差异化，导致教学计划空泛，具体培养过程大多是点到即止。学生易陷入对专业技能模棱两可的尴尬，缺乏创新能力、可塑性及实践技能。此外，专职教师是高等教育的主力军。影视艺术专业的教师队伍在分布上较为聚拢，进而也阻碍了影视艺术人才的优化培养。这主要表现为高水平、高质量的专业教师聚拢于一线城市、省会城市或211、985高校或专业艺术类院校，二、三线城市或普通院校的影视艺术专业教师多为中文的跨学科教学，缺乏实践经验。

千篇一律且名不副实的课程设置也阻碍了人才的优化培养。许多高校在教学条件受限及教师资源不合理的情况下，盲目开设影视艺术专业，课程设置多模仿或照搬其他成熟的院校。此外课程的编排质量也参差不齐，缺少课程设置与教学之间的相关性、系统性，缺少精品课程。如此设置的课程设置不仅让影视艺术教育沦为批量生产的机械操作，使教学活动缺乏主动性、积极性，更让学生呈现出同质化的不良趋势，削弱了就业的竞争优势。

二、影视艺术人才优化培养策略

合理有效、切实可行的优化路径，是培养影视艺术人才的关键所在。直面产业发展的人才需求，正视专业教育的现存困境，形成中国影视艺术人才的优化培养已迫在眉睫。教育创新是为了建立开放、多元的教育体系，提高影视艺术人才培养的有效性，这是影视艺术人才优化培养的必经之路。教育创新的重点在于改变守旧、机械、沉闷、程式化的教学过程，回归影视艺术丰富多彩的内涵，实现教育过程中的情感传递和灵性表达，提升学生的专业认知能力、理论储备能力与实践动手能力。

（一）推动招生模式改革

改革影视类专业的招生模式，提升艺术类高考生的文化课成绩要求，打造多渠道、多层面、多样式的招生模式是教育创新的基础。2015年1月，教育部出台了对艺术类高考招生的新政策，要求"同一高校、同一艺术类专业应采用同一种录取办法，独立设置的本科艺术院校自行划定的文化成绩，原则上不得低于生源省级招生考试机构划定的艺术类本科专业最低录取控制分数线"。这一政策的出台对影视艺术类专业的高考招生起到了促进作用。众多原本实行两种招生方案的艺术类院校纷纷对招生原则做出调整，提高了对于艺术类考生的文化课成绩要求。但是这一政策的运行并不能完全解决艺术类专业高考招生的全部弊端，各大院校理应在政策指导的框架下，立足于自身的发展情况与生源的实际需要，积极寻找符合现实情况具有操作性的招生模式，以实现人才优化培养的第一步。现阶段，艺术类专业的高考招生改革正在路上，继续推广多元化的招生模式是优化影视人才培养的重要前提。

（二）重视通识教育基础

通识教育的目的在于为学生奠定良好的人文素养和全方位的学术基础，以深刻巩固学术思维，有效训练学习方法，切实做到"授人以渔"。"通识教育的目的不是局部知识的增加，通识课的质量不取决于教师传授特定知识的能力，较好的专业课未必就是现成的通识课。"❶发挥通识教育的基石作用，培养学生拥有独立人格、实现全面发展，是推动影视艺术产业智慧升级的关键性因素之一。通识教育先行的培养模式，将有助于影视艺术专业学生拥有丰厚的文化底蕴和基本的专业功底，养成质疑、反思的批判精神，锻造出务实、求真、创新、开放的多元能力，在实际工作中不拘泥现状、不墨守成规，以积极的勇于挑战的精神和状态融入瞬息万变的影视行业，也能使学生能够拥有崇高的志向、完整的人格、丰厚的学识、健全的情感、远大的追求、创新的精神。

（三）细分院校培养类型

立足于影视艺术人才供给的实际需求和院校发展的具体情况，明确人才输出方向，实现人才类型的细分化、差异化与特色化的锻造，是人才优化培养的重点之一。开设影视艺术相关专业的院校众多，若想各院校都实现差异化、特色化的培养，无异于天方夜

---

❶ 陆一.21世纪日本大学通识教育再出发：东京大学与京都大学两种模式的比较[J].北京大学教育评论，2015,13(1):166-178.

谭。因此，针对性培养的前提是依据类型划分的原则，将开设影视专业的院校进行归类，综合考察类型院校的教学资源、院校特色及文化底蕴，以确定影视人才的具体培养方向。培养方向的类型划分并非是强制的固定模式，而是树立多维自主思路。其核心内涵在于依靠院校优势培养教育人才；直接目的在于最大化调配影视艺术人才的培养资源，以产业化、特色化、差异化的培养方式来规避同质化、对抗性的就业竞争；其外延精神是影视专业学生自主、自愿地进行自身发展的多元选择。

具体而言，综合类院校应着力于学科建设及理论研究，积极培养从事影视史论、影视基础学科建设、影视批评、国际文化传播、非物质文化传承与创新等方面的专业人才。艺术类院校要在注重创作的基础上，扩大实践型人才的外沿，积极培养能够促进艺术与技术融合的创新人才，同时偏重培养懂得经营管理的产业人才，通过院校教育锻造一线创作与产业发展对接的复合型人才。师范类院校依靠自身的天然优势，为影视艺术教育的多元发展打造专业、优质的师资队伍，以推动影视艺术的中小学教育繁荣发展。高职类院校则要淡化理论学习，注重培养学生的操作技能，切实打造实操型技工人才。其他院校应在跨行就业的层面下功夫，如倡导学生在企事业单位从事宣传、行政等工作，或注重培养学生的综合素质以从事与影视专业相关性较小的其他工作，降低与专业院校毕业生对抗性竞争的概率。

（四）突出学生专业兴趣

新时代影视艺术人才的优化培养必须根植于学生的专业兴趣之上。首先，应该强调中国传统儒学所倡导的"有教无类"，这是因为"中国教育传统价值观深受传统儒家文化的影响，中国传统教育从本质上说是一种伦理道德教育"[1]；其次，尊重每个学生的唯一性和独特性，鼓励学生把专业兴趣与个人爱好结合，引导并帮助学生发挥特长，放弃流水线、产品式的统一化标准，做到因材施教，挖掘学生独特的想象力、审美感情及创造力；最后，"要降低关于培养学生技术能力方面的焦虑，同时强化内容生产的能力，培养学生的创新技能与前瞻性思考能力"[2]。

具体而言，当学生进入高年级后，学校应依据学生兴趣，使其自愿选择专业方向，进行分方向、分类型的细化培养。这种基于自愿选择的细化培养能提升学生的学习主动性和积极性，使教师更注重教学中的针对性、互动性及融合性，强化教学效果。教师在讲授基础课程时，能清晰了解并掌握学生的专业追求和发展方向，从而更好地引导学生

---

[1] 杨茜.回溯中国教育传统及其对现代教育之重建[J].中国教育学刊，2016（1）：9-13.
[2] 龙锦.正视问题 寻求共识 守正创新：全球转型期世界学者对跨文化传播及人才培养的思考与实践[J].新闻与传播研究，2019，26（3）：119-126.

掌握基本技能，紧密衔接后续课程。而在讲授高级课程时，又能依据学生的兴趣及专业技能的掌握度，展开有方向、有区别的差异化教学，以实现课程之间的对话和交流，发挥教学效果的持续性影响作用，让学生真正获得循序渐进的专业发展。在课堂教学以外，细化教育则分散了大班教学的学生数量，有利于教师拥有更多时间、精力、机会带领学生切实参与科研或实践项目，在项目中检验和提升教学成果、优化培养学生的专业技能和综合素质。

（五）重置教学评价体系

结合院校类型、地域差异及现实情况，因需安排课程设置，以实现影视艺术人才培养的差异化和特色化，是教育创新的又一个目标。全面的课程改革不能游离于社会背景、人才需求，更不能机械地复制成功经验或脱离自身实际，而应基于产业需求，充分考虑自身的发展特点、教学优势及学生的未来培养方向，制定具体细致、贴合实际又凸显特色的课程方案。这便要注重培养学生的融合协同思维，在课程的具体设置上将影视艺术批评与创作、艺术与技术、文化与产业等并重，充分培养学生以技术支撑艺术呈现、以文化拓宽产业外延的复合型就业能力。

当下，许多高校的评教体系不够科学合理，学生的评教活动无法得到科学监督。而学生评教又与教师职称评定、工资待遇、评奖评优等需求直接挂钩，以至于有些学生不顾教师的教学水平及效果，完全根据个人喜好随意打分。因此理应放弃这套"教师给成绩、学生打分评教"的不合理传统，在师生间双向评价的平等基础之上，搭建一套有效用、有价值、有意义的立体循环的评价系统。教师不再单纯依靠期末考试、论文或作品来机械判分，而是通过本学期的教学活动对学生相关的作品、作业、试卷等学习成果做出细致分析，并结合学生汇报讲解、教师现场点评等方式来给出一个合理的、具有说服力的成绩。这样的考核不仅能培养学生的口语表达能力、理解能力、专业掌握程度，还能锻炼学生的思维活跃程度和作品阐释能力。

（六）紧抓实践技能训练

创造性是影视艺术的核心属性，所以影视艺术的人才优化培养离不开具体有效的实践教育。落实实践教育将解决封闭办学的困境，连接起院校培养与市场需求，缓解人力资源的浪费。这也是实现毕业生就业可持续化发展的必经之路。建立影视艺术工作坊的实践模式，搭建专业的实践孵化平台，将充分挖掘学生的专业热情，最大程度发挥学生的主观能动性。工作坊式实践教学具有多元优势：一方面，它能够鼓励和培养学生独立思考、自学探索的能力；另一方面，影视艺术也是团队性的集体创作活动。工作坊式的实践教学将培养学生团队共享、彼此协同的集体意识。所以高校要依据学生的性格等进行分类，让学生迅速进入真实模拟的产业化训练和工作中，强化合作，各司其职，与教师共同运作项目。培养合作精神，并非简单的分工配合，应是在具体的影视创作实践中，以塑造学生在实践活动中的自主管理能力与集体创作能力为核心，以彼此思想、观点的交流、交换甚至交锋为方式，以学生在实践活动中的通力合作为基础，让学生明白团队含义、体会团队生存、达成沟通、彼此信任、学会角色转变、学会换位思考并融入团队、取得预计成果。这能够有效锻炼学生的独立思维和合作精神，对学生在实际工作中的表达能力、行动能力、组织能力、沟通能力均有所裨益，团队共享与彼此协同的合作精神也能在潜移默化中影响每个参与其中的学生。

三、结语

当前，中国影视艺术产业面临着前所未有的机遇与挑战。一方面，国际竞争的实质由科技硬实力逐渐向文化"软实力"转圜，影视艺术文化理所当然地成为建构国家文化软实力、参与新国际竞争的重要元素。另一方面，中国社会文化环境整体迈进了移动互联的新时代，媒介融合使互联网摇身一变成为影视剧最大的消费平台，全新的视听环境全面形成，影视艺术文化产业的传播渠道与消费环境变得更加多元与复杂。"如果没有一个前瞻性的视野，任何社会、群体和个人都会被急速变迁的媒介环境所边缘化。"[1] 同时，中国影视的自体演变也面临着持续市场化、产业化、国际化、数字化的发展趋势。显然，中国影视艺术发展已经走到了全面升级换代的历史时刻，方兴未艾的产业亟待有效人才的智力支撑。影视艺术人才的优化培养，是深化产业改革、谋求合理转型、拓宽未来空间的源头保障，也是新时代语境下发展中国特色社会主义文化事业和探寻艺术运动规律双重语境下的必然选择。

（作者鲁昱晖系清华大学新闻与传播学院博士研究生）

---

[1] 廖祥忠. 从媒体融合到融合媒体：电视人的抉择与进路[J]. 现代传播（中国传媒大学学报），2020，42（1）：1-7.

从国内高校"传媒学院"的设立与命名看当下传媒艺术教育的格局[*]

摘　要：传媒艺术教育的发展与时代需要及高等教育政策的调整有着密切的关系。21世纪以来,"传媒"一词成为众多新建高校乃至高校内新建二级学院的名称,与之相对应的是传媒艺术教育逐渐扩展,高校中开设传媒艺术类专业的院校超过六成,成为不可忽视的高等教育力量。这一切塑造了当下传媒艺术教育的格局：戏剧与影视学类、美术学类与设计学类两种取向,传媒艺术类院校、重点大学、地方普通本科院校三大阵营,传统艺术学、文学、新闻传播学、教育技术学四种渊源,传媒学院、新闻传播学院、影视学院、艺术学院、文学院五大力量。

关键词：传媒学院；传媒艺术教育；高等教育发展；格局

一、研究缘起

用"传媒"来命名学院的名称在中国高等教育发展史上始于2002年。2002年6月,北京师范大学成立艺术与传媒学院。2004年5月,教育部正式下文批准成立浙江传媒学院,同年8月,北京广播学院更名为中国传媒大学。此后"传媒"一词以极其高的热度成为众多新建高校乃至高校内二级学院的名称。如果仅从高校内二级学院的命名来看,传媒学院的界定有广义与狭义之分。广义的传媒学院是指名中带有新闻、传播、媒体及传媒等词语的学院,其中占多数的实际上是命名为新闻传播学院（新闻学院、传播学院）的主要从事新闻传播学教育的学院。而狭义的传媒学院则指在名称中明确带有传媒二字的学院,这一类型的学院命名则更为复杂,除了单列传媒二字,常有文学、艺术、新闻等词与之并列。

---

[*] 本文系安阳师范学院2019年校级教育教学改革研究与实践项目"校内实践教学基地建设的研究与实践"（项目编号：ASJY-2019-CYB-056）阶段性成果。

"传媒艺术"则是指与传统艺术相对应的一类艺术族群,这一艺术族群主要是受工业革命以来的现代科技影响而产生,具有科技性、媒介性及大众参与性等特征。[1]传媒艺术是当代文化构成中最为重要的对象之一,主要包括摄影、电影、广播电视、新媒体艺术等艺术样态。这些艺术样态是新兴的,对这些艺术样态的教育即传媒艺术教育同样也是新兴的,其兴起于世纪之交的影视文化产业的发展及高等学校的扩招与升格,这同样也是高校传媒学院兴建的背景。

当然,直接将"传媒学院"与传媒艺术教育对等并不合适,因为传媒学院所进行的是传媒教育,从广义上看既包括新闻传播教育也包括传媒艺术教育。然而受学科壁垒的影响,一般命名为新闻传播学院的高校内二级学院都是由原来的新闻专业发展而来,尤其是在老牌重点大学中,这些学院的新闻传播教育具有优势地位,传媒艺术教育往往处于一种补充地位。而命名为传媒学院的二级学院则多数是21世纪之后才成立的,要么是有学科整合,要么是新闻传播学的积淀不足,相关学科不具有优势地位,尤其是在大量的地方普通本科院校中,传媒学院甚至是21世纪第二个十年才新建的,传媒艺术教育是其绝对的主体。

笔者本科毕业于西部某985高校的戏剧影视文学专业,该专业招生始于2002年。研究生毕业后进入中部一地方高校从事广播电视编导专业的教学,而该专业招生始于2010年。从工作开始,笔者所在的二级学院由教育技术系更名为教育信息技术与传媒学院,后又更名为传媒学院,其本科专业也由最初的教育技术学一个专业,逐渐增加了广播电视编导、播音与主持艺术及影视摄影与制作三个艺术类专业。在这个过程中,笔者从一个传媒艺术的学习者转变成教育者,并逐渐关注到一些有趣的现象:如多数高校的传媒艺术学专业都是从其他专业发展而来的,如笔者毕业学校发展的基础是汉语言文学专业,工作单位发展的基础则是教育技术学专业,虽不同,但都开出了传媒艺术学的花朵。带着疑问,笔者开始关注国内传媒学院的建立与传媒艺术类专业的渊源问题。本研究是笔者近年来观察思考的一个体现,将采用观察法及深度访谈法从国内高校中"传媒学院"的设立与命名来管窥传媒艺术教育的渊源及发展现状等问题。

由于本研究更多是对当下国内传媒艺术教育及传媒学院进行切片式观察,不求包含所有数据,因而关于研究对象有几点要进行说明。第一,高校选择以公立本科院校为样本,并排除专业的传媒艺术类院校,如中国传媒大学、北京电影学院、上海戏剧学院、南京艺术学院等。第二,教学层次选择以普通本科教育为主,这就排除了部分只针对硕士研究生以上进行传媒艺术教育的院校,如郑州大学没有传媒艺术类的本科专业,但有广播电视艺术硕士。第三,在专业选择上,以《普通高等学校本科专业目录(2020)》

---

[1] 胡智锋,刘俊. 何谓传媒艺术[J]. 现代传播(中国传媒大学学报),2014,36(1):72-76.

中的艺术门类学科为基准，这些专业主要集中于戏剧与影视学类及美术学、设计学类等一级学科中，这就排除了新闻与传播学类中的专业及授予工学学位的数字媒体技术等具有一定相关性的专业。虽然新闻传播学类的专业也进行传媒艺术教育，但是由于学科壁垒的原因，二者还是有明显的差别的。具体说就是戏剧与影视学类中除戏剧类之外的所有专业，美术学类中的摄影、跨媒体艺术，设计学类中的数字媒体艺术、艺术与科技及新媒体艺术等。另外需要说明的是，虽然动画专业在《专业目录》中属于戏剧与影视学类，但由于动画专业多数发源于并存在于美术与设计类学院，招生也通常是按照美术类方式招生，因而在具体的论述中我们将其纳入到美术学类及设计学类的专业中。

二、传媒艺术类专业的布局情况

根据教育部的名单，截至 2019 年 6 月 15 日，全国高等学校共计 2956 所，其中普通高等学校 2688 所，成人高等学校 268 所。本科院校 1265 所，其中公立本科 831 所。❶ 传媒艺术教育大量存在于这些高校中，但这个样本过大，很难全部统计其中的传媒艺术类专业的布局情况。按照高友祥在 2017 年的说法，当时有 1170 所本科院校，其中开设新闻传播学类专业的有 681 所，加上开设影视艺术类专业的院校总数超过 1000 所。❷ 其所提供的也只是一个大概数据。为了大致了解传媒艺术类专业的布局情况，我们选择三个样本进行分析。

第一个样本是世界一流大学建设高校传媒艺术类专业布局情况（见表 4-1）。这些学校是老牌重点大学，要么早就有传媒艺术教育的传统，要么是高校扩招以后第一批进行传媒艺术教育的。第二个样本是河南省公立本科高校传媒艺术类专业布局情况（见表 4-2）。河南是人口大省，也是高考大省，同样是传媒艺术教育大省，2019 年参加河南省编导统考的学生有 10000 多人，参加播音统考的学生有 12000 多人。第三个样本则是选择了高校数量稍微少一点的甘肃省公立本科高校传媒艺术类专业布局情况（见表 4-3）。在数据采样方法上，我们从以上高校的本科招生网站查询相关资料，以 2019 年的招生情况为基准来进行统计。

---

❶ 中华人民共和国教育部政府门户网站.2019 年全国高等学校名单［EB/OL］.（2019-06-17）［2020-04-06］.http://www.moe.gov.cn/jyb_xxgk/s5743/s5744/201906/t20190617_386200.html.

❷ 高有祥.论地方院校新闻传播和传媒艺术教育的创新创业人才培养［J］.现代传播（中国传媒大学学报），2017，39（3）：148-152.

表 4-1　世界一流大学建设高校传媒艺术类专业布局情况一览表

序号	高校	二级学院	传媒艺术类专业
1	清华大学	美术学院	艺术与科技、动画、摄影
2	北京大学	艺术学院	戏剧影视文学
3	南京大学	文学院	戏剧影视文学
4	上海交通大学	媒体与传播学院	广播电视编导
5	东南大学	艺术学院	动画
6	武汉大学	新闻与传播学院	播音与主持艺术
		艺术学院	戏剧影视文学、表演
7	华中科技大学	新闻与信息传播学院	播音与主持艺术
		软件学院	数字媒体艺术
8	吉林大学	新闻与传播学院	广播电视编导、播音与主持艺术
9	厦门大学	人文学院	戏剧影视文学
		艺术学院	数字媒体艺术
10	湖南大学	新闻传播与影视艺术学院	广播电视编导
11	北京航空航天大学	新媒体艺术与设计学院	动画、数字媒体艺术
12	重庆大学	艺术学院	动画
		美视电影学院	戏剧影视表演、播音主持艺术、戏剧影视文学等8个专业
13	四川大学	艺术学院	动画、广播电视编导
14	兰州大学	文学院	戏剧影视文学
15	同济大学	艺术与传媒学院	动画、广播电视编导
16	北京师范大学	艺术与传媒学院	戏剧影视文学、数字媒体艺术
17	中国人民大学	艺术学院	动画
18	华东师范大学	传播学院	广播电视编导、播音与主持艺术

世界一流大学建设高校共42所，由表4-1我们可以看到，开设传媒艺术类专业的高校有18所，占比42.9%；其中命名传媒的学院有3所，占比7.1%。18所高校中共开设传媒艺术类专业38个，其中属于戏剧与影视学类的有25个，占比65.8%，属于美术学、设计学类的有13个。其中开设比较多的专业有戏剧影视文学（7个），广播电视编导（7个），动画（7个），播音与主持艺术（5个）。整体上看，这些学校传媒艺术专业招生较早，一般始于世纪之交。如北京师范大学艺术与传媒学院影视专业在1994年便开始本科招生，清华大学美术学院于2000年增设动画专业，南京大学戏剧影视文学专业于2004年开始招生。

表 4-2 河南省公立本科高校传媒艺术类专业布局情况一览表

序号	高校	二级学院	传媒艺术类专业
1	郑州轻工业大学	艺术设计学院	数字媒体艺术、动画
2	河南工业大学	新闻与传播学院	播音与主持艺术
		设计艺术学院	动画、数字媒体艺术
3	河南科技大学	艺术与设计学院	动画
4	中原工学院	新闻与传播学院	广播电视编导、播音与主持艺术
		艺术设计学院	动画、摄影
5	河南大学	文学院	戏剧影视文学
		新闻与传播学院	广播电视编导、播音与主持艺术
		艺术学院	动画、摄影
6	河南师范大学	文学院	戏剧影视文学
7	信阳师范学院	传媒学院	戏剧影视文学、广播电视编导、播音与主持艺术、动画
8	周口师范学院	文学院	戏剧影视文学
		新闻与传媒学院	广播电视编导、播音与主持艺术
		美术学院	动画
9	安阳师范学院	传媒学院	广播电视编导、播音与主持艺术、影视摄影与制作
		美术学院	动画、摄影
10	许昌学院	文学与传媒学院	戏剧影视文学、播音与主持艺术
11	南阳师范学院	新闻与传播学院	广播电视编导、播音与主持艺术
12	洛阳师范学院	文学院	戏剧影视文学
		新闻与传播学院	广播电视编导、播音与主持艺术
13	商丘师范学院	传媒学院	广播电视编导、播音与主持艺术
		艺术设计学院	动画、摄影
14	郑州航空工业管理学院	艺术设计学院	动画
		航空学院	播音与主持艺术
15	黄淮学院	文化传媒学院	广播电视编导、播音与主持艺术
		动画学院	动画、数字媒体艺术
16	平顶山学院	文学院	戏剧影视文学
		新闻与传播学院	广播电视编导、播音与主持艺术
17	郑州工程技术学院	传媒学院	数字媒体艺术
18	洛阳理工学院	艺术设计学院	数字媒体艺术
		人文与社会科学学院	广播电视编导
19	新乡学院	新闻与传播学院	广播电视编导

续表

序号	高校	二级学院	传媒艺术类专业
		艺术学院	动画
20	安阳工学院	文法学院	广播电视编导、播音与主持艺术
		艺术设计学院	动画
21	河南工程学院	服装学院	表演
		艺术设计学院	数字媒体艺术
22	南阳理工学院	文法学院	广播电视编导、播音与主持艺术
		艺术设计学院	动画
23	河南城建学院	艺术设计学院	动画
24	郑州师范学院	传播学院	播音与主持艺术

河南省共有公立本科高校 38 所，通过表 4-2 可知，其中开设传媒艺术类专业的高校有 24 所，占比 63.2%，其中命名传媒的学院有 7 所，占比 18.4%。24 所高校共开设传媒艺术类专业 64 个，其中戏剧与影视学类专业 39 个，占比 60.9%，美术学、设计学类专业 25 个。其中开设较多专业有播音与主持艺术（16 个），动画（15 个），广播电视编导（14 个）。这些学校中，河南大学播音与主持艺术专业始于 1993 年，有较久远的历史，是国内第二所开设播音与主持艺术专业的高校。其他学校的传媒艺术专业多数兴建稍晚，如南阳师范学院广播电视编导专业于 2004 年开始招生，信阳师范学院播音与主持艺术专业 2006 年开始招生，安阳师范学院播音与主持艺术专业于 2009 年开始招生，广播电视编导专业于 2010 年开始招生。

表 4-3　甘肃省公立本科高校传媒艺术类专业布局情况一览表

序号	高校	二级学院	传媒艺术类专业
1	兰州大学	文学院	戏剧影视文学
2	兰州交通大学	艺术设计学院	动画
3	西北师范大学	传媒学院	广播电视编导、播音与主持艺术、动画
		教育技术学院	数字媒体艺术
4	兰州城市学院	传媒学院	广播电视编导、播音与主持艺术
5	天水师范学院	文学与文化传播学院	戏剧影视文学
6	河西学院	信息技术与传媒学院	数字媒体艺术
7	西北民族大学	新闻与传播学院	广播电视编导
		教育科学与技术学院	数字媒体艺术
8	甘肃民族师范学院	藏语系	戏剧影视文学（藏语）

续表

序号	高校	二级学院	传媒艺术类专业
9	兰州文理学院	文学院	戏剧影视文学
		新闻传播学院	播音与主持艺术
		美术与设计学院	戏剧影视美术设计

甘肃省共有17所公立本科高校，由表4-3我们可知，开设传媒艺术类专业的院校有9所，占比52.9%，其中有命名为传媒的学院3所，占比17.6%。9所学校中共开设16个传媒艺术类专业，其中属于戏剧与影视学类的有10个，占比62.5%，美术学、设计学类专业有6个。开设较多的专业有戏剧影视文学（4个），数字媒体艺术（3个），播音与主持艺术（3个）。西北师范大学广播电视编导专业开设于2000年，兰州大学戏剧影视文学专业开设于2002年，而其他高校的传媒艺术类专业一般开设于21世纪第二个十年前后。

以上的三个样本中，河南省高校开设传媒艺术类专业的比例最高为63.2%，这与河南是传媒艺术教育大省的身份相符合，其基本原因是河南省高等教育基础比较薄弱，21世纪以来，也是高校升格与扩招力度最大的省，传媒艺术类专业的招生在一定程度上可以解决更多学生上大学的问题。世界一流大学建设高校传媒艺术类专业开设比例最低，其原因也很明显，老牌院校比较严谨，以往优势学科较强，新增专业论证严谨，轻易不会大规模开设新专业，因而这些传媒艺术类专业较少，同时招生人数也比较少。而在经济发展比较落后的西部，对相关人才的需求较少，因而整体说来，甘肃省传媒艺术类专业开设的比例也相对较低，并且专业类型明显偏少。

这三类高校的数据足以让我们一窥传媒艺术类专业的开设情况。如果按60%的比例测算，全国开设传媒艺术类专业的本科院校超过700所，其中绝大多数是地方普通本科高校，尤其是2000年之后升本的高校。再一，戏剧与影视学类专业占比较高，大概在60%以上，这还不是人数的比例，如果是人数比例，戏剧与影视学类比例更高，因为动画、摄影、数字媒体艺术等专业在美术学、设计学类专业中属于小众，一般招生人数不多。

三、传媒学院的命名情况

另一个能审视传媒艺术教育发展状况的切口是高校内传媒学院的命名情况。在命名中，有单独只命名为传媒学院的，但更多是与其他学科相结合的命名方式，其中较多见的有新闻传媒学院、艺术与传媒学院、影视传媒学院、文化与传媒学院、文学与传媒学院等,这些命名在一定程度上也体现了中国高等教育发展过程中专业布局中的相互关系与渊源。

(一)传媒学院及新闻传媒学院

我们把传媒学院及新闻传媒学院放在一起来进行说明(见表4-4),是因为这类命名实际是新闻传播学院(新闻学院、传播学院、媒体学院)的升级版本,相比命名为新闻传播学院的院校,特点也比较明显。要么是有学科合并与整合,沿用新闻传播学院的名称不足以体现特色,要么是新闻传播学类的专业力量不是那么强,新闻传播学科专业不健全,而以传媒艺术类专业为特色。如苏州大学传媒学院始于1995年文学院下设的新闻传播系,2005年成立新闻传播学院,2009年苏州大学与凤凰卫视联合组建凤凰传媒学院,2017年更名为传媒学院。山东师范大学新闻与传媒学院前身是成立于1995年的传播学院,2011年专业整合后更名为传媒学院,2017年学科再度整合后更名为新闻与传媒学院。再如西南大学新闻传媒学院有广播电视编导、播音与主持艺术两个传媒艺术类本科专业,但只有新闻学一个新闻传播学类专业。扬州大学新闻与传媒学院的本科专业更为复杂,既有属于教育学类的教育技术学专业,也有属于新闻传播学类的广播电视学专业,还有摄影学与数字媒体艺术两个传媒艺术专业。

表4-4 国内高校传媒学校与新闻传媒学院对比一览表

命名方式	高校
传媒学院、传媒科学学院	苏州大学、东北师范大学、山西师范大学、武汉纺织大学、云南师范大学、西北师范大学、青岛科技大学、武汉纺织大学、重庆三峡学院、广西民族大学、枣庄学院等
新闻传媒学院、新闻与传媒学院	西南大学、山东师范大学、重庆师范大学、扬州大学、周口师范学院、绵阳师范学院、宜宾学院等

(二)艺术与传媒学院

在表4-5所示的命名方式中,学院名称往往会包含艺术与传媒两个词,由此也可以看出该类学院学科布局主要在艺术学科与传媒学科的情况。这里的艺术是指与传媒艺术相对的传统艺术,通常是指如音乐与舞蹈学类、美术学类、设计学类专业。这类学院中,传统艺术类专业往往开设较早,传媒类专业开设较晚,且以传媒艺术类专业为主,少部分学校有新闻传播学类专业,但也有极少部分学校没有传媒艺术类专业。其中的代表便是北京师范大学艺术与传媒学院,北京师范大学于1980年恢复组建艺术教育系,1983年招生音乐专业,1992年艺术系组建影视专业,直至2002年成立艺术与传媒学院,是国内艺术与传媒教育的重镇。再如同济大学艺术与传媒学院是在原有传播与艺术学院、电影学院和音乐系基础上整合成立的，本科有新闻大类（广播电视学、广告学）、广播电视编导、动画等专业。

表4-5　国内高校艺术与传媒学院相关命名不完整统计表

命名方式	高校
艺术与传媒学院、艺术传媒学院、传媒艺术学院、传媒与艺术学院、设计艺术与传媒学院等	北京师范大学、同济大学、中国地质大学、北京工商大学、重庆邮电大学、长江大学、四川农业大学、昆明理工大学、长江大学、南京理工大学、合肥师范学院等

（三）文学与传媒学院

表4-6所示的命名中，文学、文化与人文其实都是同一类，其发展前身都是文学院（中文系），后来在其基础上发展出新闻传播学类专业，或未经新闻传播学专业直接发展出传媒艺术类专业而命名为文化或者人文的，则往往有其他一些学科的整合。这些院系往往以中文（人文）教育为主，兼顾新闻传播学教育及传媒艺术教育。如中央财经大学文化与传媒学院始建于1962年，经历了汉语组、中文系的发展，2004年正式更名为文化与传媒学院。广东技术师范大学文学与传媒学院现有汉语言文学、新闻学、广播电视编导及网络与新媒体5个本科专业。而三峡大学文学与传媒学院则设置有汉语言文学、汉语国际教育、广播电视学、播音与主持艺术4个本科专业。

表4-6　国内高校文学与传媒学院相关命名不完整统计表

命名方式	高校
文学与传媒学院、文化与传媒学院、人文与传媒学院	贵州大学、三峡大学、湖北民族学院、中央财经大学、贺州学院、重庆文理学院、辽宁工业大学、江西科技学院、新疆财经大学、许昌学院、广东技术师范大学、岭南师范学院等

（四）影视与传媒学院

在表4-7所示的命名方式中，学院名称往往会包含影视与传媒两个词。其定位往往是以影视艺术教育为特色，兼顾艺术学科与新闻传播学科教育。这些学院成立时间都比较晚，实际是近几年影视产业快速发展下的产物，体现了相关学校对影视学科的重视。如四川师范大学影视与传媒学院成立于2015年，以戏剧影视创作与新媒体传播为特色。学院有数字媒体艺术、戏剧影视导演、网络与新媒体等9个专业。而上海师范大学于2019年成立影视传媒学院，由原谢晋影视艺术学院与原人文与传播学院的戏剧与影视学、艺术学理论、新闻传播学等学科及相关专业共同组建而成。

表 4-7 国内高校影视与传媒学院相关命名不完整统计表

命名方式	高校
影视传媒学院、影视与传媒学院、传媒与影视学院、戏剧影视与传媒学院	江苏师范大学、沈阳城市学院、上海师范大学、四川师范大学、武昌理工学院、武汉设计工程学院等

（五）非常规命名

还有一些传媒学院的命名则不是那么规则，见表4-8，往往与不太相关的学科组合在一起。其原因大概有两个，一个是为体现特色定位，如浙江大学传媒与国际文化学院体现其传媒教育的国际化定位，兰州财经大学商务传媒学院则是努力将传媒学科与学校特色财经相结合。另一个则是体现某种学科整合的思路，一个学院内有若干学科，单一学科不足以支持一个学院，如桂林理工大学公共管理与传媒学院、河西学院信息技术与传媒学院。

表 4-8 国内传媒学院非常规命名不完整统计表

命名方式	高校
传媒与国际文化学院、公共管理与传媒学院、传媒与文化产业学院、传媒与演艺学院、商务传媒学院、信息技术与传媒学院	浙江大学、桂林理工大学、三亚学院、成都文理学院、兰州财经大学、河西学院等

四、当下传媒艺术教育的格局

李明海在其博士论文《媒体融合语境下高校传媒人才培养模式创新研究》中提出："目前国内高等传媒教育格局发生了巨大变化，传媒人才培养呈现'两种取向'，形成'三大阵营'。"❶ 虽然其论述的传媒人才培养与我们所言的传媒艺术教育有所区别，但我们依然可以借鉴李明海的观点，将当下传媒艺术教育的格局总结为两种取向、三大阵营、四种渊源、五大力量。

（一）两种取向

李明海博士所谓的两种取向是指新闻传播教育与传媒艺术教育，但他将传媒艺术教育等同于戏剧与影视学教育，而忽视了在美术学类、设计学类中存在的传媒艺术类专业。因而仅看传媒艺术教育的学科布局其两种取向也很明显，一是戏剧与影视学学科，二是美

---

❶ 李明海. 媒体融合语境下高校传媒人才培养模式创新研究[D]. 重庆：西南大学，2017.

术学与设计学学科，需要说明的是，虽然在 2011 年之后，国家专业目录将美术学与设计学分开作为两个一级学科，但是其实二者同源，因而我们依然把它们看成一类。

（二）三大阵营

传媒艺术教育的三大阵营是指传媒人才培养的专门院校、重点综合性大学及地方普通高校。我们认为这种划分很具代表性，很好地体现了传媒艺术类专业发展与国家教育政策发展的密切关联。传媒艺术类专业院校，其立校之初便开始进行传媒艺术教育，虽然当时传媒艺术学科还未获命名，但这些高校是进行传媒艺术教育的主干力量，也是传统力量。而老牌综合性大学传媒艺术类专业的设立与 21 世纪之后的大学扩招有密切的关系，多数学校传媒艺术教育小而精，很具特色。而地方普通本科院校则在那时刚刚升本，在进行 10 年本科教育之后，面临新一轮的专业建设，适逢 2011 年艺术学由一级学科上升为门类学科，传媒艺术作为一个新兴学科被提出，正是在这样的背景下，传媒艺术类专业开始在地方本科院校"野蛮生长"开来，这些院校、专业、人数占据传媒艺术教育的最大多数，也是传媒艺术教育繁盛的体现。因而所谓传媒艺术教育的三大阵营是指在学校类型上，传媒艺术教育从传媒艺术类专业院校发展到重点综合性大学再到地方普通本科院校，成为当下高等教育中一股不可忽视的重要力量。

（三）四种渊源

发展新的传媒艺术教育，必须有一定的相关学科为基础，这就是学科渊源的问题。这种学科渊源在学科发展史上最直观的体现是某专业的前身是某专业方向。以河南省高校为例，河南大学播音与主持艺术专业的前身是汉语言文学专业（播音与主持方向），黄淮学院广播电视编导专业的前身是广播电视新闻学专业（电视编导方向），安阳师范学院广播电视编导专业的前身是教育技术学专业（教育电视编导方向）。从上文所言的传媒学院的命名情况，我们也可以明显看出新闻传播学、传统艺术学、文学是传媒艺术教育的三大渊源。

新闻传播学教育发展出传媒艺术教育是非常容易理解的。在广义上传媒艺术本就属于新闻传播学的范畴，尤其是广播电视编导、播音与主持艺术，这两个电视艺术类专业对新闻传播学科素养要求较高，新闻传播学是其重要的支持学科。而传统艺术教育中生出传媒艺术之花也很正常，毕竟摄影、动画、数字媒体艺术本就是美术学科在新时代发展的产物。即使是产生影视学科也不意外，毕竟摄影是电影艺术的前身，同时影视艺术作为综合艺术自然会受到造型艺术的影响，况且同属于艺术学门类学科之下，基本的艺术生产规律是一致。从文学教育中生出传媒艺术则是将传媒艺术视为与文学艺术一样的文本，这样依靠文学创作与文学研究的力量很容易生出戏剧影视文学专业，而依托语言学教学研究力量则能产生播音与主持艺术专业。

除了这三大学科渊源，传媒艺术学还有另外一个重要渊源，那就是教育技术学，只不过在当下的学院命名中，我们已经很少能看出这个渊源。就像在上文中所提到的那样，很多学校的广播电视编导专业甚至是新闻传播学专业都是由教育技术学专业发展而来的。在我们检索各个传媒学院的发展历史时就能看到，很多传媒学院都是从教育技术系或者电教中心发展而来的。如陕西师范大学新闻与传播学院建院基础便有教育技术系、电教影视中心。甚至现在有些学校教育技术学专业依然在传媒学院，如扬州大学新闻与传媒学院，曲阜师范大学传媒学院。由于师范类高校在历史上普遍存在教育技术学专业，所以这一现象在师范类高校中尤为普遍。究其原因，教育技术学原称电化教育，最直观的理解是这一专业是研究教育媒介的，而教育媒介本身就是传播媒介，二者具有共同性。具体来说，很长一段时间最主要的先进的教育技术工具就是教育电视，所以计算机广泛应用于教育之前，教育技术学专业都有着电视技术与艺术的基础。因而我们所谓的传媒艺术教育的四种渊源是指新闻传播学、传统艺术学、文学、教育技术学四大学科共同推动促成了传媒艺术教育的发展繁荣。

（四）五大力量

传媒学院的命名及传媒艺术教育的渊源问题在一定程度上也将传媒艺术教育的几大主要力量体现了出来。一是新闻传播学院，正像上文中所说到的，新闻传播学院一般有着较为雄厚的新闻传播学教育基础，传媒艺术教育在当中多数处于补充地位。如武汉大学新闻与传播学院、华东师范大学传播学院。二是大量的艺术学院（美术、设计）也在进行传媒艺术教育，其中主要是摄影、动画、数字媒体艺术三个属于美术学与设计学类的专业。如清华大学美术学院、北京大学艺术学院。三是命名为"传媒"的学院，这些学院往往是新兴学院，以传媒艺术教育为主，是各地方高等院校进行传媒艺术教育的主力。四是文学院（文化、人文、文法），文学院中所存在的传媒艺术教育往往是由文学学科发展而来的，比较多见的是戏剧影视文学专业及播音与主持艺术专业，体现出文学院在文学创作及语言学方面的优势积累。如南京大学文学院、河南大学文学院。五是影视学院，这些学院以影视教育为特色，传媒艺术专业自然是其主体。如重庆大学美视电影学院、辽宁大学广播影视学院、河北科技大学影视学院等。因而传媒艺术教育的五大力量是指在学院分布上多数传媒艺术学专业处于新闻传播学院、艺术学院、传媒学院、文学院及影视学院。

五、结语

可以说传媒艺术教育发展迅速、规模比较大,但是由此可以窥视到的问题也不容小觑。首先,传媒艺术教育发展极其不均衡。在传媒艺术教育的三大阵营中,传媒艺术类专业院校具有明显的优势,在学科集群、师资力量及专业性等方面均让其他高校无可匹敌。重点综合大学中的传媒艺术教育,虽然一般规模比较小,但是遵循小而精的原则,往往能够创造特色。而地方普通本科院校的传媒艺术教育处于传媒艺术教育金字塔的底层,传媒艺术教育"野蛮生长"的情况非常普遍,但是其在专业性、师资、教学资源等方面都有明显的不足。再加之按艺术类招生,学生基本的文化课素质不过关,很多学生没有专业兴趣,毕业后也未必会从事相关工作,传媒艺术专业只是其低分上大学的一个捷径。如果说高等教育已经由精英教育变成大众教育,那么很多地方院校的传媒艺术教育其实也已经蜕化成单纯学历教育而脱离了应有的专业教育属性。其次,传媒艺术教育渊源多元,这虽然符合传媒艺术专业的跨学科特点,但是也使不同学校的传媒艺术教育处于不同的圈层之中,对传媒艺术教育的认知也不相同。如有些学校重视基本的艺术素养教育,有些则重视新闻传播素质教育,而有些学校重视艺术技巧教育,更有些学校重视技术教育,差别很大,有时很难对话,传媒艺术教育的格局整体比较混乱。

学界对以上问题有所思考,也提出了一些解决策略,如可以从教学体系、教学环境、校企合作、教师团队等方面入手,提高教学质量提升教学层次等。❶ 但是问题的解决不是那么容易,正像刘莉、包德述所说:"这些解决策略,对传媒艺术教育发展的认识仍遵循着传统艺术教育的思维和思路,换言之这是放到任何一个学科教育中都皆准的建议。"❷ 不仅如此,传媒艺术类专业受国家政策及时代影响远超过其他专业,问题的解决也不是仅靠一校一专业"苦练内功"就可以的。传媒艺术教育下一步发展将进一步受到政策的影响,其中最重要的便是招生政策的调整。在艺术类单招政策上,教育部在此前已经取消绝大多数学校的校考,除独立设置的本科艺术院校外,文学编导类专业均使用省级统考成绩,高校不再单独组织招生考试。而有观点一直认为文学编导类完全可以不按艺术类招生,而直接依据文化课成绩录取。如吉林大学 2019 年开始戏剧与影视学类(含播音与主持艺术、广播电视编导两个专业)学生无须参加艺术专业加试,在普通

---

❶ 张恒山. 媒介融合业态下高校传媒艺术教育改革探索[J]. 艺术教育,2019(10):132-133.
❷ 刘莉,包德述. 对传媒艺术教育中新媒体技术运用的思考——一种"技术中介"视野[J]. 中华文化论坛,2017(8):53-59.

类专业相应批次录取有该专业志愿的考生。❶2020年又出现了一些新情况，受疫情的影响很多学校无法组织校考，也开始采用类似的政策，如吉林艺术学院等。从2022年开始，辽宁省也将取消戏剧影视导演、戏剧影视文学、广播电视编导3个专业省统一考试，招生院校可以自己组织校考或直接安排按普通类专业相应批次录取。❷随着这些政策的实施，将会给传媒艺术教育带来新的挑战，但也可能是改变当下传媒艺术专业"野蛮生长"现状的新机遇，传媒艺术教育的格局将会有进一步的发展。

（作者王家东系安阳师范学院传媒学院副教授，
华中科技大学新闻与信息传播学院2020级博士研究生）

---

❶ 吉林大学招生网.吉林大学2020年戏剧与影视学类招生通告［EB/OL］.（2020-01-22）［2020-04-11］.http://zsb.jlu.edu.cn/cont/1673.html.

❷ 中国教育在线.辽宁省2020年普通高校艺术类考试招生将做部分调整［EB/OL］.（2019-08-29）［2020-04-08］.https://gaokao.eol.cn/liao_ning/dongtai/201908/t20190829_1680649.shtml

基于融媒体背景下的传媒类高职院校无人机航拍教学研究

——以山东传媒职业学院"无人机航拍"课程教学改革为例

摘　要：本文在融媒体快速发展的背景下，充分考虑传媒类高职院校教学的特点，结合已经实践过的教学经验，根据融媒体发展形势下对人才培养的新要求，在无人机航拍程内分方向分班教学的方法，以期培养能够适应当下行业一线需要的复合型传媒类人才。

关键词：融媒体；分方向教学；无人机航拍

一、专业课分方向教学，化解无人机航拍产学结合难题

新时期以来，伴随着融媒体的发展，产业对人才提出了更高的要求，也对高职院校的人才培养模式提出了更高的要求。2019年1月25日上午，中共中央政治局就全媒体时代和媒体融合发展举行第十二次集体学习。中共中央总书记习近平在主持学习时强调，推动媒体融合发展、建设全媒体成为我们面临的一项紧迫课题。要运用信息革命成果，推动媒体融合向纵深发展，做大做强主流舆论，巩固全党全国人民团结奋斗的共同思想基础，为实现"两个一百年"奋斗目标、实现中华民族伟大复兴的中国梦提供强大精神力量和舆论支持。习近平总书记指出，党报、党刊、党台、党网等主流媒体必须紧跟时代，大胆运用新技术、新机制、新模式，加快融合发展步伐，实现宣传效果的最大化和最优化。

近些年，媒体行业发展快速，尤其是新兴媒体快速发展，媒体行业迎来了巨大的转机。传统媒体如电视台、报纸都在加快速度使用新媒体的发展。尤其是网络平台的出现，如抖音、快手等新媒体，加速了自媒体的发展，也给传统媒体的发展转型提出了新的要求。从中央到地方，各地区开展新媒体建设平台，从省市到区县，都开办了新媒体融媒体中心，切实推进融媒体新媒体的建设。针对这种情况，我们的传媒类院校的教学也要转型提高，以适应最新的社会和媒体发展需要。

2019年4月1日，人力资源和社会保障部、国家市场监管总局、国家统计局联合发布13个新职业信息，其中就有无人机驾驶员。它的定义是面向无人机技术应用，通过远程控制设备，完成既定飞行任务，影像航拍、灾害救援、国土调查等领域。制造、驾驶、修理无人机、高素质技能型人才。2018年，济南市交警队使用无人机进行执法，无人机作为一门高精尖的摄影手段，已经成为未来摄影摄像师必备的技术手段。而无人机安全风险高，无人机飞行器构造复杂，国家也出台了相应的无人机飞行安全与相关法规，学生在这些方面还不具备必要的素质，相应的需要有专业教师进行一定的指导和培训。

目前，国内已经开设有无人机应用技术专业，属于理工科类，主要培养目标是制造、驾驶、修理无人机的高素质技能型人才，开设课程也是偏向技术类。随着我国开放低空空域的相关政策的公布，各界对多轴无人机专业人才的需求日益增加。然而，全日制多轴无人机专业在高教界仍是空白，而很多选修课程的知识背景都是由其他科目转化来的，存在一定的局限性。❶ 而传媒类高校开设无人机专业，目标应该是侧重于无人机的拍摄和创作，利用无人机，实现拍摄。所以，前导课程应该包括摄影构图、视听语言等一系列相关的课程，以培养学生的摄影意识为主，加强学生的艺术修养。

面对这种形式，我们应该及时转型，结合新媒体的特点，在现有范围之内，及时修订人才培养方案，合理开发相应的配套课程，并根据传媒业态发展，及时调整课程体系，打造一套机动化、模块化的人才培养模式。教育部原部长陈宝生对职业教育的要求是"把专业建在产业链上，把学校建在开发区里"，本着这种先进的职业教育理念，我们的学科建设和人才培养方案也要及时更新。但由于教育管理的背景，专业审批和课程建设需要一定的周期去完成，所以我们很难及时调整，紧跟形势的发展。

如何在有限的条件下，尽可能地提高课程调整的灵活性，破解摆在我们面前的问题，适应快速发展的融媒体产业，就成为摆在每个教育工作者面前的问题。以摄影专业为例，近几年，就有无人机航拍、VR摄影、网络直播等新兴专业方向出现，如果摄影课程建设还停留在传统的照相机时代，培养的人才将很难快速适应当今的形势，直接影响毕业生就业情况。所以，施行专业课分方向教学就是破解这一问题的一个有效方法。

针对快速发展的媒体的变化，传媒类职业院校的人才培养工作很难紧跟媒体发展，快速调整，针对这一矛盾，我们提出了分方向教学的改革工作，具体做法是在一门专业课下，根据学校情况和学科技术的发展，开设不同方向以供学生进行选择。这样一来，学生可以根据自己的兴趣和爱好，报名不同的专业，经过测试和选拔，分到不同的项目组，能让学生在实践中锻炼自己，也可以及时掌握最新的技术。

---

❶ 苏挺超，陈阳键. 论高等教育领域多轴无人机实训室的建设 [J]. 电脑知识与技术，2016，12（18）：230-231.

目前，国内传媒类职业院校还没有对这一方法有系统和建设性的研究。大多数研究，主要集中在课程框架内，或者集中在对某一课题，很少有深入一个课程的分方向上面，尤其是在传媒类院校，因为专业课程本身的特点，这种研究就显得更为重要了。

二、"五位一体"考核方法落实分方向教学改革

习近平总书记在全国高校思想政治工作会议上强调："要坚持把立德树人作为中心环节，把思想政治工作贯穿教育教学全过程，实现全程育人、全方位育人。"培养大学生的家国情怀、责任担当、敬业精神、团队精神，以及民族自豪感、创新精神，越来越在大学生职业素养中发挥着重要作用。对大学生的教育包括了思想政治教育、文化教育、审美教育。

目前教学中，存在着不能正确认识知识传授与价值引领之间的关系，"全课程育人理念"没有完全树立起来，不能正确处理好显性课程与隐性课程之间的关系，不能统筹处理好育才能力和育德能力的关系等种种问题。尤其是面对融媒体的快速发展，专业建设和人才培养模式不能尽快跟上产业变化成为最大问题。

无人机航拍课程的教学，不仅是航拍基础理论知识的传授，优秀航拍作品的赏析，更重要的是让选修这门课程的大学生能够通过实际操控无人机航拍，发现和创造无人机航拍的美，这个过程是大学生艺术素养的培养过程，也是提高大学生复合能力的有效途径。❶

所以，要通过打造"五位一体"考核方法落实分方向教学改革，改过去的期末考试为阶段性伴随式考核，改单纯的考试为多方位立体化的考核方式。以"无人机航拍"课程为例，该课程的考核方式分成了平时成绩（10%）及微电影创作过程（20%）、航空知识理论考试（20%）、模拟器飞行（20%）、无人机真机飞行（20%）、网络点击量（10%）五个部分，充分考核学生各方面的表现。

一种是国内同类院校较成型和成熟的培养方法是工作室制度。如日照职业学院开展了工作室培养制度，在学校的统一领导下，专业教师针对自己的专业特色和特长开办专业工作室，招募学生进入工作室；开展灵活的学分置换制度，将学生在工作室的工作转换成课堂上的学分，既保证了学生的学习和毕业，又保证了工作室的正常运营和工作。通过教师和学生的双向选择，遴选学生进入工作室，在真实的项目化和实训中锻炼学生的动手能力，将课堂上学到的知识运用到实训中去。

这种制度的优点是长期性、固定性，学生可以在稳定的团队和工作室中进行锻炼，

---

❶ 吴亚明.论高校无人机航拍公选课程的设置与优化［J］.西部素质教育，2017，3（23）：136-137.

提高学生的实践能力，项目真实，及时跟社会对接，方便学生在毕业后进入社会及时上手传媒工作。

另一种是引入国外的大师工作坊形势。如中国传媒大学南广学院摄影学院，就在大师工作坊上进行了探索和实践。邀请国内外著名摄影大师，通过大师的专业特长和特色，选择适当的开展方向进行为期一周的创作。如开设过针孔摄影、纪实摄影、人像摄影等专业工作坊，教师先讲授理论，学生进行创作，最后教师总结和点评作品，以展览的形式进行展出，作为课程的总结。

这种方式的好处是培训周期短，有利于学生学习和掌握，而且可以提高学生的兴趣，帮助学生在短时间内快速了解一个学科和专业，可以在一个专业下进行细分和拓展。问题是缺乏长期性和深入性，后期需要学生进行自觉学习，深入钻研，形成良好的学习氛围，对学生的素养要求高。

以山东传媒职业学院影视制作系"类型摄像——无人机航拍课程"为例，该课程设置在第三学期，这是建立在第一学期摄影基础和第二学期电视摄像的基础之上，在学生已经具备了一定的摄影摄像专业能力之后，为部分对无人机航拍感兴趣的同学设计的，满足同学们对某一摄影细分领域的专业学习的需求，也让他们掌握一门专业的摄影技能，为第四学期的摄影创作课打下坚实的基础，也为他们的实习和就业打下坚实的基础。经过一学期的教学实施，整体效果比较满意。

同时，还开设了 VR 摄像课程和演播室摄像，都是目前摄影摄像领域比较前沿的课程，三门课程互相配合，互相补充，如无人机可以结合 VR 摄像共同拍摄航拍的 VR 影像，两门课的学生也可以利用各自所学的知识共同创作，可以说是一举两得。

根据无人机航拍专业的特点，重点培养学生的航线规划能力、镜头设计能力、航拍摄影构图能力、单双控操作无人机，以及无人机修理技能。同时具备无人机的理论知识，熟悉航空气象知识，无人机航拍的语言。培养学生良好的人际沟通能力和团队合作的能力，能够适应复杂无人机拍摄环境，保证安全完成拍摄任务。能够发挥宣传作用，积极弘扬社会正能量，为社会主义核心价值观的建设贡献自己的一份力量。通过 无人机进行新闻节目的拍摄时可以选择距离地面一定高度的位置进行俯拍，这种高距离落差的视角拍摄可以给新闻节目营造一种独特的视觉效果。[1] 这对新闻宣传工作提供了很好的方法。无人机的发明为电视新闻的发展提供了一个新的思路，促进了电视新闻行业的升级与变革。[2]

结合影视行业对无人机驾驶员的岗位需求，严格按照国家民航局下属的中国航空器

---

[1] 李浩楚. 无人机在新闻节目中的应用 [J]. 视听，2018（5）：138-139.
[2] 李斐. 无人机在电视新闻中的应用及发展前景探究 [J]. 视听，2018（1）：162-163.

拥有者及驾驶员协会机长考试项目设置教学内容，力求实现《国家职业教育改革实施方案》中要求的"学历证书+若干职业技能证书培养"（简称"1+X"）培养体系，实现教学内容与职业技能证书培养无缝对接。

随着网络教学和线上线下混合式教学的工作开展，过去简单的考核方式已经不适应当前的发展，也不适应新媒体的教学工作，更不利于对学生开展教学工作。所以，设计和打造"五位一体"考核方法就显得非常有必要。

无人机等一系列课程都是强调动手能力的专业，所以考核方法也不能局限于单纯的以笔试打分，而是实行多元的考核办法，使得考核方式实现模块化、客观化、可量化，实行"五位一体"的考核方法。其中平时成绩占比10%，航空知识理论考试占比20%、模拟器飞行占比20%、无人机真机飞行占比20%、微电影创作过程占比20%、微电影网络点击量占比10%。通过线上线下等一系列考核方式，丰富学生的考核点，提高学生的考核兴趣，多方面锻炼学生的各项能力，也符合新时期国家对大学生人才培养提出的新标准、新要求。

其中，微电影创作过程中实行小组合作，不再对同一小组内的同学进行一样的打分，而是根据在创作过程中担任的具体职务和完成的情况进行打分，这样一来，有效促进了学生的积极性，使不同特长的同学得以各自发挥，一定程度地避免了名不副实的拍摄。同时，也不再使用期末一次打分的方式，而是根据微电影创作的过程，实行分步分阶段打分，根据各个阶段完成的情况进行阶段给分，有效控制了微电影创作过程中各个阶段的质量，保证了最终成片的效果。引入学生互评机制，实行同学之间的互相监督、互相促进，避免了老师一元化的打分模式，最大限度地保证了得分的客观性，实现了公平公正的考核标准。

三、结合项目化教学法提高无人机航拍实践能力

经过项目化教学法，提高实践能力。经过笔者的实践，总结了一套完整的模拟和训练方案。下面就以"无人机航拍"这门课程为例，探讨在教学过程中使用项目化教学法的利弊。在航拍微电影创作项目中实践锻炼，同时，选拔优秀的学生参加全国大学生无人机航拍大赛，实现以赛促学的教学过程。使用线上线下混合教学法，充分使用信息化教学手段，课前预习，课上解决问题，课后创作实践。

课前，通过网络云平台上传教学视频，供学生自学，学生在自己的电脑上通过飞行模拟器进行模拟飞行。充分利用网络的优势，避开学习高峰，让学生错峰学习。通过课前学习，让学生充分了解基础知识，调动学生的积极性，通过自学和主动学习，将学习的效率最大化，充分利用课上学习的时间进行答疑解惑。

课上，学生在封闭安全的场地中使用真机进行实践训练，掌握基本的飞行及拍摄方法。教师及时发现并解决问题。在课前的自主学习中学生充分掌握了必要的基础知识，最大化利用课上时间，锻炼学生的实践能力。同时，通过讨论剧本和分镜头设计，让学生在实践中锻炼他们的学习能力，在真实的项目中提高自己的修养，充分利用项目化教学。

课后，学生根据文学剧本、分镜剧本、故事版及规划航路，进行航拍微电影的创作。通过真实项目的锻炼，将理论和实践相结合，充分体现出项目化教学的优势。同时，由于进行了分方向教学，可以分成多个小班，进行小班制教学。大大提高了教学的效率，也保障了实践教学的效率，使得教学的成果大大提高。

随着航拍技术的不断发展，航拍会越来越多地应用在电视节目中，给观众带来更多的创新和视觉享受。但航拍不是一般的拍摄，对航拍设备选择、飞行高度、飞行线路、气象条件等有着特殊而严格的要求，是一项风险极高的拍摄活动。❶ 本教学方法结合无人机航拍的特点，创新性地使用了"模拟飞行+真机飞行"的教学方法，既激发了学生的学习兴趣，又降低了飞行事故的风险，有效解决了教学重难点，为无人机教学积累了宝贵的经验。使学生建立起无人机安全飞行的操纵意识，以及通过操控无人机遥控器来实现对无人机的控制能力。在人机交互方面，让学生完成对无人机基本操纵技术的掌握，从而减少无人机操纵教学中不必要的损失。❷

四、无人机航拍教学的实践经验与探索

通过研究媒体融合新阶段，特别是高校教学中某一类专业或者学科通识课程的研究思路问题，明确和探讨了高职传媒类教育教学中专业基础通识课程缺失的问题，解决了传媒类专业学科教学中高校航拍摄影的课程体系。目标是将航拍摄影师的培训与大学的教学相结合，探讨如何在大学开设航拍摄影课程，培养具有高水准的航拍摄影师。为解决学生长期从事传媒技术工作和解决传媒教育类教师进行专业教学，提供了专业指导方案。

通过笔者长期研究和教学实践，总结了一些专业课分方向的经验和成果。目前的研究成果主要是"无人机航拍"课程标准。主要为广播影视节目制作、影视编导、摄影摄像技术等专业的专业拓展课程提供专业支持。

---

❶ 张晨光.浅谈无人机航拍技术在电视节目中的应用[J].现代电视技术，2016（6）：118-120.
❷ 赵志豪，杨增和.无人机航拍教学在传媒类专业教学的现状与创新[J].传播与版权，2017（12）：144-145.

一是制订统一的指导流程和评价体系。在教学方法上，着重制定对实训项目的讲评内容，规范整个实训过程，保证学生对实训内容和理论内容的吸收；将评价体系引入教学整个过程，变过去单一的期末评价为学习过程中的伴随式评价，也便于学生及时在创作过程中拨乱反正，作为教师也改变过去单一的从整体综合评价为分割式阶段评价。确定本课程的专业领域、课题研究对象的课程名称和课程性质；确定无人机航拍课程的课程性质与任务；确定课程的教学目标，包括知识目标、能力目标、素质目标；确定课程的参考学时、学分；确定课程内容和要求，主要包括内容设计、学习情境与能力训练设计、教学进度设计；教学建议，包括教学方法、评价方法、教学条件和教材选用。

二是"高职院校无人机航拍课程"体系建设。这样一套体系建立完成，其他院校可以效仿，在本院校的基础上建立适合自己的无人机航拍教学。到时候，会有越来越多的国内高校开展无人机航拍课程，为我国培养出更多优秀的无人机航拍摄影师。

通过对传媒类高校专业课分方向教学的研究与实践，我们不难发现，为了提高教学的效果，我们可以在教学中不断提高学生的能动性，不断应用最新的教学和培训手法，让学生在最新的技术保障下提高学习效率。在如今快速变化的时代，媒体快速的发展需要传媒类学校紧跟时代和发展，积极探索能适应媒体发展的新手段，充分通过课上课下综合教学法，利用翻转课堂和优慕课技术，利用网络化和新型教学手段，如 VR 摄影手段，加快学生的理解能力和掌握能力。

利用新技术，有利于专业思政落到实处，有利于培养德、智、体、美、劳全面发展的大学生，有利于对大学生团体的社会主义核心价值观的培养。社会主义核心价值观是社会主义核心价值体系的内核，体现社会主义核心价值体系的根本性质和基本特征，反映社会主义核心价值体系的丰富内涵和实践要求，是社会主义核心价值体系的高度凝练和集中表达。通过传媒的培养，有利于美育育人，通过艺术培养，让学生具有高度的审美。

为了培养出能适应新媒体的传媒工作者，可以通过修订最新的人才培养方案，打造最新的人才培养模式，一定要培养紧跟社会形势的毕业生，既掌握专业应有的专业体系，行业必备的知识技能，又能够拥有正确的社会主义核心价值观，以及最新的行业发展理念，熟练操作最新的设备，真正贯彻"思政育人"的职业教育理念，做到对人才培养的立体化、全面化，培养高精尖人才。

综上所述，结合一线教学经验，我们不难发现，通过提出一门课程内分方向分班教学的方法，可以很好地解决目前融媒体快速发展对人才培养带来的新需求。而结合这样的方式开展对无人机航拍课程的教学工作，对学生而言，可改变样样学、样样通但样样松的学习现状。同时也可以针对性解决学生就业应聘时，重点课程专业知识、技能不突出的问题。通过实施分方向培养，培养目标更加明确，课程内容设置更加切合学生就业的实际，教学效果明显。❶可以更好地适应当前融媒体产业的新形势，有利于传媒类职业高校培养出更多更好的人才，促进我国传媒事业的发展。

可以预见的是，随着科技的发展，在不远的将来，无人机成本的降低可以继续降低无人机的门槛，让更多的人拥有无人机，而如何教授更多人掌握无人机航拍技术，服务更多行业的需求，就成为我们教学改革所面临的另一个难题。因为无人机作为新兴产业，需要教师和学生在学中做，做中学，所以要求教学环节的设计、实训的方式方法、项目化教学的继续创新。同时，如何将思政育人融入无人机教学中去，融入传媒类高职院校的教育中去，都是我们亟须解决的问题。

无人机的更加智能化，也将让无人机航拍能实现更多的功能，达到更好的拍摄效果，对我们课程设置和教学设计的更新速度也提出了新的要求。改变无人机航拍的教学流程，加大无人机教学的改革力度，提高无人机航拍的教学水平，为我国培养出更多更好的无人机航拍操作人员，为思政育人和传媒教育探索出新的教学模式，将是我们不懈努力的方向。

（作者巩政系山东传媒职业学院影视制作系讲师）

---

❶ 侯志杰，徐绍田. 高职教育艺术设计专业教学模式改革与探索[J]. 潍坊教育学院学报，2007（2）：17-18.

"融媒"时代我国高校美育的教学实践研究

摘　要： 高校学生在大学毕业之后，社会对于他们的考量的标准不再是单线的"学习成绩优异"，而是多维的并驾齐驱的综合实力。所以，发挥传统美育的教学，是新时期高校的重要组成部分。在融媒体的时代背景下，高校的美育教学不仅仅停留在"老师教、学生学"的方式，增加了网络、纸媒、电信三网融合的接收和传递信息的方式。互联网改变了人们的生活方式，也改变了高校传统美育的教学方式，学生的鉴赏水平有了变化，接收信息的内容也更加鱼龙混杂，我们需要发挥互联网的优势来传播美育之正能量，建构新时期的高校美育的教学体系和模式。

关键词： 融媒；美育；高校；教学实践

中华美育在几千年的传承中，为我们留下了宝贵的文化财富。高等学校承载着培养祖国青年一代的重任，这些青年学子关乎着祖国未来的前进和希望，所以，学习、传播和传承美育在高校中承担了举足轻重的作用。除了专业知识的学习，更要培养和完善我国高校学生的艺术修养和人文情怀。

"80后""90后"甚至是"00后"学生，是与互联网的发展共同成长起来的一代人，手机端和PC端几乎是每个人每天的必备品，时代就在指尖的滑动中一点一滴地改变着。"互联网+教育"也是当今高校的一种崭新的教学模式，如慕课、超星学术视频、网易公开课等，这些教学软件为学生们提供了大量的教学信息资源，学生可以搜索感兴趣的课程进行远程学习。但我们仔细观察这些视频，多数都是学科层面上的知识传授，只有艺术专业才有少数的美育课程，而这些美育课程也并没有作为大众化的美育培养目标，而是划分在各个艺术学科的门类之下。

一、"融媒"时代我国高校美育的现状

"融媒"，即"媒介融合"，最早在20世纪70年代末由美国麻省理工学院媒体实验室主任尼古拉斯·尼葛洛庞蒂提出，他针对计算机与互联网的迅速发展指出："（当前）

所有的传播技术正在遭受联合变形之苦，只有不把它们作为单个事物对待时，它们才能得到适当的理解"。❶ 互联网和数字化技术带来的不仅仅是形式和科技的改变，更是人们的思维模式和人们接收、传播信息模式的改变。而"融媒"时代的到来，意味着通过互联网和数字技术可以使"音频、视频、图片、文字等多介质、多形态信息的互文性、互联性融合，且可以通过一种网络或接收终端予以信息传递或显示"❷。从三网融合（电信网、广播电视网和互联网）、全媒体时代的到来、媒介技术融合等趋势来看，我们已经进入"融媒"时代，在这样的时期下，艺术的创作和生产及人们对于"美"的领悟和追求都会有日新月异的改变。高校承载了孕育青年学子的任务，而这些学生未来是国家发展的主力军，是担当国家重任的强心剂。

丰子恺老先生曾这样形容美育："人民每天瞻仰这样完美无缺的美术品，不知不觉中精神蒙其涵养，感受其陶冶，自然养成健全的人格。"蔡元培也曾提出："美育之目的，在陶冶活泼敏锐之性灵，养成高尚纯洁之人格。"1999年，中共中央、国务院在《关于深化教育改革全面推进素质教育的决定》中第一次正式将美育写入国家教育方针，并与德育、智育、体育并列共同成为素质教育的重要组成部分。2015年9月，国务院办公厅印发《关于全面加强和改进学校美育工作的意见》，成为我国第一个美育工作的指导文件。❸ 由此可见，美术、音乐或其他的艺术形式能够使人的心性、品格得到很好的修炼，美育，从人年幼时开始，历经人的一生，都有很重要的作用，它能使人的心性更通透，使社会更有秩序，使人类的文明更加醇厚。这些青年学子的食、宿、学都依附于学校提供的环境，所以，高校的美育教学环境对于学生在青年时代的身心发展起到了关键的作用。美育不同于智识的教育，它能够滋养人的心灵，在艺术的鉴赏与实践中获得人生的修行，使人的情感得到升华，使人的灵魂更加纯粹，拥有广阔的气度和胸怀，所以，美育对于高校学子的人格塑造是至关重要的。拥有良好的人格素养，甚至比学习专业知识更重要。学生未来的人生里，充满了无数的可能性，也有很广阔的天地等待着他们为其增色添彩，如果一个学生的专业技能优异，但却少有人文情怀，不懂得欣赏生命中的美，体会不到他人所感，那么他的性格养成是有残缺的，当今和未来社会需要的人才也并不是该类型的。

"美育"，从广义上来说，是民众主体的审美教育，从狭义上来说，是艺术专业的教育。而今，网络化时代的到来也使得学校美育和学生的审美价值观发生了变化。当今的高校，除专业的艺术院校以外，在综合大学尤其以理工类专业为主的院校，通常会开

---

❶ 王菲. 媒介大融合[M]. 广州：南方日报出版社，2007：4.
❷ 孟建，赵元珂. 媒介融合：粘聚并造就新型的媒介化社会[J]. 国际新闻界，2006（7）：24-27.
❸ 王敏，曾繁仁. 高校大美育体系的现代化建构[J]. 中国高等教育，2017（7）：7-10.

设一些艺术类的通识课程，但无论是学校的美育学科建设还是学生的学习热情，似乎都没有达到较高的重视程度，尤其是一些理工院校，专业性质使他们注重实效性和硬核感，并不很重视人文素养的熏陶。美育至少可以让学生增加一些兴趣爱好，如果他们也像投入专业课一样投入自己的爱好，对他们健全人格和美育的养成都有积极的作用。然而网络化的时代，由于门槛低等原因，许多低俗审美趣味的艺术作品、综艺节目、网红效应等走进了大学生的生活，这些内容不仅降低了学生们的审美品格，甚至有些学生因为痴迷于游戏、社交软件等而荒废了学业。尤其是"90后""00后"，他们成长在祖国经济迅速增长的时代，也是从生活习惯、思维模式到价值观被"西化"的一代，他们吃着汉堡炸鸡可乐，穿的是阿迪耐克，看着网剧，玩着游戏，还要接受"喊麦、社会摇"等非主流的新型产物，他们面对的审美世界十分多元化，并且水平也良莠不齐，如果没有经历过审美教育，没有对于"美"的独立明确的认知，他们的审美观和人生价值观就很容易被扭曲。因此，高校对于学生的培养，不仅仅是专业知识的传授，也要和国家文化的繁荣发展构筑同步的节奏，尤其在近些年，研究中国传统文化、在艺术作品中注入中国传统元素、开发古典的艺术衍生品、进行跨文化的交流等都是对于中国传统文化的传承，并使其走向了世界。所以，在我国高校的美育教学中，应本着以塑造学生的人文素养和情怀为中心，树立学生正确的积极的审美观，拥有宽广大气的品格，培养具有传承中国传统文化的能力和使命感的新时代青年学子。

二、"融媒"时代我国高校美育的开创与实践

融媒体既不是传统媒体，也不单指新媒体，而是广播、电视、通信、网络、视频等多种媒体形式的融合。多屏时代的到来让我们对于美的体验更加复杂和多样化，同时也改变了艺术创作、生产和评论的生态环境，建构了崭新的美学空间。高校的美育在传授知识和新技能的过程中也有了多种途径的互动和交流，打破常规，形成网络化的教学方式。未来高校中的美育教学和研究，是我们亟待进步的空间，是繁荣祖国文明的重要使命。

融媒体时代的到来改变了从前高校教学中"老师教，学生学"的单向传播方式，变成了老师—学生—网络—媒介（顺序不分先后）等多方渠道的"互动式学习"。从获取知识的方式上来看，同学们增加了接收信息的渠道，在网络中"师生、师师、生生"之间有了更多的交流，当学习不再成为一种要应对考试的负担时，就变得有趣多了。但是，当大量的信息扑面而来时，高校学生如何在如此繁多的内容中筛选出真正有内涵、有质感的知识就是高校在树立学生良好的审美观时的一个重要方面，要让学生有明辨是非的能力，有捕捉美丑的眼睛，有选择正确知识的判断，有树立道德品质修养的内涵。

所以，学生学习的主动性增加了，教师的教学方式也更加多元化，网络空间的审美元素更加广阔、多样和有趣，在这样的时代环境下，相信高校的学生的性格特点也是更加鲜明和独特。融媒时代下的高校美育是时代发展的产物，也是物质文明和精神文明创新，社会向前推进的必然结果。

融媒时代下的美育变革是艺术界限和审美方式的双重打破。艺术的边界逐渐变得模糊，同时也衍生了一些崭新的艺术形式，艺术与非艺术之间的边缘越来越薄弱，大众审美方式和艺术专业化的审美方式在网络化的演变之下有了新生，而"美"也更多因时代发展、经济增长、政治导向、文化政策等多因素而有所改变。所以，在这样的大环境下，传统美育在高校中立足于主体教学内容，与新生事物的趣味性既是互生关系，也是主次关系，而学生的审美能否对日新月异的世界做出相应的判断标准，能否接收适合他们身心发展的审美元素，是这场美育变革中的突破。所以，高校的美育教学方式也要顺应时代的发展而变革。关于审美界限在融媒时代被打破，传统的审美媒介为"静媒体"，而现在的审美媒介为"流媒体"，即传统的审美叫"静观审美"，现代的审美叫"流观审美"。[1] 视听时代的到来，多种媒体的互融，科技水平的提升，使传统的审美教育呈现出更加丰富的模式，在高校之外，也存在着很多优质的审美教育资源，如中国中央电视台的几档文化类节目《国家宝藏》《经典咏流传》《朗读者》等，还有《我在故宫修文物》等纪录片，将传统的工艺美术人才、古代诗歌、文艺作品等通过崭新的艺术形式进行演绎，使观众耳目一新。收获了无数大众点赞《我在故宫修文物》中将这些大隐于市的文物保护人员的工作状态、工作方法拍摄成纪录片，生活中朴实低调的他们成了拥有众多粉丝的"网红"，并且该纪录片让更多的人了解了故宫的历史文化并直呼"想去故宫工作"。《经典咏流传》并没有按照传统方式讲解诗歌，而是将诗歌改编成现代音乐，请明星演唱，用音乐和专业嘉宾点评的形式让我们更深刻地理解和记住诗歌和传统文化。《朗读者》让大众感知名人的另一面，也普及了文学作品，包括《朗读者》节目后续的书籍出版，也是推广其文化内核的方式。这些文艺作品都是融媒时代下艺术形式跨界、艺术内容大胆革新的经典案例，而这些改变的结果就是大众对于传统文化的热情越来越高涨，在节目结束后，也带来了一系列的追逐艺术的热潮，节目有了很好的群众效应，改变了群众的审美格局，提升了大众的审美水平，陶冶性情，获取知识，在视听中融入了审美教育，在新的技术中注入了传统文化。而高校美育的方式不妨向这些崭新的作品学习、改变和超越，我们如果直接对学生说"兴观群怨"，或者对他们说"同学们，你们应该如何如何……"这样的方式是"填鸭式"的美育教学，在融媒时代下，已经不符合学生甚至不符合大众的审美接受方式了，我们要改变教学模式，以当下人们喜

---

[1] 吉也.初探传媒艺术时代下中国高校美育教学之变[J].才智，2018（23）：114

闻乐见的媒介形式和审美行为对学生进行美育。例如,中国传媒大学于2018年毕业季开展了"永不落幕的户外美术馆"之学术活动,在学校围墙的外侧,喷绘了若干动画学院师生的作品,而在每一幅作品的左下角都印制了该作品的二维码,路过的行人只要扫描二维码就能看到该幅动画作品的全貌。所以在"天下皆微信"的时代,将作品推广到户外,同时吸引人们扫描作品二维码,则是非常灵巧的举措,实现了师生作品向大众的传播,也提升了大众的美育水平,甚至间接地促进了文化创意产业的发展。所以,融媒时代下审美教育方式和内容都有了更加立体和多元的改变,相较于高校的传统美育,是一种革新,也是挑战。

三、建构"融媒"时代我国高校的美育空间

(一)运用"流媒体"建立新型的"美育空间"

审美教育重点在于"育",并非"教",就像艺术类的专业课教师传授学生专业知识,指导他们创作,但思维、情感中的某些个性化的因素只依靠"教"是教不出来的,还要靠学生自身对于艺术和生活的独特领悟。如果将媒介中的美育与学生们日常关注的事物联系在一起,如建立审美教育的App、微信公众平台、官方网站、广播电视节目等,或经多媒介的融合,在非课堂的任意时间、任何地点都能够进行点对点的信息传递,在网络环境的时空交错和跨越中获得有价值的信息。例如,掌中美术馆就是将实体美术馆进行数字化演变,通过视频、音频、手机端、PC端等媒介融合成的将艺术科技化的新型产物,人们可以看到遥远地区的美展,甚至可以在某些美术馆的数字美术馆中看到自己出生之前的展览(如美国纽约现代艺术博物馆,网址:moma.org)。所以,在如此天翻地覆的信息技术革新下,人们增加了阅读和思考的机会,传播效率更高、传播内容更准确及时、分享和交流更直接。

(二)对高校承担审美教育的教师进行系统化地培养

众所周知,教师的水平在一定程度上决定了学生的素养。我国高校承担美育教学任务的教师在综合大学中以艺术专业的老师较为常见,在艺术院校中以专业理论课教师和思政教师较为常见。我们应该唤起每一位高校教师对于"美育"的灵敏嗅觉,先让自己成为一个懂得欣赏美、热爱生活、热爱艺术的人,成为善良、体恤他人的人,最终以文化人,以美育人。如果学生发现自己的老师在人格或者品格上表现欠妥,那么他们自然就会吸取一些负能量,甚至会带着这样的情绪步入社会。所以,国家可以对高校教师进行彻底、全面的培养,把美育的重任落实在每一位高校教师身上,不仅仅是艺术专业教师的教学任务,在每一处细节都做到"以美育人""以美服人",才能提升我国高校的整

体的美育水平，以传承中国传统文化为己任，以实现对学生进行良好的美育。

（三）在各学科的教学中融入"美育"的教学方法

我国高校的美育工作按照学校性质可以分为两类：第一类是艺术院校；第二类是综合大学。通过美育，我们亟须在艺术院校中提升学生们的综合素质，在综合大学中提升学生们的审美水平。首先说第一类，艺术院校的学生。他们在每天的学习生活中都接受着艺术的熏陶，灵魂中有着非凡的创造力和感受力，他们的美育资源和学习方向是综合大学的学生所无法获取的，从这个角度来说，似乎他们的审美教育是最完善的，但现实情况也许并不乐观。艺术专业的学生由于其专业特殊性，使得专业技能很突出，不过也会在学习专业的过程中造就他们非同寻常的思维方式和人格，当然这样的情况不能一概而论。也有些艺术专业的学生的综合素质并不突出，很可能毕业步入社会之后，除了本专业，无法适应其他工作。我们要培养的艺术专业的学生，是在未来能够解决社会中的大小问题，也能适应社会中大部分工作的人才。这就需要通过美育来塑造学生的综合素质。在艺术院校中，可以增设一些非艺术领域的社团组织和课程，如体育、时政、慈善、科技等，也可以定期举办一些以非艺术语言为主题的沙龙活动，每次活动结束后及时在学校官网、官博和官微上推文，做以总结，对教师、学生组织和参加活动进行激励。同时，也可以和综合大学开展一些联合组织的活动，感受这些高校的学术和人文气息，将自己的交流视野放得更宽。再来说第二类，综合大学的美育教学。综合大学里，以北京大学为例，一直以来施行博雅教育，通识课程为公开状态，欢迎各位学子前来聆听，这是传统美育施行较为完善的高等学府之一。而我国大部分综合大学的教学定位强调对于专业知识的学习，将审美教育放在一个并不重要的位置上，或者设置一些艺术类的通识选修课，就算施行了"审美教育"，这样的教学制度设定并没有从根本上对学生的人格和品格进行熏陶，也没有大幅度提升学生的审美水平，学生们对于艺术和生活的感知很可能还停留在高中的水平。所以对于综合大学来说，对于学生审美的培养，应该从各学科抓起，也从每位老师对自身审美品格的改变做起，将美育真正提升到一个新高度，不仅是艺术专业的教师承担着美育课程任务，其他专业的教师也要承担部分的美育教学任务，甚至可以在自身的专业课程中恰如其分地融入美学知识，真正让教师和学生从根本上用"真"的眼光看世界，用"美"的感受增加创造力，用"善"的心灵约束自身行为。

（四）营造高校"美育"大环境

高校的"美育"建设不能单单停留在设置艺术类通识课的层面上，也不能只从某一方面出发来制订"美育"计划，需要将国家政策、学校制度、教师综合素质、教学课程、学生学习等多种程序紧密结合，甚至"美育"工作不局限于高校，与博物馆、艺术馆、美术馆等社会文化单位形成教学实践合作基地。我国高校美育承载着繁荣中国文化、传承中国文化和传播中国文化的责任和使命。所以，应结合我国国情和高校实际情况，打造具有历史和创新价值的美育教学，培养学生高尚的情怀和浓厚的传统认同感，这是未来青年学子承担起提升民族文化素养和传承中华文化的基础。美育不能只停留在课堂中，它需要时时刻刻对学生进行熏陶和培养，在无形中对学生进行滋润和哺育，是融入其大学生活的重要组成部分，做好美育，需要高校长年累月的学术和人文积淀，而不是一蹴而就地达到所谓的美育教学目标，所以高校的美育建设是一个长期的、持续化的、循序渐进的成长过程，也是师生之间、学校与国家之间、青年与社会之间共同进步的过程。高校的美育应融汇中西方文化，横贯中华古今之精髓，以博雅的风貌来引导学生积极正面的人文观和审美观，在传承经典、坚持民族情怀的基础上增加创造力，让高校的审美教育引领社会，走在时代的前沿。"融媒"时代不同于传统媒体时代，信息传播速度快，对于真伪、善恶等价值观会有更加公正的判定，这对于美育的传播来说既有利，也有弊，网络帮助我们筛掉不正确的信息，在社会进程中去伪存真，但网络的庞大规模容易使真实的生活和情感变得虚拟化和快餐化，在人们不经意间逐渐远离了传统的元素，如节日、服饰等。所以，"融媒"时代我们面对的是加强建设高校美育的大环境，也要抵挡时代对于中国传统文化的冲击。

四、结语

中国的审美教育已有数千年的历史，而融媒体则是近十几年发展起来的更加信息化、多元化和科技化的传播方式。我们需要在时代的变革下，真正保护好传统的美学和艺术珍品，它们就像一座宝藏，是我们中国人的根，永远有让我们惊喜的发现。融媒时代的高校美育变革，有新事物替代旧事物的创新成就之感，也有青年学子崭新的文化观念与传统文化交融碰撞的精彩，但网络化的信息交流也有鱼龙混杂、管理混乱、良莠不齐的不足之处，我们应该抓大放小，取其精华去其糟粕，把真正美好的、积极向上的美学观念和艺术作品进行美育的传播和推广，同时，建立健康的网络艺术管理秩序，摒弃无益于学生成长的信息，也教会学生主动识别这些不良内容。总之，我国未来的审美教育之路还很漫长，青年的状态决定了一个国家未来的命运，但我们有理由相信，未来青年学子的审美品格、审美理想都将有大幅度的提升。

（作者杨晓博系沈阳大学美术学院理论教研部讲师）

基于课程标准的学校音乐教育价值探究

摘　要：音乐教育存在着巨大的潜在价值，要对习以为常的教学行为进行反思，在探究基础上反思，在反思基础上探究，从而不断发掘音乐教育的潜在价值。本文旨在基于新课程标准的教学体系下，深入挖掘音乐教育的潜在价值，正确解读新课程标准的指导作用，准确把握课程标准的核心价值，为音乐的"教""学"工作指明方向。文中的观点、内容对解读新课程标准中音乐教育，在教育实践中建构科学健康的艺术教育观会发挥一定的辅助作用。

关键词：音乐教育；审美价值；情感价值；文化传承价值；创新价值

本文中提到的音乐教育是基于音乐课程标准的教学体系下的，无论是中小学音乐教育还是高校的音乐教育，都是在课程标准的前提下进行界定，因此本文提到的音乐教育不再对中小学和高校进行单独的界定。

《中国大百科全书》中将价值界定为："它是现实的人同满足某种需要的客体的属性之间的一种关系。"事物的存在都具有其价值，音乐伴随着人类历史进程逐渐产生、发展。从人类历史的经验来看，人类的社会存在和个人的发展都离不开音乐。音乐在客观上是必不可缺的。换言之，人类的存在有着对音乐的需求，音乐作为社会存在也就具有了社会价值。学校音乐教育作为音乐传播的重要手段，同样具有重要的价值，本文主要从音乐教育的审美价值、情感价值、文化传承价值、创新价值等方面予以阐述。

一、音乐教育的审美价值

美来自人类社会实践所引起的外在自然的人化，美感则来自人类社会实践所引起的内在自然的人化。[1] 美育主要指后者，它是一个审美能力、审美理想的培养过程，即建造审美心理结构的过程。它关系到内在人性、心灵的塑造。[2]

---

[1] 张晶.电子琴教学中如何提高小学生的审美能力[J].当代教育实践与教学研究（电子刊），2014（8）：103.

[2] 王振国.管窥先秦时期儒学思想在当代音乐教育的传承与发展[D].天津：天津音乐学院，2010.

音乐审美价值是从音乐审美客体与审美主体的关系中所体现出来的,能在一定程度上满足人的审美需要,它建立在给人以审美享受的音乐艺术作品的客观属性的基础上。音乐审美客体所固有的审美价值在客观上决定着主体审美感受的方式、内容和程度。❶ 审美价值不仅存在于音乐作品中,更是存在于审美主客体的关系中。

(一)音乐教育审美价值的客观性

音乐教育审美价值具有一定的客观性,音乐教育审美价值的客观性与主体在审美实践中存在着客观性❷,客体通过主体的审美创造重新获得客观的存在。音乐审美客体的物质材料、结构方式、表现形式在创造中都有客观规律,主体要依据客体进行合理的想象,而不能脱离客体随心所欲地去想象,在组织进行音乐教学过程中要科学地引导学生在一定的范围内进行合理的想象来激发出他们的审美感受能力。《一个美国人在巴黎》是美国作曲家乔治·格什温最具代表性的作品之一,作品描绘了一位美国人在巴黎城内漫步时获得的印象。在组织学生进行欣赏时,一定要使学生明确创作者在创作这首音乐作品时的创作意图,通过对作品的了解展开合理的想象,从而使学生更为深刻地理解作品。而学生在欣赏作品时如果脱离了作者的创作意图,随心所欲的展开想象,脱离音乐教育审美价值的客观性,那么这部作品也就失去了它的存在价值。

(二)音乐教育审美价值的相对性

音乐教育的审美价值具有相对性,人作为音乐审美的主体在进行审美时,由于人所处的历史时期、社会、地域的不同及行为方式和心理结构的差异性,因此在审美过程中,审美主体对审美客体的判断也不同。同一部音乐作品,不同审美主体的审美感受是不同的。在一个普通的环境里和在教堂欣赏约翰·塞巴斯蒂安·巴赫的作品会有不一样的感受,如同样是让学生赏析《嘎达梅林》这首蒙古族长篇叙事民歌,我们会感受到那些身处内蒙古地域的学生在理解这首作品时,他们的音乐感受能力要比其他地域的学生更为深刻,正是由于地域性的差异,使得不同的学生对同一音乐教学内容会产生不同的音乐感受力,换言之,同一首音乐作品,每个学生在审美体验上也存在着差异性。音乐审美价值是一种动态的结构,客体价值在主体与客体交流中不断变化,可能有的价值会增加,也可能是新的价值代替旧的价值。审美主体的审美意识随着人类的发展而不断变化,也是产生审美价值相对性的重要因素。

---

❶ 郑欢. 关于声乐教学中审美能力培养的探讨[J]. 中国科教创新导刊,2009(11):200-201.
❷ 何宽钊. 论音乐审美评价的合理性[J]. 中央音乐学院学报,2003(2):77-83.

(三)音乐教育审美价值的评判标准

音乐教育以审美教育为核心,音乐教育的全过程是一种自觉的审美过程,青少年对音乐的审美判断尚未建立明确的评判标准,在对审美进行判断时,容易出现美丑不分的状况。学校的一切教育活动(包括音乐教育)无时不在对学生进行美丑、是非的判断教育,影响学生的审美情感、审美心理结构和审美价值取向,从而对他们的审美观、世界观的形成和人格层次的选择起着举足轻重的作用。❶

二、音乐教育的情感价值

音乐是情感艺术,情感是人对客观现实所做出的是否符合自己需要的一种心理反应。音乐是一种非语义的信息,具有自由性、模糊性和不确定性。正是这些特征给人们对音乐的理解与表现丰富的情感提供了广阔的空间。鲜明的音乐形象生动地反映和影响着人的思想感情。音乐美感以强烈的艺术感染力侵入人的内心世界,产生巨大的震撼力。音乐抒情的深刻性和生动性是其他艺术难以相比的。❷克劳德·德彪西是20世纪法国最伟大、最重要的印象派作曲家之一,他在平生创作的大量音乐作品中进行了和声、音响、配器等方面的大胆改革,由此引起日后钢琴与管弦乐创作上的一场革命。《月光》是路德维希·凡·贝多芬于1890年创作的《贝加莫组曲》中的第三首,因其意境优美独特而常在音乐会上单独演奏。《月光》以舒缓、优美的旋律表现皎洁明月的印象,轻快的琵琶音描述了闪烁的月光,经过管弦乐配器后,色彩更加丰富,仿佛置身于晴朗而幽静的深夜氛围之中。作曲家以清淡的笔墨、朴素的音调,给人们描绘出了一幅万籁俱寂、月光如洗的图画。教师在向学生们介绍这首乐曲时,要考虑到学生的音乐作品的感受能力,可以通过用一些简单的语言性的描述让学生对《月光》这首作品有一个大概的了解,让学生知道这首作品的创作背景及所要表达的意境,引导学生在合理情境中自由地发挥音乐想象力,挖掘出学生丰富的情感。

音乐教育以音乐艺术为手段,在潜移默化中对学生进行情感教育。一首歌曲或一支乐曲中往往蕴含着丰富的思想情感。音乐教师要根据音乐学科的情感特点,以"情"为纽带,做到以情激情、以情传情,从而达到以情育人的目的。贝德里赫·斯美塔那被称为捷克音乐之父,他通过自己的创作为捷克专业音乐开辟了道路,指明了方向。《我的祖国》是当时贝德里赫·斯美塔那忍受着耳聋的巨大痛苦完成的,在音乐史上有着很高

---

❶ 于祥宗.浅谈中学音乐课的美育[J].文理导航(上旬),2011(8):22.
❷ 王振国.管窥先秦时期儒学思想在当代音乐教育的传承与发展[D].天津:天津音乐学院,2010.

的地位,历来被认为是捷克民族交响音乐的起点。贝德里赫·斯美塔那把他对祖国的无限热爱用音乐表达了出来,乐曲结构宏伟绚丽,音乐形象富有诗意。教师在音乐教学时要渗透爱国主义教育,培养学生的民族精神,建立起学生的民族自豪感。

音乐审美教育以人的情感为轴心,情感是音乐审美过程中最活跃的心理因素,是音乐审美感受的动力和中介。音乐教育作为审美教育的主要内容,它的特殊功能在于情感的影响、启迪和陶冶,实现音乐审美教育的主要途径无疑需要通过流动的音乐唤起学生情感的共鸣。音乐教育的魅力实际上是情绪上的感染力,

音乐审美教育以音乐来激发人的审美情感,使受教育者通过亲身的情感体验,产生肯定或者否定的审美评价,从而获得心理的满足及情感的共鸣,使情绪得到陶冶,达到以美感人、以情动人的目的。乐观的音乐作品可以使人心胸开阔、奋发向上;结构宏伟、气势磅礴的音乐作品可以鼓舞人们的斗志,使人坚毅刚强;宁静祥和的曲调可以令人心平气和、心情安定,沉静的对待一切;欢愉的旋律可以使人摆脱冷落孤寂的心境,精神焕发;博大精深的音乐能使柔弱的心灵获得强化与深化;委婉细腻的曲调能驯服粗粝、感化心灵。❶

三、音乐教育的文化传承价值

音乐艺术是人类文化的浓缩与人类文明的结晶,音乐教育教学必须深化文化教育的内涵,按照音乐文化规律来发展音乐教育。1995 年全国第六届国民音乐教育改革探讨会提出了"推广以中华文化为母语的音乐教育"的重要命题。❷以文化来定位音乐教育,提高了音乐教育的品位。音乐与母语有密切的关系。声乐自不待言,就是器乐也总是体现着母语文化的特征,从其旋法、曲式、配器等方面都反映了母语文化的思维方式、行为模式和审美心理。由于音乐语言较为抽象,国际交流较少障碍,但母语则是音乐的"国界"。这一"国界"是不同母语文化背景的地域之间的学习与借鉴,不能简单地照抄照搬,而必须进行文化的整合。这种整合绝不是一种文化向另一种文化的认同。19 世纪 40 年代,随着西方音乐文化和西洋音乐文化的陆续传入,特别是随着新式学堂的建立和发展,从 20 世纪初至五四运动前后,出现了有别于传统旧乐的学堂乐歌,而他的传播开始在民众中介绍西洋音乐知识,为我国近代新音乐文化的发展提供了必要的条件。中国音乐家的有识之士公开肯定了西方音乐文化优于我国的"旧乐",明确提出以西为师,走"西化"道路的主张,认为要改进我国的"旧乐"建立我国的"新乐"就必须借助西

---

❶ 潘新文. 论文化馆音乐事业的产生与发展[J]. 黄河之声, 2012(12):70-71.
❷ 全国第六届国民音乐教育改革探讨会, 1995 年 12 月, 在广州番禺召开。

方的经验，然而也有一部分人公开鼓吹中国应走"全盘西化"的道路，他们认为我国应建立的新音乐不是所谓的"国乐"而是世界普遍优美的音乐，认为中国新音乐的建立要"全盘西化"，使基础先立定，然后再创新的中国音乐。中华民族有着5000多年的优秀文化传统，中华音乐文化是充满生机的文化，这种生机既来自它能融汇异质文化的优秀成分，也来自它能辩证地继承自己的优秀传统。中华音乐文化是博大精深的，它的传统也不是单一的，就以古代而论，孔子所赞颂的"韵乐"，体现了鲁国文化"心气和平"、清明在躬的文化精神；而庄子所赞颂的"咸池之乐"，则体现了湘楚文化"充满天地、包裹六极"浪漫精神的弘扬，融汇了50多个民族文化精华的当代中华文化，更是异彩纷呈。当我们进行音乐变革时，在文化取向上，务必弘扬优秀的中华文化精神。当然，对于世界其他民族的优秀文化，我们同样应该以积极的态度去兼收并蓄地加以借鉴。一个优秀民族文化越发达，人格越伟大，越能对经济发展和社会进步产生无可估量的积极影响。音乐教育是文化的范畴，这就是赋予艺术教育以重要的内容和重大的责任。音乐教育的文化传承价值也由此得以体现。❶

四、音乐教育的创新价值

音乐教育是整个基础教育中不可缺少的一部分，也是培养学生创新能力的一个重要渠道。创新精神是一个民族进步的灵魂，社会发展需要创造型思维，国家竞争需要创造型人才，个性生存需要创造型的适应能力。❷在一堂音乐课上老师问同学们"××××××"❸的节奏型模仿了什么动物奔跑的声音，同学们异口同声地回答"马"，然而这时一个微弱的声音"牛"引起全班学生的一片哄笑，大家把所有的目光都集中在那个学生身上，而那个学生从容地回答道，难道你们没有听过《斗牛士舞曲》吗？是啊！这首作品不正是通过这个典型节奏型，塑造了牛在奔跑时的形象吗？培养学生能够从与众不同的角度观察思考某一问题。这种思维的多向性有助于培养创新的发展价值，而思维定式却限制了思维方向，使创新进程受到阻碍。培养学生创新的意识，让他们用质疑的态度去听取老师的讲解，用批判的眼光去看待周围的事物，培养学生的创新能力应转变教师的教学观念。学生仅仅"敢创新"还不够，更要"会创新"。帮助他们从各方面获取丰富基础知识，掌握必要的基本技能，培养多向可变的思维习惯，学会基本的创新方法。实行传承教育向创新教育的转变，不等于降低对学生基础知识和基础技能方面的要求。

---

❶ 王振国.管窥先秦时期儒学思想在当代音乐教育的传承与发展［D］.天津：天津音乐学院，2010.
❷ 王晓英.思想政治课教学中怎样培养学生的创新能力［J］.中华少年（研究青少年教育），2013（10）.
❸ 此处由于排版软件与简谱软件不兼容，因而以此替代。

创新成果的优劣,其知识储备是否丰富是重要的,但是它不是决定性的。起决定作用的是他如何利用已有的知识信息,形成自己独到的见解。

五、结语

教育的真正价值在于对人的培养,新音乐课程标准的制定是基于国家音乐学科的发展方向,它是基础音乐教育的基本规范准则,它的制定是基于我国现阶段音乐学科教学体系下的修订与完善,是每位音乐教师及音乐基础教育工作者深入学习、仔细研究的指导性文件。[1]在新的课程改革背景下,教师要深入研究音乐课程标准中的音乐核心作用,挖掘音乐教育的潜在价值,不断更新教育理念,优化教学过程,提升教学水平,在潜移默化中提升学生的艺术感受力与创新力,从而达到人才培养的目的。

认真兼顾好音乐教育与应试教育内容的衔接,可以把音乐教育的部分内容和其他文科课程相结合起来,如历史、地理,使得音乐教育的方式、方法、内容更加灵活符合实际,充满时代特性,适当增加现代流行音乐内容的比重让学生更乐意学,如可以把歌唱教育和同学们平时喜爱的K歌演唱的娱乐活动结合起来,让学校教育中的音乐课不再是空谈素质教育的招牌,更重要的是让学生把音乐当作一种认识世界感受生活的工具和思维,通过音乐教育使学生以一种艺术审美的眼光看待生活、看待自己,使新课程改革的社会效益达到最大,将素质教育的最终目的落在实处。

(作者王振国系天津市艺术研究所助理研究员)

---

[1] 全心宇.基于课程标准的中小学音乐教师教材使用现状与对策分析[D].上海:上海师范大学,2018.

新媒体语境下戏剧影视文学专业课程教学改革初探

摘　要：在以互联网为代表的新媒体技术日新月异的当下，高等教育面临着巨大的挑战。具体到戏剧影视文学专业，作为传统的传媒艺术类专业，其人才培养模式必须进行调整与变革。笔者从分组教学与项目驱动、融入课程思政等方面入手，以所在的山西传媒学院戏剧影视文学专业为例，希望为同类型院校戏文专业课程教学改革提供可资借鉴的方法。

关键词：新媒体语境；戏剧影视文学专业；课程教学改革

伴随着互联网、大数据、新媒体的快速发展，人们获取信息的方式与渠道都在发生巨大的变化。由此可见，教育尤其是高等教育的组织形式也不可避免地处于变革当中。这无疑对传统的高等教育带来了巨大的挑战。但所谓"转危为机"，意味着挑战背后也是机遇。客观来看，传统意义上戏剧影视文学专业的人才培养模式、培养路径在新媒体语境的当下，有必要进行适当的调整，以适应新形势下的新问题。作为地方传媒类高校，戏剧影视文学专业的开设相对，也理所应当地去探索新的人才培养模式。作为青年教师，笔者所在的山西传媒学院戏剧影视文学专业，尽管作为独立本科专业招生的时间还很短，但在学校、二级学院的大力关心支持下，近几年来在戏剧影视文学专业人才培养方面也走出了一些具有自身特色的创新之路。在包括项目教学、服务地方经济、课程思政等方面都积累了相应的经验。

一、分组项目驱动教学，紧跟行业一线

首先，与导演、摄影（摄像）、剪辑等其他传媒类专业相比，戏剧影视文学专业（以下简称"戏文专业"）传统的课程体系中，技术类课程占的比重相对较少，而史论类课程较多；加上剧作类课程天然地存在"纸上谈兵"的特点（很难在第一时间检验教学效果），这样一来，通常会出现一种现象：戏文专业的学生往往说起理论来头头是道，

但实践能力相对较弱。这显然不利于我们实现本专业的人才培养目标。毕竟，学生将来所要进入的传媒行业天然地就具有实践性极强的特点。所谓"光说不练假把式"，说的就是没有实践就没有发言权。另外，长期以来，大量毕业生的反馈告诉我们，教学一线与行业一线往往存在着一种难以言说的差距。无论是创作观念，还是创作流程，如果不能紧跟行业一线，那么这样的专业课教学效果注定大打折扣。毕竟，大部分学生在毕业后都需要进入行业一线，如果不具备足够的对于行业一线的认知，其职业生涯的起步阶段就会大受影响。

其次，与国内知名的几所传媒类院校相比，作为地方院校，我们的生源质量也不占优势。在当前教育差异化竞争的时代，如何让我们的戏文专业找准自身定位，体现自身特色，成为亟待解决的难题。考虑到艺术类专业教学的特点，在班容量固定的情况下，有必要通过教学组织形式的变化来调动学生的学习积极性。由此，在剧作相关的专业核心课程里采取分组教学的方式也就势在必行了。

应该说，分组教学的最大优势在于教师能够更好地关注到每个学生的个性化需求，这确实是在一般意义上的大班里很难做到的。还必须看到，戏文专业有大量的剧作类课程，它们都需要在学期内完成大量的剧本创作练习。那么，采用分组教学的形式，能够帮助师生之间建立更为紧密的情感纽带。因为，剧作类课程教学中会不可避免地涉及情感教育与价值观的培育。正如北京电影学院文学系的孟中老师所说的，"在电影剧作的学习中，与其说被动地表现作者自身的情感，还不如主动地敞开自己的心扉，向电影展示自身的情感经历和心理体验"。❶ 其实，好的教师不单单是传授专业知识和专业技能，也一定能够启发学生认识、开拓自身的情感天性，最终目的是让学生能够形成自身特有的剧作观念与美学原则。

为了让教学内容更加贴近创作实际，分组教学还只是第一步。在实际教学中，还需要运用项目驱动教学法，以让学生不再只是简单地完成课堂练习与课后作业，而是按照行业一线的标准来进行创作。所谓项目驱动教学法，也就是通过引入具备可行性的实践项目到教学过程中，让学生体会到真正行业一线的感受。本质上来说，这是建构主义教学理论中提倡的一种新型教学方式。它的最大优势在于极大程度解放了学生的自主性，真正让学生成为"学中做、做中学"的学习主体。

另外，在现今的新媒体语境下，戏文专业的教学也需要大量采用互联网技术手段。早在2017年，由联合国教科文组织主导编纂的一份关于全球高等教育变革的报告中就明确指出，在过去20年里，尽管学习模式、知识来源与知识之间的互动方式发生了巨

---

❶ 孟中. 情感教育与剧作教学：电影剧作授课札记[J]. 电影文学，2008（5）：159-160.

大变化，但学校教育的重要性并没有被削弱。❶ 由此可见，真正高质量的教育，尤其是高等教育，还是大量依赖于教师与学生之间面对面的交流。具体而言，就是课堂形式上可以更加灵活化，更多地把主动权交给学生。同时，在突如其来的新型冠状病毒肺炎疫情影响下，大多数高校都采用了在线授课。那么，通过引入互联网技术，教学人员的思维方式得以改变，课堂形式更为灵活多样，慕课、微课程等的大量引入使教学过程中减少了对传统方式的依赖，教师和学生将更多的时间投入到更有教育性的活动之中。如翻转课堂的意义其实就与分组教学有共通之处。教师授课的形式已经不可能再照搬传统的"你说我听"的方式，这也不符合当下"00后"大学生的特点。好的课堂，应是有大量的时间、精力都体现为教师与学生之间的互动环节。如果只是照本宣科，那么面对面授课还不如网课效果好。当然，除此之外，还应该推动不同学生之间的互动，这也都是可以借助互联网手段实现的。在分组教学、项目驱动的模式里，以互联网为代表的新技术手段也是题中应有之义。

二、服务地方经济，讲好本地故事

正如林文勋在接受《光明日报》记者采访时谈道的，新时代人文社会科学的发展，必须以服务国家战略和区域经济社会发展为目标，要追踪学科前沿，不断加强咨政建言、服务社会的能力，提升为人文社会科学社会服务的贡献度与美誉度。❷ 作为地方传媒类高校，为地区经济发展与建设服务本就是题中应有之义。为此，我们的专业教师必须积极转变教育观念，我们不再是简单地去完成课程计划，而是需要树立一种服务意识，积极主动地去对接院校所在的具体地区。这又牵涉到另一个问题，即这种高等教育对于地方经济的服务，一定是建立在对省情、市情有清楚认知的前提下。接下来，作为专业教师，要进一步明确具体服务的任务、形式、方法。当然，这个过程不会是一蹴而就的，高校的课程教学与地方或企业的具体需要往往并不一致，这就需要加强专业建设来不断提升服务地方的能力，最终落实到具体的项目中，以此完成服务的使命。

作为地方传媒类高校，在践行"坚持以本为本，推进四个回归"的高等教育改革发展过程中，我们的戏文专业有意识地去对现有的课程培养体系与实践教学体系进行调整。首先，在日常的教学过程中，有意识地融入关于山西的历史与现状，经济社会转型的各项方针政策。其次，在作业中，要求学生大胆使用山西元素，甚至进一步去讲述

---

❶ 张优良，尚俊杰. "互联网+"与中国高等教育变革前景 [J]. 现代远程教育研究，2018（1）：15-23.
❷ 林文勋. 新文科"新"在哪儿？ 并非"科技+人文"那么简单 [N]. 光明日报，2019-07-23（008）.

山西故事。这样才能畅通服务区域经济发展的途径。当然,服务好地方经济,高校不能"等、靠、要",而要主动地走出去。放眼整个大环境,在当下,高等教育不能再安于象牙塔的一方天地自说自话,而是要以人才和科学研究成果服务社会,凸显自身的价值。作为行业特色高校,又身处山西这样一个亟待文化经济转型的地区,承载着服务全省发展战略与助推文化社会转型升级的重要任务,我们戏文专业在近年来的教学中主动对接行业需求,主动服务地区升级转型过程中,努力做到立足特色入主流、顶天立地上水平、强本拓基转型发展。

例如,在专业建设过程中,一方面,我们以"请进来"的方式,通过专业讲座、学术交流等各种方式帮助身处中部地区的学生与北京行业一线的从业者进行交流,这也是一种信息上的互通有无,甚至对于学生未来的就业也有一定帮助。从组织相关交流活动的个人体会来看,有时候来自一线从业人员的心得体会甚至比专业教师苦口婆心的讲述对学生影响更大。另一方面,通过专业教师、毕业生等多种渠道,积极对接有关企事业单位的需求。例如,与山西春秋音像出版社通过反复讨论,确定戏文专业学生参与相关山西主题广播剧脚本的创作;与晋中市博物馆合作,让戏文专业学生参与创作文创主题相关的情景剧剧本。这些对于在校学生来说,都是难得的锻炼机会。

三、融入专业思政,正确导向引导

习近平总书记在全国高校思想政治工作会议上指出:"高校思想政治工作关系高校培养什么样的人、如何培养人及为谁培养人这个根本问题。要坚持把立德树人作为中心环节,把思想政治工作贯穿教育教学全过程,实现全程育人、全方位育人,努力开创我国高等教育事业发展新局面。"具体到专业课教学当中,每位教师可以说都是"一岗双责",既承担专业课的教学任务,又承担思想育人的任务。作为传媒艺术类专业,戏文专业学生往往思想活跃,善于接受新鲜事物,获取信息渠道多,但也存在对国情认识不清,对历史理解不深等问题。另外,近些年来影视行业发展迅速,也带来了很多问题,出现了一大批主题、内容不符现实的"悬浮剧"及随意篡改历史的抗日神剧,这其实体现的是部分创作者观念上的问题。

那么,作为专业教师,必须认识到,高校是实行思政教育的主体,是思想育人的主阵地。戏文专业因其独特的人文性、艺术性及其功能性,在教学过程中,也天然地适合开展有关专业思政的教育。

剧本是一部影视作品的蓝图,编剧在创作中就要考虑到整个作品的主题表达、情感基调、价值观念等方面的内容。一部优秀的影视作品,其成功绝不单单取决于创作技巧与艺术手法本身,它的背后必然反映了创作者对于时代要求的深刻理解。正如古人所说的"文章合为时而著"那样,尽管文艺创作不能忽视娱乐性的问题,但作品的价值导向也是必须重视的。长期以来,在一部分创作者当中存在"收视率至上""票房至上"的错误倾向。纠正这种错误倾向,也是高等艺术教育一线的专业教师必须承担的一种责任。同时,不少影视作品也存在对历史认识不清、缺少文化自信的问题。这不利于培养年轻群体的价值观与文化认同,是创作者对于自身社会责任的一种逃避。毕竟,文化自信是一个民族形成强大精神凝聚力、创造力的重要源泉。习近平总书记在中国文联、中国作协九大开幕式的讲话中强调:"广大文艺工作者要善于从中华文化宝库中萃取精华、汲取能量,保持对自身文化理想、文化价值的高度信心,保持对自身文化生命力、创造力的高度信心,使自己的作品成为激励中国人民和中华民族不断前行的精神力量。"

由此可见,在戏文专业课程教学中,专业教师主动融入课程思政的内容也就显得尤为重要了。但好的教学一定是润物细无声的,正如好的创作也是通过人物与情节自然而然地去呈现创作者的态度。所以,这对教学过程的设计提出了更高的要求。以本人常年负责的戏文专业《新媒体创意写作》课程为例(该课程主要以网络剧剧本的创作为主),在教学案例的选取上,我就会有意识地选取艺术性思想性兼具的、具有鲜明中国文化特色的作品,如2019年暑期档播出的网络剧《长安十二时辰》,此剧制作精良并且具有大量的传统文化元素。应该说,该剧为网络剧创作中的传统文化元素运用提供了很好的示范。那么,结合该剧的热播,通过专业课堂引导学生去了解传统文化,并尝试将其融入剧本创作中,客观上也能够帮助学生培养文化自信。

此外,不单是以培养学生创作能力为导向的剧作类课程,史论类课程同样也可融入课程思政的因素。戏文专业开设了包括《外国文学史》《中外电影史》《舞台剧剧本精读》等这样偏向理论的课程。在上述课程中,戏文专业教师通过教学大纲、教学过程设计主动凸显了课程思政的理念。比如,在教学中有意识地注重对于中国古典文论的介绍。这样学生才能体会到不能盲目套用西方理论来指导我们的文艺创作。只有破除对西方理论的片面崇拜,才有可能真正着眼于我们本土的创作经验,讲好中国故事。另外,古人强调"知人论世",那么在分析国内外经典文艺作品时,结合作者的具体时代背景,让学生认识到,好的创作需要肩负社会责任。

从高等教育改革的大背景来看,当前方兴未艾的"新文科"战略正在稳步推进,这也在要求广大一线教师主动更新教育观念。"新文科"建设的突出特点就是强调一种学科上的互通有无,而不是像之前那样拘泥于本学科的一方天地。这样的理念也在要求我们不能再念过去的老皇历,尤其作为地方院校,戏文专业课程如果闭门造车、故步自封,培养出的毕业生如何能够满足行业一线的人才需求?作为高校,一方面,需要关注学科前沿、紧跟行业一线,及时更新、调整自身的教育理念与教学模式,使毕业生具备专业素养与创作能力、创新精神;另一方面,"新文科"建设还要求我们在传授知识与培养技能之外，注重提升学生的审美素养与道德情操，帮助学生树立正确的价值观念。若能如此，则善莫大焉。

当前，5G 技术及围绕其展开的生态成为科技领域最热点的话题，"十三五"规划纲要也提出要积极推进我国 5G 技术的发展。伴随着 5G 技术的研发和发展，我们的社会也将发生深度变革。达到 4K 清晰度的超高清视频，将为未来的传媒产业发展带来新机遇。同时，在高等教育领域，在线教育、在线协作等 5G 时代的在线协作学习形态也将推动传统学习范式的转变。可想而知，这又为戏剧影视文学专业的课程设计、人才培养及教学模式等提出了新的亟待解决的问题。所谓课程教学改革一直在路上，我们拭目以待！

（作者何流系山西传媒学院电影与电视学院讲师）

后　记

　　2020年，是不平凡的一年。对于这本小书的编纂过程来说，亦是如此。受疫情影响，大量与编辑、作者的讨论、交流只能转移到线上来进行。在大家的理解与配合下，最终较为圆满地完成了本书的编纂过程。在此，首先要感谢我本人的博士生导师仲呈祥先生。仲老师治学严谨，待人和蔼，既是学术上的良师，亦是人生道路上的益友。没有仲老师的勉励与支持，我恐怕也很难如此顺利地完成本书。此外，还要向周月亮老师、徐辉老师、张金尧老师、潘可武老师、周文老师、刘俊老师、曹凯中老师、刘雯老师等表示感谢，几位老师在百忙之中为本书的编著提供了大量宝贵意见，使我受益良多。

　　本书的缘起，是2020年我本人主持的中国传媒大学第二届研究生"金蔷薇"学术季博士论坛，主题为"媒介融合背景下传媒艺术的创新发展"。论坛上，来自北京、上海、安徽、河南、云南等全国多所高校的学者、博士研究生、硕士研究生参与了研讨，从多重维度切入对融媒体时代下传媒艺术发展的思考。一天的论坛结束后，不少与会的师生深感意犹未尽，希望以此为契机，将这次讨论延续下去。由此，有了本书的雏形。同时，也要向来自全国各大高校、科研院所、媒体的专家学者们表示感谢，是你们在百忙之中不吝赐稿，同时不厌其烦地一遍遍完成稿件的修改。此外，我的同门师弟何流担任了本书的副主编，协助完成了本书的编著，还有艺术研究院传媒艺术学方向的硕士研究生刘媛媛，艺术史方向的研究生李章哲、沈喆铭、吕上，艺术批评方向的袁铭泽等几位同学承担了具体的编务工作，在此也一并表示感谢。

　　显然，互联网技术的快速发展，是媒介融合赖以产生的先决条件。可以说，互联网已经成为当下现实世界的一种基础性的联通方式，媒介融合必须依靠互联网尤其是移动互联网来实现。从这个意义上来看，媒介融合就是"互联网＋媒体"，就是在社会信息传播领域形成的以互联网为基础设施和实现工具的新的传媒形态。而在此大背景下，传媒艺术的发展也亟待我们提供新的视角，新的方法论。与此同时，我们也需要注意媒介融合下对于人的消减作用，即媒介对人类社会的"异化"。毕竟，无论何时何地，传媒艺术的最终指向还是在于一种共情与共鸣，真正打动人心的，不是新技术本身，而是艺术作品中的那份创作激情与深刻的主题思想。此外，传媒艺术的产业化、市场化程度不断加深，又带来了新的问题。如何在这样纷扰的时代，保持传媒艺术本身的个性与独立性，这恐怕才是媒介融合背景下传媒艺术赖以持续、长久发展的立身之本。同时，媒介融合，客观上也为传媒艺术的发展带来了新的机遇，新的挑战。不同媒介本身的融合，相互之间边界的日渐模糊，也随之带来了传媒艺术形态内部与审美方式的演变，这个变化的过程，又重构了我们所知的传媒艺术本身。

本书适逢其时，为回应上述学界思索的前沿课题，体例上共分为四章，分别从大众文化建构、审美文化现象、媒介融合时代、高等教育发展等角度切入，试图多方面、多角度地来把握媒介融合背景下传媒艺术发展的整体脉络与总体图景。尤为值得一提的是，考虑到本书从编者到作者多数来自各大高校相关专业，媒介融合背景下传媒高等教育发展也成为书中的一大亮点。毕竟，传媒艺术本质上是人的艺术，未来对于传媒艺术应用型、复合型人才的需求也将越来越大。作为高校教师，教书育人本是题中应有之义。

最后，请允许我感谢所有的读者，也希望今后能够经常听到大家的意见与反馈。

舒 敏

2021 年 2 月